普通高等职业教育
"十三五"规划教材

基础会计

王　莉　姜志松　石　娟　主　编

吕彦花　郭　虹　金钱琴　任小玲　孙晓莹　副主编

张世昌　毛巧奕　参　编

清华大学出版社

北　京

内容简介

本书以《中华人民共和国会计法》《企业会计准则》《会计基础工作规范》《中华人民共和国增值税暂行条例》等法律法规为依据，结合会计实际工作的需要，以会计实务工作为主线，采用任务驱动式的教材编写模式，通过大量的例题讲解，对会计核算和监督所涉及的原理和内容进行了深入浅出的阐述。全书共包括10个模块，分别是会计基础理论知识，会计对象、会计要素与会计等式，会计科目和会计账户，复式记账，工业企业经济业务的会计核算，会计凭证，会计账簿，账务处理程序，财产清查，以及财务会计报告。

本书适合作为高职高专院校会计和经济管理类专业的基础课教材，也适合非财经专业学生选修使用。

图书在版编目(CIP)数据

基础会计 / 王莉，姜志松，石娟主编. —北京：清华大学出版社，2018 (2022.8重印)
（普通高等职业教育"十三五"规划教材）
ISBN 978-7-302-49394-5

Ⅰ.①基… Ⅱ.①王… ②姜… ③石… Ⅲ.①会计学-高等职业教育-教材 Ⅳ.①F230

中国版本图书馆 CIP 数据核字(2018)第 012097 号

责任编辑：刘志彬
封面设计：汉风唐韵
责任校对：宋玉莲
责任印制：刘海龙

出版发行：清华大学出版社
  网 址：http://www.tup.com.cn，http://www.wqbook.com
  地 址：北京清华大学学研大厦 A 座   邮 编：100084
  社 总 机：010-83470000   邮 购：010-62786544
  投稿与读者服务：010-62776969，c-service@tup.tsinghua.edu.cn
  质量反馈：010-62772015，zhiliang@tup.tsinghua.edu.cn
印 装 者：三河市龙大印装有限公司
经 销：全国新华书店
开 本：185mm×260mm   印 张：17   字 数：393 千字
版 次：2018 年 1 月第 1 版   印 次：2022 年 8 月第 5 次印刷
定 价：47.60 元

产品编号：076846-01

　　"基础会计"是职业院校会计专业的专业基础课，是会计专业的入门课程，是学习其他会计专业课程的基础。会计入门难，是每一个会计专业的学生和教师都要面对的问题，怎么让学生轻松入门是教师必须解决的问题。没有实践经验的学生最难理解的就是会计理论的抽象性，本书从会计实务和初学者的角度出发，以通俗、易懂的语言阐述会计工作的原理和实务内容，使学生轻松入门。

　　本书以《中华人民共和国会计法》《企业会计准则》《会计基础工作规范》《中华人民共和国增值税暂行条例》等法律法规为依据，结合会计实际工作的需要，以会计实务工作为主线，采用任务驱动的教材编写模式，通过大量的例题讲解，对会计核算和监督所涉及的原理和内容进行了深入浅出的阐述。本书以讲解会计学基本原理、基本方法、基本技能为主，增加拓展阅读等辅助资料，便于学生学习和理解。本书的主要特色如下。

　　1. 以清晰的图表、精选的例题和丰富的拓展阅读资料增加本书的实用性、可理解性和启发性，实现易教、易学的目标。

　　2. 突出学以致用，重点内容的选取和例题的设计紧扣职业院校会计等相关专业人才培养目标的要求和企业会计工作岗位的要求，着重培养学生的动手操作能力。

　　3. 本书及时吸收会计理论前沿研究的成果，力求教材内容与国家会计制度、财税改革的同步。

　　4. 每个模块前设有"学习目标"，概述本模块的学习要求，帮助学生在学习时抓住要点。每个模块的"情景导入"，通过设置具体、生动的情景，让学生在课堂教学开始时，就置身于与课堂教学内容相关的情景之中，促使学生在形象、直观的氛围中参与课堂学习，可激发学生的学习兴趣。每个模块后设置了一定数量的思考题和练习题，以便教师进行过程考核，并增强学生对知识的理解。

　　尽管力求完善，鉴于编者能力有限，书中错误和疏漏难以避免，恳请广大读者和老师予以批评指正，以便再版修正。

目 录

1 模块一
会计基础理论知识

学习目标

1. 了解会计的基本含义、职能和对象；
2. 理解会计核算的基本前提、确认基础和计量属性；
3. 理解会计核算的一般原则和会计信息质量要求；
4. 掌握会计核算的方法；
5. 了解会计法规及会计工作组织。

情景导入

恒大地产有限责任公司会计部招聘财务人员，其招聘广告写明招聘出纳1名，会计1名，税务人员1名。小明刚刚大学毕业，他不知道自己适合三个岗位中的哪一个，就去找好朋友小丽商量。小丽听完小明的叙述后也纳闷了，她说在会计部工作的不都是会计吗？为什么要分那么多岗位？

思考：小丽的理解正确吗？到底什么是会计？会计工作有哪些岗位？

任 务 一 | 会计概述

一、会计的产生与发展

人类社会的生存与发展离不开物质资料的生产。生产活动在创造物质财富的同时也发生劳动耗费，包括人力的耗费和物力的耗费。人类在进行生产活动时，总是力求以尽可能少的劳动耗费，创造出尽可能多的劳动成果。因此，人类在生产的同时就必须采用一定的方法对劳动耗费和劳动成果进行计量、核算并加以比较和分析，这就产生了会计。可见，会计是社会发展到一定阶段的产物，是随着经济的发展而发展的。

早期的会计是比较简单的，一般只是对财物的收支进行计算和记录。随着社会生产的日益发展和科学技术水平的不断提高，会计经历了一个由简单到复杂，由低级到高级的漫长发展过程。它的发展过程主要分为以下三个阶段。

(一)古代会计

早在原始社会，随着生产工具的改进，人们捕获的猎物及生产的谷物等逐渐有了剩余，于是可以进行交换，这样就需要进行简单的记录和计算。但由于当时文字还没有出现，勤劳智慧的劳动人民就采用"绘图记事"，后来发展到"结绳记事""刻石记事"等，这些原始的简单记录，就是会计的萌芽。随着生产力的进一步发展，劳动消耗和劳动成果的种类不断增多，出现了大量的剩余产品，会计逐渐"从生产职能中分离出来，成为特殊的、专门委托的当事人的独立的职能"，这便是早期的古代会计。西周时代，设有称为"司会"的专门官吏，掌管王朝的财物赋税，进行"月计岁会"；春秋战国时代，有了比较系统地反映经济出入事项的会计记录；西汉官厅创立了"上计簿"，确定了中式会计报告的基本形式；唐宋时代，"四柱结算法"的创建和运用，使中式记账方法焕然一新。古代会计主要表现为官厅会计，会计从业人员多为各级官厅、衙门服务。

(二)近代会计

近代会计又称为企业会计，其标志是十四五世纪复式记账体系的形成。1494年，意大利数学家卢卡·帕乔利出版了他的《算术、几何、比及比例概要》一书，系统地介绍了威尼斯的复式记账法，并给予理论上的阐述，由此开始了近代会计的序幕。15世纪，意大利的佛罗伦萨、热那亚、威尼斯等地的商业和金融业因航海技术的发明日益繁荣，日益发展的商业和金融业要求不断改进和提高已经在商行中使用的复式记账方法。16世纪，复式记账方法经荷兰传到了英国，随着当时英国"日不落帝国"殖民步伐的推进，复式记账方法开始在世界各国流行并采用。18世纪工业革命以后，会计有了较大的发展。第一次世界大战结束之后，美国取代了英国的全球霸主地位，无论是生产上，还是科学技术上都处于遥遥领先的地位。因此，会计学的发展中心也从英国转移到美国。20世纪20—30年代，美国对标准成本会计的研究有了突飞猛进的发展。到这一时期，会计方法已经比较完善，会计科学也已经比较成熟。

(三)现代会计

一般认为，成本会计的出现和不断完善，在此基础上形成财务会计和与管理会计两个分支，是现代会计的开端。随着经济的发展，尤其是市场经济的发展，生产日益社会化，经济活动更加复杂，人们的社会关系则更加广泛。因此，会计的地位和作用、会计的目标、会计的原则、方法和技术都在不断发展、变化并日趋完善，并逐步形成自身的理论和方法体系。另外，科学技术水平的提高也对会计的发展起到了很大的促进作用。现代数学、现代管理科学与会计的结合，特别是电子计算机在会计数据处理中的应用，使会计工作的效能发生了翻天覆地的变化，它扩大了会计信息的使用范围，提高了会计信息的精确性和及时性。这样，20世纪中叶，比较完善的现代会计就逐步形成了。

拓展阅读

现代会计的两大分支

现代会计的两大分支是财务会计和管理会计。

财务会计是以传统会计为主要内容，通过一定的程序和方法，将企业生产经营活动中大量的日常业务数据，经过记录、分类、汇总，编制成会计报表，向企业外部与企业有利害关系的集团和个人提供反映企业经营成果和财务状况及其变动情况的会计报表。财务会计侧重于事后的反映监督。

管理会计是利用财务会计提供的会计信息及其他生产经营活动中的有关资料，运用数学、统计等方面的一系列方法，通过整理、计算、对比、分析等手段的运用，向企业内部各级管理人员提供用以短期和长期经营决策、制订计划、指导和控制企业经营活动的信息的对内报告会计。管理会计侧重于事前的规划和事中的控制。

二、会计的概念

会计是以货币为主要计量单位，以提高经济效益为主要目标，采用一系列专门的方法和程序，对企业、机关、事业单位和其他组织的经济活动进行全面、综合、连续、系统地核算和监督，提供经济信息，并随着社会经济的日益发展，逐步开展预测、决策、控制和分析的一种经济管理活动，是经济管理活动的重要组成部分。这里需要指出的是：会计是对一个单位的经济活动进行确认、计量和报告，做出预测，参与决策、控制和分析。现代会计将会计分为财务会计和管理会计两部分。财务会计主要是进行会计核算，编制财务报表，为企业内部和外部用户提供财务信息，其重点在于报告财务状况和营运状况。管理会计主要是对企业的管理层提供信息，为企业内部各部门提供决策的依据，其没有标准的模式、不受会计准则的约束。会计的职能主要是反映和控制经济活动过程，保证会计信息的合法、真实、准确和完整，为管理经济提供必要的财务资料，并参与决策、控制和分析，谋求最佳的经济效益。

拓展阅读

会计的定义

有人认为，会计是指一个人，如某某公司的张会计；也有人认为，会计是指一项工作，如我们经常听到这样的介绍："我在某公司从事会计工作"；有人认为，会计是指一个部门、一个机构，很多单位都有会计部、会计科之类的部门；还有人认为，会计是一门学科或者一个专业，如某某大学某某学院会计专业。总之，社会上关于"会计"的认知五花八门，到底什么是会计？尽管学术界对会计的定义存在一定的分歧，但基本上定义如下：会计是以会计凭证为依据，以货币为主要计量单位，运用一系列专门的技术方法，全面、连续、系统、综合地反映和监督企、事业单位的经济活动，并向相关会计信息使用者提供符合会计法律、法规和规章制度要求的会计信息的一项管理工作。

三、会计的特点

会计的特点主要体现在会计核算阶段，会计核算有以下基本特点。

（一）以货币为主要计量单位

在现实的经济活动中存在多种量度单位，如表示重量的吨、千克，表示距离的千米、米，表示体积的立方米等。这些量度单位都只能用来量度一类或某几类事项，而现实的经济业务中的量度单位多种多样，无法进行集中反映。货币量度，则可对不同性质的事物用相同的量度来进行反映，还可以进行分类汇总和比较，提供综合指标。会计核算以货币量度为主、以其他量度为辅，综合核算各单位的经济活动。

（二）以真实、合法的会计凭证为依据

为了保证会计记录能如实反映会计主体的经济活动情况，保证会计记录的真实性、准确性，记账必须严格以真实、合法的会计凭证为依据。

（三）会计核算和监督具有连续性、系统性、全面性和综合性

会计反映的是会计主体已经发生或者已经完成的各项经济活动，了解和考核经济活动的过程和结果，必须按经济业务发生时间的先后顺序不间断地进行记录和核算。同时，又要进行必要的科学分类、汇总和加工处理，使会计资料系统化。会计所记载和反映的经济事项，不能有任何遗漏或任意取舍，力求核算资料全面、可靠。会计对发生的经济业务都必须以货币单位进行统一的计量，必要时再辅以其他量度，使会计主体的全部经济活动得到最集中的反映与控制。

（四）会计履行职能、实现目标，具有一套较为完整的专门方法

会计是一门技术，会计工作有其独特的特点，必须遵循一定的方法来完成。会计方法由会计的核算、检查、分析、预测、决策和控制等方法组成。其中，会计核算方法是会计信息的基础，会计检查方法是会计质量的保证，会计分析方法是会计信息利用的前提，会计预测、决策和控制方法是会计职能在延伸和管理细化的扩充。这几种方法既密切联系，又有一定区别，都是为了从事会计活动、履行会计职能、实现会计目标所运用的技术手段。

四、会计的对象

会计的对象是指会计所核算和监督的内容，即特定主体能够以货币表现的经济活动。以货币表现的经济活动通常又称为价值运动或资金运动。社会再生产过程是由生产、分配、交换、消费四个相互关联的环节构成的，它概括了各种经济活动。资金运动包括特定主体的资金投入、资金运用和资金退出等过程，即凡是特定主体能够以货币表现的经济活动，都是会计核算和监督的内容，也就是会计的对象。不能以货币表现的经济活动，就不是会计的对象。会计的对象不是一成不变的，而是随着会计的发展而变化。简而言之，并非所有的经济运动都是会计的对象，只有能以货币表现的经济运动才是会计的对象。

资金运动主要有以下三种表现形式。

（一）资金进入企业

企业通过吸收投资、银行借入、发行股票或债券来筹集资金，引起企业资金的增加。

（二）资金在企业中的周转

企业用货币资金购买材料，形成储备资金。工人利用自己的生产技术，借助于机器设备对材料进行加工，发生的耗费形成生产资金。产品完工后形成成品资金。将产品销售，收回货款，得到新的货币资金。整个周转过程表现为：货币资金→储备资金→生产资金→成品资金→新的货币资金。

（三）资金退出企业

企业偿还银行借款、上缴税金和分派利润或股利。

　　把会计的对象描述为资金运动，其实是很抽象的。会计核算和监督的内容应该是详细而具体的，这就必须把企业的资金运动进行若干次分类，使之具体化。例如，某企业某月份销售 A 产品 5 批，每批价格在 50 万～100 万元，销售不动产 500 万元，出售原材料 10 万元，提供运输服务收取 8 万元，支付原材料 45 万元，支付员工工资 200 万元等，这些业务如果不分类记录、汇总，企业的财务信息就会一团糟，根本无法向会计信息使用者提供和分析使用。所以，我们需要对会计对象进行具体分类，即把会计对象划分为会计要素。换句话说，会计要素就是会计对象的具体化。根据《企业会计准则》，会计要素划分为六类：资产、负债、所有者权益、收入、费用和利润。会计要素是对会计对象即资金运动的大类划分，每一个大类里有很多内容需要再次划分才能清晰反映资金运动的实质。所以，对会计要素进行再分类，就是会计科目，每一会计要素可分成若干会计科目。例如，资产包括库存现金、银行存款、应收票据、应收账款等科目。

拓展阅读

研究会计对象的目的和意义

　　研究会计对象的目的是要明确会计在经济管理中的活动范围，从而确定会计的任务，建立和发展会计的方法体系。会计需要以货币为主要计量单位，对特定单位的经济活动进行核算和监督。因此，凡是能够以货币表现的经济活动，都是会计核算和监督的内容，也就是会计的对象。会计要核算和监督的对象是社会的再生产过程。社会再生产过程是由生产、分配、交换和消费四个相互关联的环节所构成，包括多种多样的经济活动。由于会计的主要特点是以货币为统一计量单位，它只能核算和监督再生产过程中可以用货币计量表现的那些内容。在商品货币经济条件下，作为统一整体的再生产过程中的一切社会产品，即一切财产物资都可以用货币表现，而再生产过程中财产物资的货币表现和货币本身就称为资金。资金作为社会再生产过程中的价值形式是在不停地运动的，其表现为资金的筹措、投入、运用、耗费、增值、收回、分配等活动。资金运动贯穿于社会再生产过程的各个方面，哪里有财产物资（包括无形的），哪里就有资金和资金运动，就有会计所要反映和监督的内容。因此，概括地说，会计对象就是社会再生产过程中的资金运动。研究会计对象，必须研究资金运动的规律。

五、会计的基本职能

　　会计职能是会计在经济管理活动中所具有的功能，即会计是用来做什么的。根据《中华人民共和国会计法》（以下简称《会计法》），会计的基本职能包括进行会计核算和实施会计监督两个方面。

（一）会计核算职能

　　会计核算也称会计反映，主要是指运用货币计量的形式，通过确认、计量、记录和报告等程序和方法，连续、系统、完整地反映会计主体的经济活动情况，以提供财务及其他相关信息。

　　会计核算是指对会计主体已经发生或已经完成的经济活动进行的事后核算，也就是会计工作中记账、算账、报账的总称。合理地组织会计核算形式是做好会计工作的一个重要条件，对于保证会计工作质量，提高会计工作效率，正确、及时地编制会计报表，满足相关会计信息使用者的需求具有重要意义。会计核算职能是首要职能，是所有其他职能的基础。会计核算职能主要通过以下几个程序实现。

▶ **1. 会计确认**

会计确认就是依据一定的标准，确认某经济业务事项，应计入会计账簿，并列入会计报告的过程，包括要素项目确认和时间确认。确认的程序需要会计人员的专业判断。每当一项交易或事项发生，就要识别是否应在会计上正式记录（即按复式记账要求，做成会计分录），它们应计入哪一个会计要素（项目）和账户，应在何时予以记录并计入报表，并且还应考虑效益是否大于成本，所应记录和计入报表的项目是否符合重要性原则等。会计确认是会计人员的重要基础工作，会计确认准确与否体现了会计人员专业素养的高低。

▶ **2. 会计计量**

会计计量是在一定的计量尺度下，运用特定的计量单位，选择合理的计量属性，确定应予记录的经济事项金额的会计记录过程。会计计量包括计量尺度、计量单位、计量对象和计量属性。其中，计量属性是指计量客体的特征或外在表现形式。不同的计量属性，会使相同的会计要素表现为不同的货币数量，从而使会计信息反映的财务成果和经营状况建立在不同的计量基础上，即建立在选用不同的会计目标上。计量属性反映的是会计要素金额确定的基础，主要包括历史成本、重置成本、可变现净值、现值和公允价值。

拓展阅读

会计计量属性

会计计量是根据一定的计量标准和计量方法，将符合确认条件的会计要素登记入账并列报于财务报表而确定其金额的过程。企业应当按照规定的会计计量属性进行计量，确定相关金额。计量属性是指所要计量的某一要素的特性方面，如桌子的长度、机器的重量、楼房的高度等。从会计角度来看，计量属性反映的是会计要素金额的确定基础，主要包括历史成本、重置成本、可变现净值、现值和公允价值等。

1. 历史成本

资产按照购置时支付的现金或者现金等价物的金额，或者按照购置资产时所付出的对价的公允价值计算。负债按照因承担现时义务而收到的款项或者资产的金额，或者承担现时义务的合同金额，或者按照日常活动中为偿还负债预期需要支付的现金或者现金等价物的金额计算。

2. 重置成本

资产按照现在购买相同或者相似的资产所需支付的现金或者现金等价物的金额计算。负债按照偿付该项负债所需支付的现金或者现金等价物的金额计算。

3. 可变现净值

资产按照其正常对外销售所能收到现金或者现金等价物的金额扣减该资产至完工时估计将要发生的成本、估计的销售费用以及相关税费后的金额计算。

4. 现值

资产按照预计从其持续使用和最终处置中所产生的未来净现金流入量的折现金额计算。负债按照预计期限内需要偿还的未来净现金流出量的折现金额计算。

5. 公允价值

资产和负债按照在公平交易中，熟悉情况的交易双方自愿进行资产交换或者债务清偿的金额计算。

在各种会计要素计量属性中，历史成本通常反映的是资产或者负债过去的价值，而重置成本、可变现净值、现值以及公允价值通常反映的是资产或者负债的现时成本或者现时价值，是与历史成本相对应的计量属性。当然这种关系也并不是绝对的。例如，资产或者负债的历史成本有时就是根据交易时有关资产或者负债的公允价值确定的，在非货币性资产交换中，如果交换具有商业实质，且换入、换出资产的公允价值能够可靠计量的，换入资产入账成本的确定应当以换出资产的公允价值为基础，除非有确凿证据表明换入资产的公允价值更加可靠；在非同一控制下的企业合并交易中，合并成本也是以购买方在购买日为取得对被购买方的控制权而付出的资产、发生或承担的负债等的公允价值确定的。

现行《企业会计准则》规定，企业在对会计要素进行计量时，一般应当采用历史成本，采用重置成本、可变现净值、现值、公允价值计量的，应当保证所确定的会计要素金额能够取得并可靠计量。在选用公允价值计量属性时，《企业会计准则》充分借鉴并考虑了国际财务报告准则中公允价值应用的三个级次：第一，资产或负债等存在活跃市场的，活跃市场中的报价应当用于确定其公允价值；第二，不存在活跃市场的，参考熟悉情况并自愿交易的各方最近的市场交易价格或参照实质上相同或相似的其他资产或负债等的市场价格确定其公允价值；第三，不存在活跃市场，且不满足上述两个条件的，应当采用估值技术等确定公允价值。

我国引入公允价值是适度、谨慎和有条件的。原因是考虑到我国尚属新兴的市场经济国家，如果不加限制地引入公允价值，有可能出现公允价值计量不可靠，甚至出现借机人为操纵利润的现象。因此，在投资性房地产和生物资产等具体准则中规定，只有存在活跃市场、公允价值能够取得并可靠计量的情况下，才能采用公允价值计量。

▶ 3. 会计记录

会计记录是会计的基本程序之一，它将经过初次确认而可以进入会计信息系统的经济交易或事项，根据会计计量确定的各要素的货币数据，按照复式记账原理，采用文字和数字叙述的形式在预先设置的账户中记录、反映，是会计核算的一个重要环节。会计要素的确认和计量只是解决了企业发生的经济交易或事项能否、何时及如何进入会计信息系统的问题，而会计确认和计量的结果必须以适当的方式在会计信息系统中加以记录、核算，形成系统、连续、全面、综合的会计核算数据资料，并通过会计再确认的程序，将这些数据资料编入企业的财务报表，形成有助于使用者做出决策的会计信息。所以，在对企业发生的交易或事项进行会计确认和计量后，必须将这些经济交易或事项在账户中进行记录、核算。

▶ 4. 会计报告

会计报告是指企业对外提供的反映企业某一特定日期财务状况和某一会计期间经营成果、现金流量的文件。以账簿记录为依据，采用表格和文字形式，把会计所形成的财务信息传递给信息使用者的手段。通过记录生成的信息量多又很分散，必须压缩信息的数量并提高其质量，使其形成相互联系的财务指标体系，这样才能便于信息使用者的使用。会计信息必须以一定的方式和格式传递给信息使用者，会计报告就是要把按照各种会计核算方法确认、计量、记录的资产、负债、所有者权益、收入、费用和利润的数据编制成财务报表，向使用者提供有关部门企业财务状况和经营成果的信息。

（二）会计监督职能

会计监督，是指单位内部的会计机构和会计人员，依法享有经济监督检查职权的政府有关部门、依法批准成立的社会审计中介组织，对国家机关、社会团体、企事业单位经济活动的合法性、合理性和会计资料的真实性、完善性，以及本单位内部预算执行情况所进行的监督。根据《会计法》和其他有关会计法规的规定，会计人员进行会计监督的对象和内容是本单位的经济活动，具体内容如下。

（1）对会计凭证、会计账簿和会计报表等会计资料进行监督，以保证会计资料的真实、准确、完整、合法。

（2）对各种财产和资金进行监督，以保证财产、资金的安全完整与合理使用。

（3）对财务收支进行监督，以保证财务收支符合财务制度的规定。

（4）对经济合同、经济计划及其他重要经营管理活动进行监督，以保证经济管理活动的科学、合理。

（5）对成本费用进行监督，以保证用尽可能少的投入，获得尽可能多的产出。

（6）对利润的实现与分配进行监督，以保证按时上缴税金和进行利润分配，等等。

会计监督是会计的基本职能之一，是我国经济监督体系的重要组成部分。会计监督可以分为单位内部监督、国家监督和社会监督。有效发挥会计监督职能，不仅可以维护财经纪律和社会经济秩序，对健全会计基础工作、建立规范的会计工作秩序，也起到重要作用。《会计基础工作规范》在明确会计机构、会计人员履行《会计法》赋予的监督职权的基础上，提出会计机构、会计人员应当对单位内部的其他经济活动进行监督和控制，以更好地为单位内部管理服务；同时，也对国家监督、社会监督问题提出了相应要求。

任务二 会计核算的基础

会计核算的基本前提是对会计所处的时间和空间环境所做的合理假设，也是为了确保会计工作的正常进行和会计信息的质量，对会计核算的空间范围、时间范围、内容和方法所做的限定，也称会计假设。

一、会计核算的基本前提

组织会计核算工作，需要具备一定的前提条件，即在组织核算工作之前，首先要解决与确立核算主体有关的一系列重要问题。这是全部会计工作的基础，具有非常重要的作用。关于会计核算前提的具体内容，人们的认识迄今尚未取得共识，国内外会计界多数人公认的会计核算基本前提有以下四个。

（一）会计主体

会计主体是指会计工作为其服务的特定单位或组织，是会计人员进行核算（确认、计量、记录、报告）采取的立场及空间活动范围界定。会计主体既可以是一个企业，也可以是若干个企业组织起来的集团公司；既可以是法人，也可以是不具备法人资格的实体。我国著名的会计学家葛家澍认为，会计信息系统所处理的数据、所提供的信息不是漫无边际的，而是要严格限定在每一个经营上或经济上具有独立性或相对独立地位的单位或主体之内，会计信息系统所接受和所处理的数据以及所输出的信息，都不应该超出这些单位的界限。每一个具有独立性的单位就是会计主体，会计信息系统在设计、运行时，要以每一个主体为空间界限，即会计主体假设。

组织核算工作首先应当明确为谁核算的问题，这是因为会计的各种要素，例如，资产、负债、收入、费用等都是同特定的经济实体，即会计主体相联系的，一切核算工作都是站在特定会计主体立场上进行的。如果主体不明确，资产和负债就难以界定，收入和费用便无法衡量，以划分经济责任为准绳而建立的各种会计核算方法的应用便无从谈起。因此，在会计核算中必须将该主体所有者的经济活动、其他经济实体的经济活动与该主体自身的经济活动严格区分开，会计核算的对象是该主体自身的经济活动。

这里应该指出的是，会计主体与经济上的法人不是一个概念。作为一个法人，其经济必然是独立的，因而法人一般应该是会计主体，但是构成会计主体的并不一定都是法人。例如，从法律角度来看，独资及合伙企业所有的财产和债务，在法律上应视为所有者个人财产延伸的一部分，独资及合伙企业在业务上的种种行为仍视其为个人行为，企业的利益与行为和个人的利益与行为是一致的，独资与合伙企业都因此而不具备法人资格。但是，独资、合伙企业都是经济实体、会计主体，在会计处理上都要把企业的经济活动与所有者个人的经济活动截然分开。例如，企业在经营中得到的收入不应记为其所有者的收入，发生的支出和损失也不应记为其所有者的支出的损失，只有按照规定的账务处理程序转到所有者名下，才能算其收益或损失。以会计主体作为会计的基本前提条件，对会计核算范围从空间上进行了有效的界定，有利于正确地反映一个经济实体所拥有的财产及承担的债务，计算其经营收益或可能遭受的损失，提供准确的财务信息。

（二）持续经营

如果说会计主体作为基本前提是一种空间界定，那么持续经营则是一种时间上的界定。将持续经营作为基本前提条件，是指企业在可以预见的将来，不会面临破产和清算，而是持续不断地经营下去。既然不会破产和清算，企业拥有的各项资产就在正常的经营过程中耗用、出售或转换，承担的债务也在正常的经营过程中清偿，经营成果就会不断形成。明确这个基本前提就意味着会计主体将按照既定用途使用资产，按照既定的合约条件清偿债务，会计人员就可以在此基础上选择会计原则和方法。这是从第一条基本前提引申出来的，也就是说，组织会计核算工作，首先必须明确核算的主体，即解决为谁核算的问题；其次还必须明确时间范围，核算主体是持续不断地经营的。否则，组织核算工作的必要性就不存在了。

持续经营对于会计十分重要，它为正确地确定财产计价、收益，为计量提供了理论依据。只有具备了这一前提条件，才能够以历史成本作为企业资产的计价基础，才能够认为资产在未来的经营活动中可以给企业带来经济效益，固定资产的价值才能够按照使用年限的长短以折旧的方式分期转为费用。对一个企业来说，如果持续经营这一前提条件不存在了，那么一系列的会计准则和会计方法也相应地会丧失其存在的基础，所以，作为一个会计主体必须以持续经营作为前提条件。

然而，在市场经济条件下，优胜劣汰是一项竞争原则。每一个企业都存在经营失败的风险，都可能变得无力偿债而被迫宣告破产。一旦会计人员有证据证明企业将要破产清算，持续经营的基本前提或假设便不再成立，企业的会计核算就必须采用清算基础。

（三）会计分期

会计分期这一前提是从第二条基本前提引申出来的，也可以说是持续经营的客观条件。企业的经营活动从时间上来看是持续不断的，但会计为了确定损益编制财务报表，定期为使用者提供信息，就必须将持续不断的经营过程划分成若干期间。会计期间一般按照日历时间划分，分为年、季、月。会计期间的划分是一种人为的划分，实际的经济活动周期可能与这个期间不一致，有的经济活动可以持续在多个会计期间。但是，与企业有利益关系的单位或个人都需要在一个期间结束之后随时掌握企业的财务状况和经营成果，而不可能等待全部经营过程完结之后再考察企业经营成果。所以，将划分会计期间作为会计的基本前提是由于持续经营和及时提供信息的要求决定的。

会计期间划分的长短会影响损益的确定，一般地说，会计期间划分得越短，反映经济活动的会计信息质量就越不可靠。当然，会计期间的划分也不可能太长，太长了会影响会计信息使用者及时使用会计信息。因此必须科学合理地划分会计期间。

（四）货币计量

用货币来反映一切经济业务是会计核算的基本特征，因而也是会计核算的一个重要的前提条件。选择货币作为共同尺度，以数量的形式反映会计实体的经营状况及经营成果，是商品经济发展的产物。会计计量是会计核算的关键环节，是会计记录和会计报告的前提，货币则是会计计量的统一尺度。企业经济活动中凡是能够用这一尺度计量的，就可以进行会计反映，凡是不能用这一尺度计量的，则不必进行会计反映。

货币计量实际上是对经济活动进行货币估价，而货币估价的习惯做法是以历史成本计价。采用历史成本计价，就必须假定货币本身的价值稳定不变，或者变动的幅度不大可以忽略不计。也就是说，货币计量前提实际上还包括另一个重要前提，即币值稳定。在以币值稳定为前提的条件下，对财产物资采用历史成本原则进行计价是目前通行的一种选择。我国的会计核算还规定以人民币为记账本位币，在多种货币存在的条件下，要将有关外币用某种汇率折算为记账本位币，以此登记账簿，编制会计报表。外资企业可以选择一种常用货币作为记账本位币，但是编制报表时必须折算为人民币。

二、会计信息质量要求

会计信息质量要求是对企业财务报告中所提供会计信息质量的基本要求，是使财务报告中所提供的会计信息对投资者等使用者决策有用应具备的基本特征，是会计确认、计量和报告质量的保证，主要内容如图1-1所示。

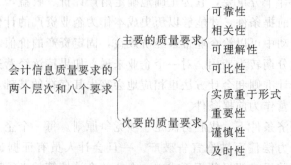

图 1-1　会计信息质量要求的主要内容

（一）可靠性

可靠性要求企业应当以实际发生的交易或者事项为依据进行确认、计量和报告，如实反映符合确认和计量要求的各项会计要素及其他相关信息，保证会计信息真实可靠、内容完整。

会计信息质量的可靠性要求：①以实际发生的交易或者事项为依据，将符合会计要素定义及其确认条件的资产、负债、所有者权益、收入、费用和利润等如实反映在财务报表中，不得根据虚构的、没有发生的或者尚未发生的交易或者事项进行确认、计量和报告；②在符合重要性和成本效益平衡原则的前提下，保证会计信息的完整性，其中包括应当编报的报表及其附注内容等应当保持完整，不能随意遗漏或者减少应予披露的信息，相关的信息都应当充分披露；③会计信息应当是中立的、无偏的。如果企业在财务报告中为了达到事先设定的结果或效果，通过选择或列示有关会计信息以影响决策和判断的，这样的财务报告信息就不是中立的。

（二）相关性

相关性要求企业提供的会计信息应当与财务会计报告使用者的经济决策需要相关，从而有助于财务会计报告使用者对企业过去、现在或者未来的情况做出评价或者预测。

会计信息是否有用、是否具有价值，关键在于其与信息使用者的决策需要是否相关，是否有助于信息使用者做出正确的决策。相关的会计信息应当能够有助于信息使用者评价企业过去的经营，证实或者修正过去的有关预测，因而具有反馈价值。相关的会计信息还应当具有预测价值，有助于信息使用者根据财务报告所提供的会计信息预测企业未来的财务状况、经营成果和现金流量。可靠性是相关性的基础，会计信息应在可靠性的前提下，尽可能地做到相关性，以满足会计信息使用者的决策需要。

（三）可理解性

可理解性要求企业提供的会计信息不能模糊不清、不能晦涩难懂，应当清晰明了，便于财务报告使用者理解和使用。企业编制财务报告、提供会计信息的目的在于给会计信息使用者使用，为便于会计信息使用者有效使用会计信息，应当能让其了解会计信息的内涵，弄懂会计信息的内容，这就要求财务报告所提供的会计信息应当清晰明了，易于理解。只有这样，才能提高会计信息的有用性，实现财务报告的目标，满足会计信息使用者利用会计信息做决策的要求。

（四）可比性

可比性要求企业提供的会计信息应当具有可比性。同一企业不同时期发生的相同或者相似的交易或者事项，应当采用一致的会计政策，不得随意变更，即纵向可比；不同企业发生的相同或者相似的交易或者事项，应当采用规定的会计政策，确保会计信息口径一致、相互可比，即横向可比。

可比性的内容主要包括不同企业会计指标的可比性和同一企业不同时期会计指标的可比性两个方面。不同企业会计指标的可比性，称为统一性；同一企业不同时期会计指标的可比性，称为一贯性。统一性强调的是横向比较，一贯性强调的是纵向比较。

（五）实质重于形式

实质重于形式要求企业应当按照交易或者事项的经济实质进行会计确认、计量和报告，不应仅以交易或者事项的法律形式为依据。例如以融资租赁的形式租入的固定资产，虽然从法律形式来讲企业并不拥有其所有权，但是由于租赁合同中规定的租赁期相当长，接近于该资产的使用寿命，租赁期结束时承租企业有优先购买的选择权，在租赁期内承租企业有权支配资产并从中受益。从实质上来看，企业控制了该项资产的使用权及受益权，所以在会计核算上，将融资租赁的固定资产视为企业的资产。"实质重于形式"强调当交易或事项的经济实质与其外在表现不相一致时，会计人员应当具备更好的专业判断能力，注重经济实质进行会计核算，以保证会计信息的可靠性。

（六）重要性

重要性即当经济业务的发生对企业的财务状况和损益影响甚微时，可以用简单的方法和程序进行核算。反之，当经济业务的发生对企业的财务状况和损益影响甚大时，就应当严格按照规定的会计方法和程序进行核算。重要性要求企业提供的会计信息应当完整反映与企业财务状况、经营成果和现金流量有关的所有重要交易和事项，要求将所有重要的交易或事项进行完整、全面的计量、报告。重要性的判断取决于性质和金额两个方面，相同的金额对于规模不同的企业，可能存在不同的重要性理解。资产负债表日后事项的确认就是重要性原则的应用。资产负债表日后事项是指自年度资产负债表日至财务报告批准报出日之间发生的需要调整或说明的事项，其中"需要调整或说明"中的"需要"与否，就是重要性原则的实施应用。达到了重要性标准的，即足以影响信息使用者决策，若不披露就会误导决策的，就认为其需要调整或说明，应将其确认为资产负债表日后事项进行处理。

（七）谨慎性

谨慎性即稳健性，是指某些经济事项有几种不同会计处理方法和程序可供选择时，在不影响合理选择的前提下，应当尽可能选用对所有者权益产生影响最小的方法和程序进行会计处理，合理核算可能发生的损益。即企业对（不确定的）交易或者事项进行会计确认、计量和报告时应当保持应有的谨慎，不应高估资产或者收益，不应低估负债、费用和损失。

（八）及时性

及时性要求企业对于已经发生的交易或者事项，应当及时进行确认、计量和报告，不得提前或者延后。及时性要求体现在会计信息收集、加工、披露、报告等各个环节，企业应及时收集会计信息，及时对会计信息进行加工处理，及时传递会计信息，使会计信息使用者能够及时有效地利用会计信息。及时性对相关性和可靠性起着制约作用。

■ 三、权责发生制

权责发生制，也叫应收应付制，与之相对应的是收付实现制。权责发生制假设企业应当以权责发生为基础进行会计确认、计量和报告，具体是指，凡是当期实现的收入和已经发生或应当负担的费用，不论款项是否收付，都应当确认为当期的收入和费用；凡是不属于当期的收入和费用，即使款项已在当期收付，也不应当确认为当期的收入和费用。例如，本期收到上月销售产品的货款 50 000 元存入银行，在这种情况下，如果采用收付实现制，这笔货款应当作为本期的收入，因为现款是本期收到的。如果采用权责发生制，则此项收入不能作为本期收入，因为它不是本期创造的。权责发生制假设明确了会计核算的基础，反映了与会计准则一致的要求。我国《企业会计准则》将权责发生制作为会计确认、计量和报告的基础。

拓展阅读

权责发生制与收付实现制

收付实现制是以款项的实际收付为标准来确定本期收入和费用，计算本期盈亏的会计处理基础。在现金收付的基础上，凡在本期实际已经支付的款项，不论其是否在本期收入中获得补偿均应作为本期应计的费用处理；凡在本期实际收到的款项，不论其是否属于本期均应作为本期应计的收入处理；反之，凡本期还没有收到款项的收入和没有支付款项的费用，即使它归属于本期，也不作为本期的收入和费用处理。例如，光明企业2017年3月份收到2016年应收销货款40 000元，存入银行，尽管该项收入不是2017年3月份创造的，但因为该项收入是在3月份收到的，所以在收付实现制基础上也作为2017年3月份的收入。这种处理方法的好处在于计算方法比较简单，也符合人们的生活习惯，但按照这种方法计算的盈亏不合理、不准确，所以《企业会计准则》规定企业不予采用，它主要应用于行政事业单位和个体户等。

一、权责发生制和收付实现制的区别

权责发生制和收付实现制在处理收入和费用时的原则是不同的，所以同一会计事项按不同的会计处理基础进行处理，其结果可能是相同的，也可能是不同的。例如，本期销售一批价值5 000元的产品，货款已收存银行，这项经济业务不管采用权责发生制还是收付实现制，5 000元货款均应作为本期收入，因为一方面它是本期获得的收入，应当列作本期收入；另一方面现款也已收到，亦应当列作本期收入，这时就表现为两者的一致性。但在另外的情况下，两者则是不一致的，例如，本期收到上月销售产品的货款存入银行，在这种情况下，如果采用收付实现制，这笔货款应当作为本期的收入。因为现款是本期收到的，如果采用权责发生制，则此项收入不能作为本期收入，因为它不是本期获得的。

综上所述，采用权责发生制和收付实现制有以下不同：

（1）因为在权责发生制基础上存在费用的待摊和预提问题等，而在收付实现制基础上不存在这些问题，所以在进行核算时它们所设置的会计科目不完全相同。

（2）因为权责发生制和收付实现制确定收入和费用的原则不同，因此，它们即使是在同一时期，同一业务计算的收入和费用总额也可能不相同。

（3）由于在权责发生制基础上是以应收应付为标准来作为收入和费用的归属、配比，因此，计算出来的盈亏较为准确。而在收付实现制基础下是以款项的实际收付为标准来作为收入和费用的归属、配比，因此，计算出来的盈亏不够准确。

（4）在权责发生制基础上，期末对账簿记录进行调整之后才能计算盈亏，所以手续比较麻烦，而在收付实现制基础上期末不要对账簿记录进行调整，即可计算盈亏，所以手续比较简单。

二、权责发生制和收付实现制的辩证关系

（一）权责发生制与收付实现制是辩证统一的关系

对一笔收入或费用，权责发生制所描述的是收入的收取权利或费用的支付义务（责任）已经形成，它具有收入或费用的真正经济含义，是从本质内容上加以确定。当然，它还要与具体会计期间联系。而收付实现制所描述的只是收入的收取行为或费用的支出行为已经发生，它只是表面形式上的确认，并没有收入或费用的真正经济含义。权责发生制与收付实现制之间的关系不是根本对立的，而是辩证统一的，两者之间的差异主要是权利、义务的形成时间与现金收付行为的发生时间不一致所引起的。权利和义务的形成与现金收付行为的发生在时间上有三种情形。

1. 权利、义务的形成时间在现金收付行为发生时间之前

对于这种情形，经济业务的收入收取权利或费用支付责任已经形成，但这种权利或义务只是抽象的存在，它只有通过以后具体的现金收付行为才能得以最终实现。反映在账务处理上，就是运用应计、预提等科目，把具有本质内容的收入或费用确认下来，留待以后通过现金收付行为的形式最终实现。

2. 权利、义务的形成时间与现金收付行为的发生时间一致

对于这种情形，收入或费用的本质内容与表面形式取得了一致，内容是表现为收付形式的经济内容，形式是反映经济内容的收付形式，这在确认上不存在任何问题，两者是一致的。

3. 权利、义务的形成时间在现金收付行为发生时间之后

对于这种情形，某一经济行为引起的现金收付行为已经发生，但这种从形式上确认的收入或费用中有多少会成为具有本质内容的收入或费用尚不可知，即还不符合实现原则，它只有在将来随着权利或义务的逐步形成而不断地被赋予经济内容时才真正实现。反映在账务处理上，就是运用预收、待摊和递延等科目，把表面形式上的收入或费用确认下来，在它被赋予本质内容时逐步转变为具有真正经济含义的收入或费用。

总之，权责发生制和收付实现制实质上是内容与形式、本质与表象的辩证统一关系。它们之间既不是互相孤立、毫无联系的，也不是截然相反、根本对立的，而是同一记账对象的两个不同方面。权责发生制以权利或义务的形成为标准，从本质内容上确认了收入或费用；收付实现制以现金的收付行为的发生为标准，从表面上确认为收入或费用。这充分说明两者是能够统一、有机地结合起来的。

（二）权责发生制与收付实现制相统一是现代企业制度的必然要求

在现代企业制度条件下，投资者与经营者按照分工的原则形成了一种委托代理关系，投资者以委托人的身份把自己的财产投资于企业，委托经营者代理资产的经营管理活动，这种委托代理关系有效地解决了资产分布与经营能力分布的不对称性，是提高资源配置效率的合理选择。对投资者和债权人来讲，最关心的是企业的盈利性和流动性。同样，对企业经营管理者而言，企业的盈利性和流动性也是极为重要的两个指标。既然按权责发生制报告的信息，在盈利性和流动性方面存在不足之处，那么就应该寻找弥补手段，这就是收付实现制。在反映流动性方面，收付实现制是明显优于权责发生制的。在反映企业的盈利性方面，收付实现制和权责发生制存在时间性差异。从长期来看，两者确认的收益是一致的，从某一个会计期间来看，两者所确认的收益存在差别。因此，要全面、准确地反映企业的盈利性和流动性，必须兼顾权责发生制和收付实现制。企业在未来将拥有大量金融资产，对于企业拥有的金融资产的价值、所承担的金融负债的数额，以及因金融资产交易活动所形成的盈利的价值，按传统的权责发生制并以交易价格为基础确认显得有些不切合实际。在金融工具大量存在的情况下，恰当的选择应该是以权责发生制为主体，对所持有的金融资产、承担的金融负债以及因金融交易而形成的利润，改为按收付实现制来确认，视不同种类的金融资产和金融负债而有所不同。在现行财务报表体系中，资产负债表和损益表都是以权责发生制为基础，反映了企业的财务状况和经营成果。现金流量表是以收付实

现制为基础的，它向投资者和债权人提供了一套比较完整的现金流量资料，以帮助报表使用人更好地评价企业的财务状况。

综上所述，现代企业制度要求财务会计，权责发生制与收付实现制相统一。

任 务 三 会计核算的方法

会计核算方法，是指会计对企事业、行政单位已经发生的经济活动进行连续、系统、全面反映和监督所采用的方法。会计核算内容的多样性、经营过程的持续性以及计量属性的特殊性决定了会计核算必须采用一系列的专门方法，主要包括设置会计科目及账户、复式记账、填制和审核凭证、登记账簿、成本计算、财产清查和编制财务会计报告等几种方法。会计核算方法构成会计循环过程。

一、设置会计科目及账户

会计科目是对会计对象的具体内容进行科学分类的名称。由于会计对象的内容是复杂多样的，只有通过科学分类的方法，才能将它系统地反映出来。企业可以选用国家统一会计制度设置的会计科目，也可以根据统一会计制度规定的内容自行设置和使用会计科目。

账户是根据会计科目在账簿中设置的，具有一定的结构，用以反映会计对象具体内容的增减变化及其结果的一种专门方法。会计科目是会计账户的名称。设置会计科目与账户，对复式记账、填制凭证、登记账簿和编制财务会计报告等方面的运用具有重要意义。

二、复式记账

复式记账是指每一项经济业务事项，都要以相等的金额，在相互关联的两个或两个以上的账户中同时进行记录的方法。任何一项经济业务事项，都会引起至少两个方面的变化，或同时出现增减，或此增彼减。这种变化既相互独立，又密切联系。如果采取单式记账法，只能对其中的一种变化进行核算和监督，无法全面地反映经济业务事项的全貌。采用复式记账法，可以通过账户的对应关系完整地反映经济业务的来龙去脉，还可以通过每一项经济业务事项所涉及的两个或两个以上的账户之间的平衡关系，来检查会计记录的正确性。

三、填制和审核凭证

会计凭证是记录经济业务事项，明确经济责任的书面证明，是登记账簿的依据。填制和审核凭证，是为了保证会计记录真实、可靠、完整、正确而采用的方法。它不仅是会计核算的专门方法，也是会计监督的重要方式。对于任何一项经济业务事项，都应根据实际发生和完成的情况填制或取得会计凭证，经有关部门和人员审核无误后，方可登记账簿。填制和审核凭证是保证会计资料真实、完整的有效手段。

四、登记账簿

会计账簿，是由具有规定格式的账页所组成，用以全面、系统、连续地记录经济业务事项的簿籍。登记账簿，是根据审核无误的会计凭证，分门别类地计入有关簿籍的专门方法。账簿是将会计凭证中分散的经济业务事项进行分类、汇总、系统记录的信息载体。账簿记录的资料，是编制财务会计报告的重要依据。

五、成本计算

成本计算就是将经营过程中发生的全部费用，按照一定对象进行归集，借以明确各对象的总成本和单位成本的专门方法。通过成本计算，可以考核各企业的劳动耗费程度，掌握成本的构成情况，以及成本的计划完成情况，进而为成本控制、价格决策和经营成果的确定提供有用资料。

六、财产清查

财产清查是指定期或不定期地对财产物资、货币资金、往来结算款项进行清查盘点、查询、核对，以保证账实相符、账账相符的一种专门方法。通过财产清查，可以查明各项财产物资、债权债务的情况，从而确保财务会计报告的数据真实可靠。同时，也是加强财产物资管理，充分挖掘财产物资潜力，明确经济责任，强化会计监督的重要制度。

七、编制财务会计报告

编制财务会计报告是根据账簿记录的数据资料，概括、综合地反映各单位在一定时期的经济活动情况及其结果的一种书面报告。财务会计报告由会计报表、会计报表附注和财务情况说明书组成。编制财务会计报告是对日常核算的总结，是在账簿记录基础上对会计核算资料的进一步加工整理，也是进行会计分析、会计检查、会计预测和会计决算的重要依据。

以上这些会计核算方法反映了会计核算过程。当会计主体的经济业务发生后，首先，要填制或取得并审核原始凭证，按照设置的会计科目和账户，运用复式记账法，填制记账凭证；其次，要根据审核无误的记账凭证登记会计账簿，然后根据会计账簿资料和有关资料，对生产经营过程中发生的各项费用进行成本计算，并依据财产清查的方法对账簿的记录加以核实；最后，在账实相符的基础上，根据会计账簿资料编制会计报表。在会计核算过程中，填制和审核会计凭证是开始环节，登记会计账簿是中间环节，编制会计报表是终结环节。

在一个会计期间，会计主体所发生的经济业务，都要通过这三个环节将大量的经济业务转换为系统的会计信息。而这个转换过程，即从填制和审核会计凭证开始，经过登记会计账簿，直至编制出会计报表，周而复始的变化过程就是会计循环。在这个循环过程中，以三个环节为联结点，联结其他的核算方法，从而构成一个完整的会计核算方法体系。

任 务 四 会 计 法 规

一、会计法规概述

会计的法规和制度是组织和从事会计工作必须遵守的规范，是经济法规、制度的重要组成部分。制定和执行会计法规和制度，可以保证会计工作贯彻执行国家有关的财政方针、政策，保证会计工作沿着社会主义市场经济方向正确进行，可以使其提供的会计资料和会计信息真实、完整、及时，更好地满足会计信息使用者各个方面的需求，更圆满地完成会计的任务。

我国企业会计法规制度，是一个以《中华人民共和国会计法》为中心的较为完备的会计法规与体系，包括《中华人民共和国会计法》《企业会计准则》和《企业会计制度》等会计核算方面的法规制度。

二、会计法规的构成

会计法规体系可以从渊源上划分为以下几个层次。

（一）会计法律

会计法律，是由全国人民代表大会及其常委会经过一定立法程序制定的有关会计工作的法律。它是调整我国经济生活中会计关系的法律规范。目前已经颁布实施的有《中华人民共和国会计法》（以下简称《会计法》）和《注册会计师法》。

（二）会计行政法规

会计行政法规，是指由国务院制定颁布或者国务院有关部门拟定经国务院批准颁布的，调整经济生活中某些方面会计关系的法律规范。例如，国务院发布的《企业财务会计报告条例》《总会计师条例》；经国务院批准，财政部颁布的《企业会计准则》等。

（三）国家统一的会计制度

国家统一的会计制度，是指国务院财政部门根据《会计法》制定的关于会计核算、会计监督、会计机构和会计人员，以及会计工作管理的制度，包括会计规章和会计规范性文件。会计规章是由财政部制定，并由部门首长签署命令予以颁布的制定办法，如以财政部令形式颁布的《财政部门实施会计监督办法》《代理记账管理办法》等。会计规范性文件是指主管全国会计工作的行政部门，即国务院财政部门制定颁布的《企业会计制度》以及财政部与国家档案局联合颁布的《会计档案管理办法》等。

（四）地方性会计法规

地方性会计法规，是指省、自治区、直辖市人民代表大会及其常委会在与会计法律、会计行政法规不相抵触的前提下制定的仅在本行政辖区内有法律效力的规范性文件，如《海南省代理记账实施管理办法》。

任务五 会计工作组织

会计工作是一项复杂、细致的综合性经济管理活动，科学地组织会计工作具有重要的意义。科学地组织会计工作就是要求企业、行政事业单位设置合理的会计机构、配备适当的会计人员，以及建立和执行各项会计制度，以确保完成会计工作任务，满足经济管理要求。会计机构和会计人员是会计工作系统运行的必要条件，而会计法规是保证会计工作系统正常运行的必要的约束机制。

一、会计工作组织的内容

会计工作组织的主要内容如下。

(一) 设置会计机构、配备会计人员

各单位应当根据企业的规模及经济业务的需要设置会计机构，或者在有关机构中设置会计人员并指定会计主管人员；不具备设置条件的，应当委托经批准设立从事会计代理记账业务的中介机构代理记账。国有的和国有资产占控股地位或者主导地位的大、中型企业必须设置总会计师。总会计师的任职资格、任免程序、职责权限由国务院规定。

会计机构内部应当建立稽核制度。出纳人员不得兼任稽核、会计档案保管，以及收入、支出、费用、债权债务账目的登记工作。从事会计工作的人员，必须取得会计从业资格证书。担任单位会计机构负责人（会计主管人员）的，除取得会计从业资格证书外，还应当具备会计师以上专业技术职务资格或者从事会计工作三年以上经历。这里需要注意的是，会计从业资格证书已经被取消，《会计法》已经着手修订，以上人员的任职资格也将进行新的调整。

(二) 设计会计制度，选定账务处理程序

设计会计制度是根据《企业会计准则》设计符合本企业特点和满足企业需要的会计制度，并认真贯彻执行，促使会计人员按制度办事，从而保证会计工作正常有序地进行。会计核算组织程序，又称账务处理程序，是指在会计核算中会计主体采用的会计凭证、账簿、会计报表的种类和格式与记账程序有机结合的方法和步骤。会计主体采用的会计凭证、账簿、会计报表的种类和格式可以称为账务组织；记账程序又称会计核算程序，或者记账步骤，或者会计循环，是指一个会计主体在一定的会计期间，从经济业务发生后取得或填制会计凭证起，到登记账簿、编制会计报表止的会计工作过程。

(三) 运用先进技术处理会计信息

会计信息处理需要与互联网、计算机等先进技术结合起来，逐步替代手工操作，减轻会计人员繁重的工作量。会计工作电算化、信息化能保证会计信息质量和时效，提高工作效率。

(四) 会计档案保管

会计档案是指会计凭证、会计账簿和财务报告等会计核算专业材料，是记录和反映单位经济业务的重要史料和证据。根据国家档案法及会计档案管理制度要求，应按会计档案立卷、归档、保管、查阅和销毁的程序，保证会计档案保管妥善，存放有序，查阅方便，严防毁损、散失和泄露。保证会计档案的安全，注意防火、防潮、防磁、防尘。所有会计档案必须登记造册，不得丢失、毁损、非法抄录；打印输出的纸质档案必须装订成册并加具封面，记账凭证必须附有原始凭证，凭证、账簿必须连续编号并经审核签字后，方可归档保管。所有会计档案的借阅和归还必须有完备的登记手续，归还时应检查其完好性，不得涂改、毁损和过期不还；不得将会计档案随便借出，查档要办理登记手续，严禁在会计档案上涂改、拆封和抽换。

二、会计工作组织应遵循的原则

(一) 必须按照国家对会计工作的统一要求来组织会计工作

会计工作组织工作应依法进行，受到各种法规、制度的制约，如《会计法》《总会计师

条例》《会计基础工作规范》《会计专业职务试行条例》《会计档案管理办法》《会计电算化管理办法》等。各企业、行政事业单位应按照国家统一的会计制度来进行会计核算，实行会计监督。

（二）根据各企业生产经营管理特点来组织会计工作

各单位的经济活动各有特点，规模大小不一，业务繁简程度不等，管理要求不同。组织会计工作，要在符合国家规章制度的前提下，根据自身的特点，设置本单位的会计制度，对会计机构的设置和会计人员的配备做出切合实际的安排。

（三）讲究成本效益原则

会计工作组织应基于成本效益原则，在保证会计信息质量的前提下，尽量节约会计工作时间和费用，简化核算手续，充分利用互联网和计算机技术，不断探索和创新会计操作技术，提高会计工作效率。

三、会计工作的组织形式

由于企业会计工作的组织形式不同，企业财务会计机构的具体工作范围也有所不同。企业会计工作有独立核算和非独立核算、集中核算和非集中核算、专业核算和群众核算等几种组织形式，下面重点介绍独立核算和非独立核算、集中核算和非集中核算。

（一）独立核算和非独立核算

独立核算是指对本单位的业务经营过程及其结果，进行全面、系统的会计核算。实行独立核算的单位称为独立核算单位，它的特点是具有一定的资金，在银行单独开户，独立经营、计算盈亏，具有完整的账簿系统，定期编制报表。独立核算单位应单独设置会计机构，配备必要的会计人员，如果会计业务不多，也可只设专职会计人员。

非独立核算又称报账制，实行非独立核算的单位称为报账单位。它是由上级拨给一定的备用金和物资，平时进行原始凭证的填制和整理，以及备用金账和实物账的登记，定期将收入、支出向上级报销，由上级汇总。非独立核算单位本身不独立计算盈亏，也不编制报表，如商业企业所属的分销店就属于非独立核算单位。非独立核算单位一般不设置专门的会计机构，但需配备专职会计人员，负责处理日常的会计事务。

（二）集中核算与非集中核算

实行独立核算的单位，其记账工作的组织形式可以分为集中核算和非集中核算两种。

集中核算就是将企业的主要会计工作都集中在企业会计机构内进行。企业内部的各部门、各单位一般不进行单独核算，只是对所发生的经济业务进行原始记录，办理原始凭证的取得、填制、审核和汇总工作，并定期将这些资料报送企业会计部门进行总分类核算和明细分类核算。实行集中核算，可以减少核算层次，精简会计人员，但是企业各部门和各单位不便于及时利用核算资料进行日常的考核和分析。

非集中核算又称为分散核算，就是企业的内部单位要对本身所发生的经济业务进行比较全面的会计核算。例如，在工业企业里，车间设置成本明细账，登记本车间发生的生产成本并计算出所完成产品的车间成本，厂部会计部门只根据车间报送的资料进行产品成本的总分类核算。又如，在商业企业里，把库存商品的明细核算和某些费用的核算等，分散在各业务部门进行，至于会计报表的编制以及不宜分散核算的工作，如物资供销、现金收支、银行存款收支、对外往来结算等，仍由企业会计部门集中办理。实行非集中核算，能够使企业内部各部门、各单位及时了解本部门、本单位的经济活动情况，有利于及时分析、解决问题，但这种组织形式会增加核算手续和核算层次。

四、会计机构和会计人员

(一)会计机构

会计机构指的是单位内部所设置的专门办理会计事项的机构。我国会计机构主要包括主管会计工作的机构、业务主管部门的会计机构和单位的会计机构。《会计法》规定，国务院财政部门是主管全国会计工作的机构，地方各级人民政府的财政部门是主管该地区会计工作的机构。国家各级管理部门分别设置会计司、处、科等。国家管理部门会计机构的主要任务包括：组织、指导、监督所属单位的会计工作；审核、汇总所属单位上报的会计报表；核算本单位和上、下级之间缴款、拨款等事项。各级企事业单位应当根据会计业务的需要，设置会计机构，或者在有关机构中设置会计人员并指定会计主管人员；不具备设置条件的，应当委托经批准设立从事会计代理记账业务的中介机构代理记账。

我国会计机构实行分级管理、分工负责制度。各级财会部门接受上级主管部门的领导和监督，上级主管部门在统一规划、统一领导的前提下，发挥各级政府及企业的工作积极性。

(二)会计人员

会计人员是具体承担一个单位会计工作的人员，是从事会计工作的专职人员。按照职位和岗位划分，一般有会计部门负责人、主管会计、会计、出纳等；按照专业技术职务划分，一般有高级会计师、会计师、助理会计师、会计员等。会计人员的配备，应根据各单位规模的大小和业务的需要，并符合会计机构内岗位设置的要求。一般而言，还应该设置会计主管人员，大、中型企事业单位还可以设置总会计师，来统筹整个单位的会计工作。

▶ **1. 会计人员的职责**

按照《会计法》的有关规定，会计人员的职责主要包括：进行会计核算，实行会计监督；拟订本单位办理会计事务的具体办法；参与拟订经济计划、业务计划，考核分析预算和财务计划的执行情况；办理其他会计事务。

会计人员的权限：有权要求本单位有关部门、人员认真遵守国家财经纪律和财务会计规章制度；有权参与本单位编制计划、制定定额、签订经济合同，参与有关业务会议；有权监督、检查本单位有关部门的财务收支、资金使用和财产保管、收支、计量、检查等情况。

▶ **2. 会计人员应具备的素质**

(1)诚实谦虚的品性。诚实谦虚是中华民族的传统美德，即使是在当今激烈的竞争时代，对会计人员来说也不乏积极的意义。

(2)良好的沟通能力。在现代社会，会计人员必须具备良好的沟通能力，因为会计人员不仅要同本部门、本单位人员打交道，而且要与银行、税务、审计等单位进行广泛的联系。会计人员的沟通能力直接关系到财务工作成果的好坏，直接影响到企业发展的机会和可能。

(3)快速学习的能力。现代社会正处于信息高速发展的时代，对于会计人员来说，目前最严峻的挑战和机遇就来自对新知识、新问题的学习和解决的能力。作为会计人员更应当掌握新的财会法规，新的财务、会计、审计技术手段，以及一些西方财务会计知识。快速学习的能力还包括谦虚、自强的含义，应当虚心地向任何人学习，要有勇气从错误、经验中汲取教训。

▶ **3. 会计人员应具备的职业道德修养**

会计人员的职业道德，是指会计人员在会计工作中应当遵循的道德规范，是会计工作规范的组成部分，也是会计人员的基本素质之一。根据《会计法》和《会计基础工作规范》规定，会计人员职业道德的主要内容如下。

（1）爱岗敬业。热爱本职工作，这是做好一切工作的出发点。只有建立了这个出发点，才会勤奋、努力地钻研业务，使自己的知识和技能适应具体从事的会计工作的要求。

（2）熟悉法规。会计工作不只是单纯的记账、算账、报账工作，会计工作时时、事事、处处涉及执法守规方面的问题。会计人员应当熟悉财经法律、法规和国家统一的会计制度，做到自己在处理各项经济业务时知法依法、知章循章，守好财务关。同时还要进行财经法规的宣传，提高单位人员的法制观念。

（3）依法办理。按照《会计法》要求保证会计信息真实、完整的规定，会计人员必须依法办事，敢于抵制歪风邪气，同一切违法乱纪的行为作斗争。

（4）客观公正。会计人员在办理会计事务中，应当实事求是、客观公正。这是一种工作态度，也是会计人员追求的一种境界。做好会计工作，不仅要有过硬的技术本领，也同样需要有实事求是的精神和客观公正的态度。

（5）搞好服务。会计工作的特点决定了会计人员应当熟悉本单位的生产经营和业务管理情况。因此，会计人员应当积极运用所掌握的会计信息和会计方法，为改善单位的内部管理、提高经济效益服务。

（6）保守秘密。会计人员应当保守本单位的商业秘密，除法律规定和单位负责人同意外，不能私自向外界提供或者泄露单位的会计信息。会计人员由于会计工作性质的原因，有机会了解本单位的财务状况和生产经营情况，有可能了解或者掌握重要的商业机密。因此，必须严守秘密。泄密是一种不道德行为，会计人员应当树立泄露商业秘密为大忌的观念，对于自己知悉的内部机密，在任何时候、任何情况下都严格保守，不能随意向外界泄露。

拓展阅读

关于会计历史演进的管与算的关系

根据史料记载，在史前时代便发现原始人留下的各种刻画符号，一开始便与对生产和生活的管理联系在一起，即使那些栩栩如生的动物图画也"并不是一种神秘'艺术冲动'的表现……也不是专门为寻求某种乐趣，而是为一个严肃的经济目的"。尽管人们在这个阶段对于生产关心的程度不同，然而，事实却表明人们一开始所进行的计量与记录便出自对经济进行管理的动机。

进入文明社会后，在自然经济发展阶段，单式簿记的方法体系逐步构建起来，它体现了官厅会计的历史贡献。除簿记方法之外，为贯彻"量入为出"之制，统治者组建了财计组织，颁布了财计制度，最终形成了簿记组织、簿记制度与簿记方法相结合的簿记工作格局。故在此阶段，人们所关注的或认识到的只是簿记的核算职能，认为簿记是为维护国家财政收支服务的工具。然而，事实上，这时客观上与簿记核算职能并存的还有簿记的监督职能，簿记工作还起着监督国家财政收支实现的作用，只不过在此期间簿记的核算职能处于主导地位而已。

从总体上来考察，在会计发展史上，自从有了会计的算，同时便有了会计的管。会计的管不可以脱离会计的算，而会计的算又始终是围绕会计的管理目标进行的。在任何一个历史时期，既不存在脱离管理而独立存在的算，也不存在脱离核算而独立存在的管。由会计环境的变化及人们认识水平所决定，相对而言，在古代社会里通常认为簿记以算为主，以管为辅；至近代社会，人们将管与算并重对待，提倡管算相结合；而进入现代社会发展阶段之后，人们又逐步从会计对于管理的能动作用方面认识到，在会计的基本职能方面，当以管理作为主导方面，而核算仅起辅助性作用了。

模块小结

会计是以提供财务信息为主的信息系统，也是一种管理活动。会计的基本职能是核算和监督。会计的对象是会计主体的经济活动中的资金运动。会计核算有4个基本前提，也称4个基本假设，分别为会计主体、持续经营、会计分期和货币计量。会计信息的质量要求包括真实性、相关性、可理解性、可比性、实质重于形式、重要性、谨慎性、及时性原则。我国《企业会计准则》将权责发生制作为会计确认、计量和报告的基础。会计计量属性是根据一定的计量标准和计量方法，将符合确认条件的会计要素登记入账并列报于财务报表而确定其金额的过程。根据《企业会计准则》，会计计量属性主要包括历史成本、重置成本、可变现净值、现值和公允价值。公允价值的使用有严格的界定，只有存在活跃市场，公允价值能够取得并可靠计量的情况下，才能采用公允价值计量。会计的核算方法主要包括设置会计科目及账户、复式记账、填制和审核凭证、登记账簿、成本计算、财产清查和编制财务会计报告等几种方法。会计核算方法构成会计循环过程。我国企业会计法规制度是一个以《中华人民共和国会计法》为中心形成的较为完备的会计法规体系，包括《中华人民共和国会计法》《企业会计准则》和《企业会计制度》等会计核算方面的法规制度。科学地组织会计工作就是要求企业、行政事业单位设置合理的会计机构、配备适当的会计人员，以及建立和执行各项会计制度，以确保完成会计工作任务，满足经济管理要求。

思考与练习

一、思考题

1. 什么是会计？它有什么特点？

2. 会计的基本职能有哪些？

3. 什么是会计的基本前提？会计的基本前提有哪些主要内容？

4. 什么是会计信息质量要求？会计信息质量要求有哪些主要内容？

5. 会计机构内部核算的组织形式有哪几种？

6. 会计机构、会计人员的主要职责是什么？

二、单项选择题

1. 会计的基本职能是(　　)。

A. 记账和算账　　　B. 分析和检查　　　C. 核算和监督　　　D. 预测和决策

2. 会计的主要计量尺度是(　　)。

A. 实物量度　　　　B. 货币量度　　　　C. 劳动量度运动　　D. 时间量度

3. 会计方法中最基本的方法是(　　)。

A. 会计分析方法　　B. 会计预测方法　　C. 会计决策方法　　D. 会计核算方法

4. 我国的会计年度为(　　)。

A. 公历年度　　　　B. 一个月　　　　　C. 一个季度　　　　D. 会计期间

5. 在经济生活中存在很多不确定和风险因素，因此在会计核算时应遵循(　　)。

A. 重要性原则　　　　　　　　　　　B. 客观性原则

C. 谨慎性原则　　　　　　　　　　　D. 权责发生制原则

6. (　　)是指会计核算和监督的内容。

A. 会计职能　　　　B. 会计本质　　　　C. 会计对象　　　　D. 会计方法

7. 目前我国的行政单位会计采用的会计基础主要是(　　)。

A. 权责发生制　　　B. 应收应付制　　　C. 收付实现制　　　D. 统收统支制

8. 持续经营是建立在(　　)的基础上的。

A. 会计主体　　　　B. 权责发生制原则　C. 会计分期　　　　D. 货币计量

9. 下列各项中，适用于各期间收入和费用的准则是(　　)。

A. 重要性原则　　　　　　　　　　　B. 权责发生制原则

C. 谨慎性原则　　　　　　　　　　　D. 可比性原则

10. 会计对象的具体划分是(　　)。

A. 会计科目　　　　B. 会计要素　　　　C. 会计账户　　　　D. 会计原则

三、多项选择题

1. 下列说法中，正确的有(　　)。

A. 会计是适应生产活动发展的需要而产生的

B. 会计是生产活动发展到一定阶段的产物

C. 会计从产生、发展到现在经历了一个漫长的历史过程

D. 经济越发展，会计越重要

2. 会计核算中，对于各项财产物资不应当按取得时的(　　)计价。

A. 现行交易价格　　B. 实际交易价格　　C. 约定交易价格　　D. 未来交易价格

3. 企业的会计期间不是(　　)。

A. 自然形成的　　　B. 人为划分的　　　C. 一个周转过程　　D. 营业年度

4. 某企业 9 月份销售 A 产品一批，价款 30 000 元，款未收；销售 B 产品一批，取得货款 10 000 元；收到 8 月份欠款 15 000 元。

(1) 按权责发生制，该企业 9 月份销售收入应为(　　)元。

A. 30 000　　　　　B. 10 000　　　　　C. 15 000　　　　　D. 40 000

(2) 按收付实现制，该企业 9 月份销售收入应为(　　)元。

A. 30 000　　　　　B. 10 000　　　　　C. 15 000　　　　　D. 25 000

5. 根据权责发生制原则，应计入本期的收入和费用的有(　　)。

A. 属于本期应取得的收入，并已收取　　B. 属于本期的收入，尚未收取

C. 属于本期应负担的费用，尚未支付　　D. 不属于本期应负担费用，已支付

6. 以下关于会计基本职能的关系的说法中，正确的有（　　　　）。

A. 核算职能是监督职能的基础

B. 监督职能是核算职能的保证

C. 没有核算职能提供可靠的信息，监督职能就没有客观依据

D. 两大职能是紧密结合，辩证统一的

7. 下列选项中，（　　）是会计工作规范体系主要包括的会计核算方面的法律法规。

A. 会计法　　　　　　B. 会计准则　　　　C. 会计规范　　　　D. 会计制度

8. 按照会计分工方式的不同，会计机构的组织形式可分为（　　）。

A. 集中核算　　　　　B. 独立核算　　　　C. 非集中核算　　　　D. 非独立核算

9. 会计人员的专业技术职务分为（　　）。

A. 高级会计师　　　　B. 中级会计师　　　C. 助理会计师　　　　D. 会计员

10. 会计人员的主要权限是（　　）。

A. 参与编制计划或预算　　　　　　　　　B. 签订经济合同

C. 参与生产经营管理　　　　　　　　　　D. 有权提出有关财务收支等方面的建议

四、判断题

1. 会计只能用货币量度进行反映和监督。（　　　）

2. 会计核算的都是已经发生或者已经完成的经济事项。（　　　）

3. 会计是随着经济的发展而发展的。（　　　）

4. 企业法人是会计主体，会计主体也必然是企业法人。（　　　）

5. 各单位应根据会计业务的需要设置会计机构，配置会计人员。（　　　）

6. 会计人员岗位只能一人一岗，不可以一人多岗。（　　　）

7. 保管期过期的会计凭证就可以销毁。（　　　）

8. 我国所有企业的会计核算都必须以人民币作为记账本位币。（　　　）

9. 谨慎性原则是指在会计核算中应当尽量低估企业可能发生的费用和损失。（　　　）

10. 权责发生制原则是指实际收到款项就确认收入，实际支出款项就确认费用或支出。（　　　）

模块二 会计对象、会计要素与会计等式

学习目标

1. 掌握资产、负债、所有者权益、收入、费用和利润六大会计要素的含义与确认;
2. 掌握经济业务的类型及其对会计等式的影响;
3. 了解会计对象的含义;
4. 掌握会计要素的定义、特征、确认条件及构成内容;
5. 掌握会计等式的表现形式。

情景导入

每学期的开学之初,大学生们都拿着新学期父母给的生活费回到校园里,刚开学同学们都会在一起聚餐,当然聚餐的地点一般不会在食堂,而是在学校外边的小餐馆,人均50元左右;有的同学还会买新衣服,购置电脑、手机等电子产品。

思考:大学生的这些开支分别形成了哪些资产和费用?

任务一 会计对象和会计要素

一、会计对象

(一) 会计对象的含义

会计对象是指会计核算和监督的内容。会计是以货币作为主要计量单位的,因此,凡是会计主体能够以货币表现的经济活动,都是会计核算和监督的内容,也就是会计的对象。具体来说,会计对象是指企事业单位在日常经营活动或业务活动中所表现出的资金运

动，即资金运动构成了会计核算和会计监督的内容。在我国，企业和行政事业等单位的经济活动虽然各有不同，但是它们的所有财产物资都是以货币形态表现出来的，并在生产经营和收支活动中不断发生变化。货币本身和这些财产物资的货币表现称为资金，即会计对象就是社会再生产过程的资金运动。

对于会计的一般对象，我国会计界有不同的认识，比较有代表性的观点主要有以下几种不同的表述。

（1）会计的一般对象是企业再生产过程中的资金运动。再生产过程是由生产、分配、交换和消费四个相互关联的环节所构成，包括多种多样的经济活动。但会计并不能反映和监督再生产过程中的所有经济活动，而只能反映和监督用货币表现的那些经济活动。在企业生产经营过程中，生产资料、劳动产品，以及生产过程中的劳动耗费，都必须用价值形式来反映，所以再生产过程中以价值形式表现的经济活动，就是会计所反映和监督的内容。而再生产过程中以价值形式表现的经济活动，可以抽象为资金运动，所以一般认为再生产过程中的资金运动是会计的一般对象。

（2）会计的一般对象是企事业等单位在社会再生产过程中可以用货币表现的经济活动。即能够通过货币计量，并利用资金、费用、成本、收入、利润等价值形式综合表现的有关产品的生产、交换、分配和消费等方面的经济活动和财务收支活动，及其所体现的各方面的经济关系。

（3）会计的一般对象是物质资料扩大再生产过程中可以用货币计价的财产及其变动。根据会计用货币形式连续、系统地对经济过程进行观察、计量、登记、综合的特点，它不能反映扩大再生产的各个方面，只能反映物质资料的扩大再生产过程。但再生产过程是无形的，只能通过财产才能表现出来，要对财产加以核算并进行总括反映，必须有一个共同的量度，在现阶段，这个共同的量度就是货币。

（二）会计对象的内容

由于会计服务的主体（如企业、事业、行政单位等）所进行的经济活动的具体内容和性质不同，会计对象的具体内容往往有较大的差异。典型的现代会计是企业会计，企业会计的对象就是企业的资金运动。但即使都是企业，工业、农业、商业、交通运输业、建筑业和金融业等不同行业的企业，其资金运动也均有各自的特点，会计对象的具体内容也不尽相同，其中最具代表性的是工业企业。下面以工业企业为例，说明企业会计的对象。

工业企业是从事工业产品生产和销售的营利性经济组织，其再生产过程是以生产过程为中心的供应、生产和销售过程的统一。为了从事生产经营活动，企业必须拥有一定数量的资金，用于建造厂房、购买机器设备、购买原材料、支付职工工资、支付经营管理过程中各种必要的开支等，生产出的产品经过销售后，收回的货款还要补偿生产经营过程中垫付的资金、偿还有关债务、上缴税金等。在生产经营过程中，资金的存在形态不断地发生变化，构成了企业的资金运动。只要企业的生产经营活动不停止，生产经营过程不中断，其资金就始终处于运动之中。企业的资金运动随着生产经营活动的进行贯穿于企业再生产过程的各个方面。企业的资金运动包括资金的投入、资金的运用和资金的退出三个基本环节，既有一定时期内的显著运动状态（表现为收入、费用、利润等），又有一定日期的相对静止状态（表现为资产与负债及所有者权益的恒等关系）。

会计对象在企业中的具体表现可概括为企业再生产过程中能用货币表现的经济活动，而企业的经济活动主要就是生产经营活动。企业的资金会随着生产经营活动的进行不断发生变化，经过供应、生产、销售三个阶段不断循环，在会计上把周而复始的资金循环称为资金周转。现以工业企业为例加以说明。

▶ 1. 资金的投入

资金的投入分为所有者资金的投入和债权人资金的投入，前者构成了企业的所有者权益，后者构成了企业的债权人权益——企业的负债。资金的投入是企业资金运动的起点，是企业购买原材料、固定资产，发放职工工资，以及相关费用的来源。

▶ 2. 资金的运用

企业将资金运用于生产经营过程，就形成了资金的循环与周转。它又分为供应过程、生产过程和销售过程三个阶段。

（1）供应过程。供应过程是生产的准备过程。在这个阶段，为了保证生产的正常进行，企业需要用货币资金购买并储备原材料等劳动对象，要发生材料买价、运输费、装卸费等材料采购成本，与供应单位发生货款的结算关系。同时，随着采购活动的进行，企业的资金从货币资金形态转化为储备资金形态。

（2）生产过程。生产过程既是产品的制造过程，又是资产的耗费过程。在这个阶段，劳动者借助于劳动手段将劳动对象加工成特定的产品，企业发生原材料等劳动对象的消耗、劳动力的消耗和固定资产等劳动手段的消耗等，以上消耗构成了产品的使用价值与价值的统一体。同时，随着劳动对象的消耗，资金从储备资金形态转化为生产资金形态；随着劳动力的消耗，企业向劳动者支付工资、奖金等劳动报酬，资金从货币资金形态转化为生产资金形态；随着固定资产等劳动手段的消耗，固定资产和其他劳动手段的价值通过折旧或摊销的形式部分地转化为生产资金形态。当产品制成后，资金又从生产资金形态转化为成品资金形态。

（3）销售过程。销售过程是产品价值的实现过程。在这个阶段，企业将生产的产品销售出去，取得销售收入，发生货款结算等业务活动，资金从成品资金形态转化为货币资金形态。

▶ 3. 资金的退出

企业在生产经营过程中，为社会创造了一部分新价值，因此，企业收回的货币资金一般要大于投入的资金，这部分增加额就是企业的利润。企业实现的利润，按规定应以税金的形式上缴一部分给国家，还要按照有关合同或协议偿还各项债务，另外，还要按照企业章程或董事会决议向投资者分配股利或利润。这样，企业收回的货币资金中，用于缴纳税金、偿还债务和向投资者分配股利或利润的这部分资金就退出了企业资金的循环与周转，剩余的资金则留在企业，继续用于企业的再生产过程。

工业企业的资金运动过程如图 2-1 所示。

资金的投入、运用和退出三部分内容，构成了开放式的运动形式，是相互支撑、相互制约的统一体。没有资金的投入，就不会有资金的循环与周转；没有资金的循环与周转，就不会有债务的偿还、税金的上缴和利润的分配等；没有这类资金的退出，就不会有新一轮资金的投入，也就不会有企业的进一步发展。

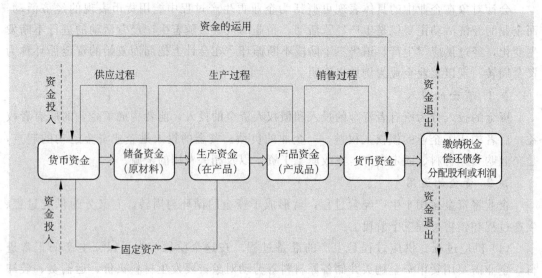

图 2-1 工业企业的资金运动

二、会计要素

(一) 会计要素的含义与分类

会计核算和监督的对象是企业再生产过程中的资金运动，会计要素就是对会计对象按经济性质所做的基本分类，是会计对象的具体化。会计要素是会计确认、计量、记录和报告的基础，是设置账户、编制会计报表的基本依据。

会计要素的划分对会计的核算有着极其重要的作用，是设置会计科目的基本依据，是财务报表的基本构成内容。我国《企业会计准则》将会计要素划分为六大项：资产、负债、所有者权益、收入、费用和利润。这六大会计要素又可以分为两大类：一类是反映企业财务状况的会计要素，即资产、负债、所有者权益，同时这三大会计要素也是资产负债表的构成要素，反映了企业的静态资金运动；另一类是反映企业经营成果的会计要素，即收入、费用、利润，同时这三大会计要素也是利润表的构成要素，反映了企业的动态资金运动。

(二) 会计要素的基本内容

▶ **1. 资产**

(1) 资产的定义。资产是指企业过去的交易或者事项形成的，由企业拥有或控制的，预期会给企业带来经济利益的资源。

(2) 资产的特征。从资产的定义来看，资产具有以下特征。

① 资产是由企业过去的交易或者事项形成的。从时间上看，作为企业的资产，必须是现实存在的，未来的交易或事项产生的结果都不属于企业的资产，企业已经完成的购买、生产、建造等已经发生的交易或事项才构成企业的资产。

② 资产是企业拥有或者控制的资源。这里的"拥有"是指企业对某项资产拥有法定所有权，而"控制"则是指虽然目前没有拥有某项资产的法定所有权，但实质上已经掌握了其未来收益和风险。企业对资产的拥有或控制权主要表现在占有、使用、收益和处置方面。例如，企业在融资租赁方式下租入的固定资产，虽然企业并不拥有其所有权，但是由于合

同或协议规定的租赁期相当长，接近于资产的使用寿命，并且租赁期结束时承租企业有以相当低的价格优先购入该资产的权利，因此实质上承租企业占有该项资产，应按自有固定资产的方式计提折旧，使用该固定资产能够给其带来收益，所以融资租赁方式下取得的固定资产应当视为企业的资产。

③ 资产预期会给企业带来经济利益。资产的本质就是未来能够直接或者间接给企业带来现金或现金等价物的流入。例如，企业出售库存商品或原材料能够直接给其带来经济利益；用货币购买厂房、机器设备等可以用于生产经营，耗费这些资产预期能够间接给企业带来经济利益。但是如果机器设备已经毁损，不能够使用，那就不能确认为企业的资产。

（3）资产的确认条件。将一项资源确认为资产，除了满足资产的定义之外，还需要同时满足以下两个条件：①与该资源有关的经济利益很可能流入企业；②该资源的成本或者价值能够可靠计量。

符合资产定义的同时还满足其确认条件的，应当列入资产负债表，符合资产定义但是不满足其确认条件的，不应当列入资产负债表。

（4）资产的分类。根据资产流动性（资产的流动性反映了资产的变现能力）的强弱，可以将资产分为流动资产和非流动资产。

流动资产是指可以在一年或者超过一年的一个正常营业周期内变现、出售或者耗用的资产，或主要为交易目的而持有的资产，以及自资产负债表日起一年内交换其他资产或清偿负债的能力不受限制的现金或现金等价物。营业周期是指企业从购买用于加工的资产起，到获得现金或现金等价物的整个期间。营业周期通常少于一年，即在一年之内可以有多个营业周期，但是也存在营业周期长于一年的情况，如工业企业制造用于出售的大型机械和船舶等，在这种情况下，与生产循环有关的产成品、原材料、应收账款尽管超过一年才能变现、出售或耗用，但仍作为流动资产。当正常营业周期不能够确定时，应当把一年作为划分流动资产和流动负债的标准。流动资产主要包括货币资金、金融资产、债权资产和存货资产等。其中，货币资金包括库存现金、银行存款和其他货币资金；金融资产包括交易性金融资产；债权资产包括各种应收和预付款项；存货资产包括商品存货、委托加工存货、采购存货等。

非流动资产是指流动资产以外的资产，主要包括长期投资、长期资产、长期债权等。长期投资包括可供出售金融资产、持有至到期投资、长期股权投资和投资性房地产；长期资产包括固定资产、无形资产、在建工程和工程物资等；长期债权包括长期应收款等。固定资产是指使用寿命超过一个会计年度，为了生产商品、提供劳务、出租或经营管理而持有的，单位价值较高的有形资产，如厂房、机器设备等。无形资产是指企业拥有或者控制的没有实物形态的可辨认非货币性资产，不具有实物形态，包括专利权、土地使用权、商标权、著作权等。在建工程是指正处于建造过程、尚未完工交付使用的固定资产。工程物资是用以核算企业为在建工程准备的各种物资的成本，包括工程用材料、尚未安装完毕的固定资产等。

【例 2-1】安德雅有限责任公司于 2017 年 4 月 8 日与西南有限责任公司签订购买一台生产设备的合同，但该台设备实际是在 2017 年 10 月 12 日付款并取得发票的。请问安德雅有限责任公司什么时候可以将此设备确认为企业的资产？

解析：安德雅有限责任公司在 2017 年 4 月 8 日只是签订购买合同而已，并未真正购买，所以应在 2017 年 10 月 12 日确认为企业的资产。

【例 2-2】安德雅有限责任公司库存的一批原材料因为一场火灾而毁损，请问安德雅有限责任公司能否将该批材料确认为资产？为什么？

解析：安德雅有限责任公司库存的原材料因为火灾而毁损，已经不能给企业带来未来经济利益，因此，不能将该批材料继续作为资产确认。

【例 2-3】安德雅有限责任公司在 2017 年年末盘点存货时，发现存货毁损 2 万元，公司以存货管理责任不清为由，将毁损的存货继续挂账，作为资产予以反映。（　　　）

A. 正确　　　　　　　　　　　　B. 错误

解析：B。由于该存货已经毁损，预期不能为企业带来经济利益，不符合资产的定义，不能确认为一项资产。

▶ **2. 负债**

（1）负债的定义。负债是指企业过去的交易或者事项形成的，预期会导致经济利益流出企业的现时义务。

（2）负债的特征。从负债的定义来看，负债具有以下特征：

① 负债是由过去的交易或者事项形成的。过去的交易或事项是指各种举债行为或其他事项已经发生了，并且有据可查；而企业将在未来发生承诺、签订的合同等交易或事项，不形成负债。

② 负债是企业承担的现时义务。只有因过去的交易或事项所产生的负债，才属于企业的负债，而不是未来发生的交易或事项形成的义务。例如，企业购入原材料而未付款，这就承担了现时义务，若已经付款了就没有付款的现时义务。

③ 负债会导致经济利益流出企业。企业在履行现时义务偿还债务时，往往采用债权人所能接受的方式偿还，一般以货币资金偿还，也有以商品、劳务偿还的，还有举借新债偿还旧债的，不管以哪种方式偿还，最终都会导致企业的经济利益流出。

（3）负债的确认条件。将一项现时义务确认为负债时，除了符合负债的定义之外，还必须同时满足以下条件：①与该义务有关的经济利益很可能流出企业；②未来流出的经济利益的金额能够可靠地计量。

符合负债定义的同时还满足其确认条件的，应当列入资产负债表，符合负债定义但是不满足其确认条件的，不应当列入资产负债表。

（4）负债的分类。根据资产的流动性（即偿还期限的长短）划分，可将负债分为流动负债和非流动负债。

流动负债是指企业将在一年或超过一年的一个正常营业周期内偿还的债务，包括短期借款、应付票据、应付账款、预收账款、应交税费、应付职工薪酬、应付股利和将于一年内到期的非流动负债等。

非流动负债是指流动负债以外的负债，包括长期借款、应付债券、长期应付款。将于一年内到期的非流动负债已转变为流动负债，应当在资产负债表中的流动负债项下单列项目予以反映。

【例 2-4】安德雅有限责任公司向银行借款 100 万元，此外，公司同时还与银行达成了两个月后借入 200 万元的借款意向书，为此公司共确认了 300 万元的负债。（　　　）

A. 正确　　　　　　　　　　　　B. 错误

解析：B。安德雅有限责任公司向银行借款 100 万元，该交易属于过去的交易或者事项，公司可以确认为 100 万元的负债。但是公司同时还与银行达成了两个月后借入 200 万元的借款意向书，该交易还没有发生，属于未来的交易，不属于过去的交易或者事项，不符合负债的定义，不应确认为企业的负债。

拓展阅读

应付票据

应付票据是指企业购买材料、商品和接受劳务供应等而开出、承兑的商业汇票。商业汇票包括商业承兑汇票和银行承兑汇票，是一种由销货者按合同先向购货者交货，购货者再在规定的时限内付款的结算方式。在我国，应收票据、应付票据仅指商业汇票，付款期一般在 1 个月以上，6 个月以内。其他的银行票据（支票、本票、汇票）等，都是作为货币资金来核算的，而不作为应收应付票据。

▶ **3. 所有者权益**

（1）所有者权益的定义。权益包括所有者权益和债权人权益两部分。所有者权益是指企业资产扣除负债后由所有者享有的剩余权益，即企业的净资产，股份制企业的所有者权益称为股东权益，非股份制企业的则统称为所有者权益。债权人权益为负债。

（2）所有者权益的特征。所有者权益具有以下特征。

① 除非发生减资、清算或分派现金股利，企业不需要偿还所有者权益。所有者投入的资本，企业可以长期使用，无须偿还。

② 所有者权益是一种剩余权益，它是满足了债权人权益后的剩余权益。企业破产清算的时候，按以下顺序进行清算：首先清算企业所欠职工工资和保险费用，然后清算企业所欠税款，最后清算债权。上述清偿完毕之后，再对优先股股东清算，如果资产仍有剩余，再对普通股股东清算。

③ 所有者凭借所有者权益能够参与企业的利润分配。企业所有者凭借对企业投入的资本，享有税后利润分配的权利。

（3）所有者权益的确认条件。所有者权益的确认、计量主要取决于资产、负债、收入、费用等其他会计要素的确认与计量。所有者权益在数量上等于资产总额减去债权人权益后的净额，即企业的净资产，反映所有者（股东）在企业资产中享有的经济利益。

（4）所有者权益的分类。根据所有者权益的来源划分，可分为所有者投入的资本、直接计入所有者权益的利得和损失、留存收益等。

① 所有者投入的资本是指所有者投入企业的资本部分，具体包括实收资本（股份制企业称为股本）和资本公积（资本溢价、股本溢价）。

② 直接计入所有者权益的利得和损失是指不应计入当期损益、会导致所有者权益发生增减变动的，与所有者投入资本或者向所有者分配利润无关的利得和损失。利得是指企业非日常活动所发生的、会导致所有者权益增加的，与所有者投入资本无关的经济利益的流入。损失是指由企业非日常活动所发生的，会导致所有者权益减少的，与向所有者分配利润无关的经济利益的流出。

③ 留存收益是指企业历年实现的净利润留存于企业的部分，主要包括盈余公积和未分配利润。盈余公积是指企业按照规定的比例从净利润中提取的盈余公积，包括法定盈余

公积和任意盈余公积。未分配利润是指企业留待以后年度分配的利润。

(5) 所有者权益与负债的联系与区别。所有者权益与负债都是企业的资金来源。所有者权益表现为企业吸收资本金，具体的方式有吸收投资者投入的货币资金、固定资产、无形资产、原材料等；负债表现为企业举借债务，具体的方式有借入款项、发行债券、各种应付款项等。两者之间既有联系又有区别，具体如表 2-1 所示。

表 2-1　所有者权益与负债的联系与区别

<table>
<tr><th colspan="2">项目</th><th>所有者权益</th><th>负债</th></tr>
<tr><td colspan="2">联系</td><td colspan="2">所有者权益和负债都属于企业的权益，都是企业的资金来源</td></tr>
<tr><td rowspan="5">区别</td><td>权利</td><td>可以参与企业的利润分配，也可以参与企业的经营管理</td><td>只享有按期收回利息和债务本金的权利，而无权参与企业的利润分配和经营管理</td></tr>
<tr><td>义务</td><td>企业对股权投资人所承担的经济责任，一般情况下不需要归还给投资者</td><td>企业负有到期偿还负债本息的义务</td></tr>
<tr><td>对象</td><td>对投资人负担的经济责任</td><td>对债权人负担的经济责任</td></tr>
<tr><td>清偿次序</td><td>只能在清偿了所有的负债之后，才返还给投资者</td><td>优先清偿权（求偿权）</td></tr>
<tr><td>数量</td><td>资产－负债</td><td>企业全部的债务额</td></tr>
</table>

注：企业的投资者有广义和狭义之分，广义的投资者包括股权投资者和债权投资者，狭义的投资者一般单指股权投资者。在会计上，如不单独说明，投资者一般是指狭义的投资者。

▶ 4. 收入

(1) 收入的定义。收入是指企业在日常活动中形成的，会导致所有者权益增加的，与所有者投入资本无关的经济利益的总流入。

(2) 收入的特征。收入具有以下特征。

① 收入从企业的日常活动中产生，而不是从偶发的交易或事项中产生。日常活动是指企业为了完成其经营目标所从事的经常性活动以及与之相关的活动，如工业企业与商品流通企业销售商品、安装公司提供安装服务等。

② 收入能导致企业所有者权益的增加。收入可能表现为企业资产的增加，也可能表现为企业负债的减少，或者两者兼而有之。根据"所有者权益＝资产－负债"可以得出收入能够导致企业所有者权益的增加，但收入扣除相关成本费用后的净额，既可能增加所有者权益，也可能减少所有者权益。这里仅指收入本身导致的所有者权益的增加，而不是指扣除相关成本费用后的净额对所有者权益的影响。

③ 收入是与所有者投入资本无关的经济利益的总流入。所有者投入资本主要是为了享有企业资产的剩余权益，由此形成的经济利益的总流入不构成收入，而应确认为企业所有者权益的部分。

收入不包括为第三方或客户代收的款项，为第三方或客户代收的款项构成企业的负债。

(3) 收入的确认条件。收入的确认除了应当符合定义外，还应当同时符合以下条件：

①与收入相关的经济利益应当很可能流入企业；②经济利益流入企业的结果会导致企业资产的增加或者负债的减少；③经济利益的流入额能够可靠地计量。

（4）收入的分类。收入有两种分类方法：按经营业务主次来分类和按经济内容来分类。

① 收入按经营业务主次可以分为主营业务收入和其他业务收入。主营业务收入是指为完成企业主要经营目标而从日常活动中所取得的收入，可根据企业营业执照上规定的主要业务范围确定，如工业企业、商品流通企业的销售商品收入，咨询公司提供咨询服务实现的收入，银行的存贷款收入等。其他业务收入是指为完成企业其他经营目标而从日常活动中所取得的收入，如工业企业对外销售材料，对外出租包装物、无形资产使用费等实现的收入。

② 收入按经济内容可以分为销售商品收入、提供劳务收入和让渡资产使用权收入。销售商品收入是指通过销售商品实现的收入，如工业企业、商品流通企业销售商品实现的收入；提供劳务收入是指企业通过提供劳务实现的收入，如安装公司提供安装服务实现的收入，咨询公司提供咨询服务实现的收入；让渡资产使用权是指因他人使用本企业资产所取得的收入，如商业银行对外贷款取得的利息收入。

【例 2-5】下列各项中，属于营业收入要素的有（　　）。

A. 商品销售收入　　　　　　　　　　B. 提供劳务收入

C. 罚款收入　　　　　　　　　　　　D. 原材料销售收入

解析：A、B、D。商品销售收入、提供劳务收入、原材料销售收入属于营业收入的范畴；而罚款收入属于利得范畴，应计入营业外收入。

▶ 5. 费用

（1）费用的定义。费用是指企业在日常活动中发生的，会导致所有者权益减少的，与向所有者分配利润无关的经济利益的总流出。

（2）费用的特征。费用具有以下特征。

① 费用是企业在日常活动中发生的。日常活动是指完成企业经营目标的经常性经济活动，例如，生产产品耗用原材料等支出、销售费用、管理费用等都属于企业日常活动所发生的；有些经济业务也能导致经济利益流出，但由于不是企业的日常活动，所以不属于费用的范畴，如企业对外捐赠支出、非流动资产处置的净损失等，它们与企业的日常活动没有直接联系，只能作为损失加以反映。

② 费用会导致所有者权益的减少。一般而言，收入会导致企业所有者权益增加，费用会导致企业所有者权益减少；费用增加，利润相对减少，所有者权益也减少。

③ 费用是与向所有者分配利润无关的经济利益的总流出。企业向所有者分配利润会导致经济利益的流出，属于投资者投资回报的分配，是所有者权益的直接抵减项目，不属于企业的费用。

（3）费用的确认条件。费用的确认除了应当符合定义外，至少应当符合以下条件：①与费用相关的经济利益应当很可能流出企业；②经济利益流出企业的结果会导致资产的减少或负债的增加；③经济利益的流出额能够可靠计量。

（4）费用的分类。按照费用与收入的关系，可将费用分为生产费用和期间费用。

生产费用是指与企业日常生产经营活动有关的费用，生产费用主要是生产三要素（劳动对象、劳动手段和必要的活动)的耗费。按经济用途可分为直接材料、直接人工和制造费用。直接材料是指直接用于产品生产、构成产品实体的原料、主要材料、外购半成品及有助于产品形成的辅助材料和其他直接材料。直接人工是指直接参加产品生产的工人的工资、奖金、津贴，以及按生产工人工资总额和企业根据实际情况确定的比例计算提取的社会保险费和住房公积金。制造费用是指企业各生产单位为组织和管理生产而发生的各项间接费用。生产费用应按其实际发生的情况计入产品的生产成本；对于生产几种产品共同发生的生产费用，应当按照收益原则，采用适当的方法和程序分配计入相关产品的生产成本。

期间费用是指不能直接或间接归属于某个特定产品成本的费用，主要包括管理费用、销售费用和财务费用。管理费用是指企业行政管理部门为组织和管理经营活动而发生的各种费用；销售费用是指企业在销售过程中发生的费用以及专设销售机构的经营经费；财务费用主要是指企业为筹集生产经营所需资金而发生的费用。期间费用在发生的当期就全部计入当期损益，而不计入产品成本，这样有助于简化成本核算工作，提高成本计算的准确性。

拓展阅读

与费用相关的另一个概念是成本。成本是指企业为了生产产品所消耗的各种原材料及主要材料、燃料、动力、工人工资及福利费、生产车间固定资产的折旧费及修理费、为生产产品而发生的各种间接费用等，按其经济用途分类，可分为直接材料、直接人工和制造费用。成本是一种对象化的费用。

▶ 6. 利润

(1) 利润的定义。利润是指企业在一定会计期间的经营成果，是企业在一定会计期间内实现的收入减去费用的净额，再加上直接计入当期利润的利得和损失等。

(2) 利润的特征。对利润进行核算，可以反映企业一定经营期间的经营业绩，反映企业的投入产出效率，有助于企业投资者和债权人据此评价企业的经营绩效，由此做出正确的决策。

(3) 利润的确认条件。利润包括收入减去费用后的净额，直接计入当期利润的利得和损失等。所以利润的确认主要依赖于收入、费用，以及直接计入当期利润的利得和损失的确认，其金额的确认也取决于收入、费用、利得和损失的计量。

直接计入当期利润的利得和损失是指应当计入当期损益，会导致所有者权益发生增减变动的，与所有者投入资本或者向所有者分配利润无关的利得或者损失。

(4) 利润的分类。利润可以分为营业利润、利润总额和净利润。

营业利润＝营业收入(主营业务收入＋其他业务收入)－营业成本(主营业务成本＋其他业务成本)－税金及附加－期间费用(管理费用＋销售费用＋财务费用)－资产减值损失＋公允价值变动收益(－公允价值变动损失)＋投资收益(－投资损失)

利润总额＝营业利润＋营业外收入－营业外支出

净利润＝利润总额－所得税费用

综合收益是指企业在某一期间除所有者以其所有者身份进行的交易之外的其他交易或

事项所引起的所有者权益活动，反映了净利润和其他综合收益扣除所得税影响后的净额相加后的合计金额。

任务二 会计等式

一、会计等式的含义

会计的六要素反映了资金的静态运动和动态运动两个方面，它们相互之间具有紧密的相关性，在数量上存在特定的平衡关系，这种平衡关系用公式来表示，我们称为会计等式。

二、会计等式的表现形式

（一）静态会计等式

投资者投入的资金和债权人借入的资金是资产形成的两大来源，因此资产和权益两者必定是相等的，可以用等式表示，即

$$资产＝权益$$

投资者的权益称为所有者权益，债权人的权益称为债权人权益，即负债。投资者和债权人都可以对企业的资产主张权益，资产和权益在数量上是相等的，在关系上是相互依存的，这一平衡关系是正确设置账户、复式记账、试算平衡和编制会计报表的重要依据。企业在某一特定时点的财务状况是静态平衡的。

企业拥有和控制的所有资产都必定拥有其相应的权益来源，故资产的资金量必然与其来源的资金量相等，则会计等式为

$$资产＝负债＋所有者权益$$

这一等式是反映企业某一特定日期财务状况的基本等式，也称为基本会计等式、静态会计等式，能够直接反映资金运动三个静态要素之间的内在联系和企业在某一时点的财务状况，因此，资产、负债和所有者权益也是构成资产负债表的三个基本要素。等式中的资产、负债、所有者权益针对的是同一时点，否则等式不成立。

（二）动态会计等式

企业在生产经营过程当中除了发生引起资产、负债和所有者权益要素增减变化的经济业务外，还会取得收入，并为了取得收入而发生一些费用，通过收入和费用进行配比可对经营业绩做出评估，如果收入大于费用，利润为正，表明企业经营业绩较好；反之，表明企业经营业绩较差，这种关系可以用会计等式来表示，即

$$收入－费用＝利润$$

资金的循环与周转视为资金运动的动态表现，具体表现为收入、费用和利润，因此，这一等式也称为动态会计等式、第二会计等式，表明了某一会计主体在某一特定时期的经营状况和企业经营状况变动的原因。同时，动态会计等式也是正确设置账户、复式记账、试算平衡和编制会计报表的重要依据。这一等式反映了资金运动三个动态要素之间的内在联系和企业在某一时期的经营成果，是利润表的构成要素，也是利润表的编制基础。

三、经济业务对会计等式的影响

经济业务又称为会计事项，是指在经济活动中引起会计要素发生增减变动的交易或事项。企业在生产经营过程中，会发生各种各样的经济业务，随着经济业务的不断变化，企业的资产、负债和所有者权益也不断变化。根据会计等式，用下面的例子来说明企业经济业务的变化对会计等式的影响。

【例 2-6】 2017 年 11 月 30 日，安德雅有限责任公司资产总额为 500 万元，负债 200 万元、所有者权益 300 万元，权益总额为 500 万元，资产和权益总额相等。2017 年 12 月发生以下引起资产、负债、所有者权益变动的经济业务事项。

(1) 12 月 2 日，安德雅有限责任公司从银行提取现金 12 万元，准备发放职工工资。该笔经济业务使公司库存现金增加，相应地使银行存款减少。资产＝负债＋所有者权益，即 500＋12－12＝200＋300＝500（万元）。

(2) 12 月 5 日，向建设银行借入 10 万元直接用于归还拖欠的材料款。向银行借入一笔负债，负债增加，用新债偿还旧债，旧债减少了，该笔经济业务使负债同增同减。资产＝负债＋所有者权益，即 500＝（200＋10－10）＋300＝500（万元）。

(3) 12 月 6 日，经批准，安德雅有限责任公司将盈余公积 8 万元转增资本。该笔经济业务使盈余公积减少，实收资本增加。资产＝负债＋所有者权益，即 500＝200＋（300＋8－8）＝500（万元）。

(4) 12 月 8 日，经研究决定，安德雅有限责任公司向投资者分配利润 3 万元。该笔经济业务使应付利润增加，利润分配减少。资产＝负债＋所有者权益，即 500＝（200＋3）＋（300－3）＝500（万元）。

(5) 12 月 10 日，安德雅有限责任公司经与债权人协商并经有关部门批准，将所欠 5 万元债务转为资本。该笔经济业务导致应付账款减少，实收资本增加。资产＝负债＋所有者权益，即 500＝（203－5）＋（297＋5）＝500（万元）。

(6) 12 月 12 日，安德雅有限责任公司向中国银行借入期限为三个月的借款 3 万元存入银行。该笔经济业务导致银行存款和短期借款同时增加。资产＝负债＋所有者权益，即 500＋3＝（198＋3）＋302＝503（万元）。

(7) 12 月 15 日，安德雅有限责任公司以银行存款偿还上个月所欠黄河公司货款 4 万元。该笔经济业务导致银行存款和应付账款同时减少。资产＝负债＋所有者权益，即 503－4＝（201－4）＋302＝499（万元）。

(8) 12 月 20 日，安德雅有限责任公司收到长江公司投入资金 10 万元，款项已存入银行。该笔经济业务同时导致银行存款和实收资本增加。资产＝负债＋所有者权益，即 499＋10＝197＋（302＋10）＝509（万元）。

(9) 12 月 25 日，安德雅有限责任公司因缩小经营规模，经批准减少注册资本 10 万元，并以银行存款发还给投资者。该笔经济业务同时导致银行存款和实收资本减少。资产＝负债＋所有者权益，即 509－10＝197＋（312－10）＝499（万元）。

通过例 2-6 安德雅有限责任公司发生的经济业务来看，无论企业在经营活动中会发生怎样纷繁复杂的经济业务，虽然都会引起资产、负债和所有者权益发生增减变动，但是均不会破坏会计等式的平衡关系。根据经济业务对财务状况等式的影响不同，可以归纳为以下九种类型。

类型一：资产要素内部此增彼减，增减金额相等，不影响基本会计等式的等量关系，如例 2-6 业务(1)。

类型二：负债要素内部此增彼减，增减金额相等，不影响基本会计等式的等量关系，如例 2-6 业务(2)。

类型三：所有者权益要素内部此增彼减，增减金额相等，不影响基本会计等式的等量关系，如例 2-6 业务(3)。

类型四：负债要素金额增加，同时所有者权益要素金额减少，增减金额相等，不影响基本会计等式的等量关系，如例 2-6 业务(4)。

类型五：所有者权益要素金额增加，同时负债要素金额减少，增减金额相等，不影响基本会计等式的等量关系，如例 2-6 业务(5)。

类型六：资产和负债要素金额同时等额增加，不影响基本会计等式的等量关系，如例 2-6 业务(6)。

类型七：资产和负债要素金额同时等额减少，不影响基本会计等式的等量关系，如例 2-6 业务(7)。

类型八：资产和所有者权益要素金额同时等额增加，不影响基本会计等式的等量关系，如例 2-6 业务(8)。

类型九：资产和所有者权益要素金额同时等额减少，不影响基本会计等式的等量关系，如例 2-6 业务(9)。

上述九种类型业务的发生均不影响财务状况基本等式的平衡，具体分为以下四种类型。

(一) 会计等式左边(资产)有关项目等额一增一减

这一类型的经济业务反映了资金在企业内部的循环和周转，导致资产内部发生等量一增一减变动，资产总额不变，由于不涉及权益，因此资产总额仍然等于权益总额。这类经济业务主要包括从银行提取现金、收到购货方所欠货款、用货币资金购买原材料、商品或固定资产等，对应上述的类型一。

(二) 会计等式右边(权益)有关项目等额一增一减

这一类型的经济业务只涉及权益，不涉及资产，它引起一种形态权益增加的同时会引起另一种形态权益的减少或者是同时引起权益内部的增减变动。由于不涉及资产，因此资产总额仍然等于权益总额。这类经济业务主要包括向投资者分配利润、将债务转增资本、举借新债偿还旧债、盈余公积转增资本等，对应上述的类型二、类型三、类型四和类型五。

(三) 会计等式两边项目同时增加

这一类型的经济业务是资金在进入的过程中既涉及资产，又涉及权益，它引起一种形态资产增加的同时还会引起同量权益的增加，资产总额和权益总额同量上升，总额仍然平衡。这类经济业务主要包括赊购原材料、商品或固定资产、收到投资者投入资本、借入长短期借款等，对应上述的类型六和类型八。

(四) 会计等式两边项目同时减少

这一类型的经济业务是资金在退出的过程中既涉及资产，又涉及权益，它引起一种形态资产减少的同时还会引起同量权益的减少，资产总额和权益总额同量下降，总额仍然平衡。这类经济业务主要包括用货币资金偿还债务、按规定减少注册资本、缴纳各项税费、支付所分配的利润等，对应上述的类型七和类型九。

思考： 2015 年 1 月 1 日，A、B、C 三位股东各投资 100 万元成立了安德雅有限公司，账面总资产 300 万元，全部属于投资者投入。经过两年的生产经营，该公司实现收入 100 万元，发生成本费用 80 万元，向银行借入长期借款 200 万元，借入短期借款 30 万元，企业的各项收支全部以银行存款结算。2016 年 12 月 31 日，安德雅有限公司账面总资产为 550 万元，其中 230 万元由负债形成。讨论：安德雅有限公司 2016 年 12 月 31 日的财务状况如何？

模块小结

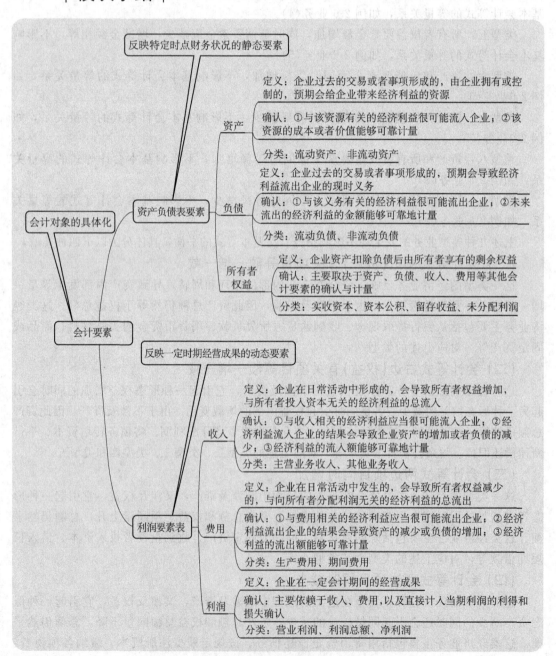

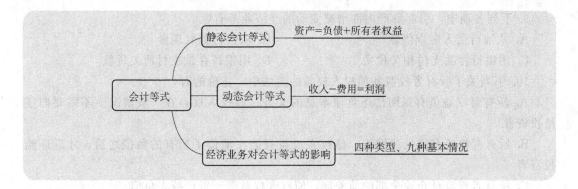

思考与练习

一、思考题

1. 为什么要划分会计要素？我国《企业会计准则》中规定了哪些会计要素？

2. 资产、负债和所有者权益确认的条件有哪些？

3. 有几种会计等式？经济业务对会计等式的影响如何？

二、单项选择题

1. 会计要素是对（　　）的基本分类。

A. 会计科目　　　　　　B. 会计账户　　　　　C. 会计对象　　　　　D. 经济业务

2. 负债增加会导致（　　）。

A. 利润增加　　　　　　B. 收入增加　　　　　C. 利润减少　　　　　D. 权益增加

3. 流动资产是指变现、出售或者耗用期在（　　）的资产。

A. 一个营业周期以内

B. 一年以内或超过一年的一个营业周期

C. 一个营业周期以上

D. 一年以内

4. 会计要素中的资产、负债和所有者权益反映企业的（　　）。

A. 静态资金运动　　　　　　　　　　B. 动态资金运动

C. 直接资金运动　　　　　　　　　　D. 一般资金运动

5. 所有者权益是企业投资者在企业中所享有的权益，在数量上等于（　　）。

A. 全部资产减去全部负债　　　　　　B. 全部资产减去非流动负债

C. 全部资产减去流动负债　　　　　　D. 流动资产减去全部负债

6. 经济业务发生仅涉及负债这一会计要素时，只引起该要素中某些项目的（　　）。

A. 同减　　　　　　　B. 一增一减　　　　　C. 同增　　　　　D. 不增不减

7. 下列项目中，属于流动资产的有（　　）。

A. 存货　　　　　　　　　　　　　　B. 可供出售金融资产

C. 短期借款　　　　　　　　　　　　D. 固定资产

8. 下列各项中，引起资产和负债同时增加的经济业务有（　　）。

A. 从银行借入短期借款　　　　　　　B. 从银行提取现金

C. 收到购货方所欠货款　　　　　　　D. 用银行存款支付所欠货款

9. 下列各项中,引起资产内部增减变动的经济业务有(   )。

A. 从银行借入短期借款
B. 从银行提取现金
C. 用银行存款支付相关税费
D. 用银行存款支付所欠货款

10. 下列关于所有者权益和债权人权益的说法中,正确的有(   )。

A. 所有者权益负有到期偿还负债本息的义务;债权人权益在一般情况下不需要归还给投资者

B. 所有者权益有优先清偿权;债权人权益只能在清偿了所有的负债之后,才返还给投资者

C. 所有者权益是企业全部的债务额;债权人权益等于资产减去负债

D. 所有者权益可以参与企业的利润分配,也可以参与企业的经营管理;债权人权益只享有按期收回利息和债务本金的权利,而无权参与企业的利润分配和经营管理

11. 下列各项中,反映了企业经营成果的会计要素是(   )。

A. 收入　　　　　　B. 资产　　　　　　C. 所有者权益　　　　　D. 负债

12. 下列项目中,引起权益内部有增有减的经济业务是(   )。

A. 出售商品,款项直接存入银行

B. 从银行借入短期借款,直接偿还所欠货款

C. 向银行借入长期借款

D. 购入原材料一批,款项尚未支付

13. 某公司资产总额为80 000元,负债总额为30 000元,以银行存款偿还前期所欠货款20 000元,向银行借入短期借款30 000元,则上述业务发生之后,该公司的资产总额为(   )元。

A. 50 000　　　　　B. 90 000　　　　　C. 20 000　　　　　D. 70 000

14. 以银行存款偿还短期借款,该笔经济业务的发生会引起(   )。

A. 资产减少,负债减少
B. 资产增加,负债增加
C. 资产减少,所有者权益增加
D. 负债增加,所有者权益增加

15. 企业行政管理部门人员工资计入的是(   )。

A. 销售费用　　　　B. 管理费用　　　　C. 财务费用　　　　D. 制造费用

三、多项选择题

1. 下列项目中,属于流动资产的有(   )。

A. 库存现金　　　　B. 银行存款　　　　C. 存货　　　　　　D. 应收账款

2. 在工业企业经营过程中,其资金的主要变化方式是(   )。

A. 货币资金转化为储备资金、固定资金

B. 储备资金转化为生产资金

C. 生产资金转化为成品资金

D. 成品资金转化为货币资金

3. 根据我国《企业会计准则》的规定,会计要素包括(   )。

A. 资产
B. 负债和所有者权益
C. 利润
D. 收入和费用

4. 下列各项中,应确认为资产的是(   )。

A. 融资租入的固定资产

B. 已经毁损的存货

C. 已签订购买合同，但尚未购入的原材料

D. 已经购入，并且正在使用的机器设备

5. 下列各项中，属于非流动负债的有(　　)。

A. 长期借款 　　　　　　　　　　　　 B. 短期借款

C. 应付职工薪酬 　　　　　　　　　　 D. 长期应付款

6. 资产的确认应满足下列(　　)条件。

A. 与该资源有关的经济利益很可能流入企业

B. 该资源的成本或者价值能够可靠计量

C. 由企业拥有或控制的

D. 可以是未来产生的

7. 按经济内容来分，收入可分为(　　)。

A. 主营业务收入 　　　　　　　　　　 B. 其他业务收入

C. 让渡资产使用权收入 　　　　　　　 D. 销售商品收入

8. 下列各项中，属于期间费用的有(　　)。

A. 管理费用 　　　 B. 制造费用 　　　 C. 财务费用 　　　 D. 销售费用

9. 下列各项中，属于所有者权益的有(　　)。

A. 固定资产 　　　 B. 资本公积 　　　 C. 盈余公积 　　　 D. 实收资本

10. 下列各项中，属于动态的会计要素有(　　)。

A. 资产 　　　　　 B. 收入 　　　　　 C. 利润 　　　　　 D. 费用

11. 下列各项中，引起资产和负债同时减少的经济业务有(　　)。

A. 购买商品，款项未付 　　　　　　　 B. 用银行存款偿还前欠货款

C. 向银行借入长期借款 　　　　　　　 D. 以银行存款偿还短期借款

12. 下列各项中，属于会计等式的有(　　)。

A. 收入－费用＝利润 　　　　　　　　 B. 资产＝负债＋所有者权益

C. 资产＝负债＋权益 　　　　　　　　 D. 资产＝权益

13. 反映企业财务状况的会计要素有(　　)。

A. 资产 　　　　　 B. 利润 　　　　　 C. 负债 　　　　　 D. 所有者权益

14. 下列各项中，属于留存收益的有(　　)。

A. 未分配利润 　　 B. 应付利润 　　　 C. 实收资本 　　　 D. 盈余公积

15. 企业购入一批原材料，款项未付，该笔经济业务将会引起(　　)。

A. 所有者权益增加 　 B. 负债增加 　　　 C. 资产增加 　　　 D. 负债减少

四、判断题

1. 未来不能给企业带来预期经济利益的资源不能作为企业资产反映。(　　)

2. 任何经济业务的发生都不会破坏会计等式的平衡。(　　)

3. 负债是指企业过去的交易或事项形成的，预期会导致企业经济利益流出的潜在义务。(　　)

4. 资产、负债和所有者权益三大会计要素称为动态会计要素。(　　)

5. 所有者权益简称为权益。（　　　）

6. 所有者权益可以参与企业的利润分配和经营管理，而债权人权益无权参与企业的利润分配和经营管理。（　　　）

7. 会计要素是对会计对象进行的基本分类，是会计核算对象的具体化。（　　　）

8. "收入－费用＝利润"这一会计等式反映了某一时期资金运动的经营成果，是静态会计等式。（　　　）

9. 收入按经营业务主次可以分为主营业务收入和其他业务收入。（　　　）

10. 资产和权益在金额上是相等的。（　　　）

11. 生产费用按经济用途可分为管理费用、财务费用和销售费用。（　　　）

12. 企业收到购货单位前欠货款，会导致资产和负债同时增加。（　　　）

13. 所有经济业务的发生都会导致会计等式两边发生变化。（　　　）

14. 工业企业供应过程中，资金运动由储备资金转化为生产资金。（　　　）

15. 收入是指企业在日常活动中形成的，会导致所有者权益增加的，与所有者投入资本无关的经济利益的总流入。（　　　）

五、业务练习题

1. 练习对会计要素的分类。确认以下项目分别属于哪一类会计要素（资产、负债、所有者权益、收入、费用和利润）：

(1) 生产车间的机器设备；

(2) 银行里的银行存款；

(3) 保险柜里的库存现金；

(4) 仓库的商品；

(5) 仓库的原材料；

(6) 尚未完工的产品；

(7) 办公大楼；

(8) 已经实现的产品销售收入；

(9) 向银行借入的短期借款；

(10) 应收购货单位的款项；

(11) 应付材料款；

(12) 委托加工的存货；

(13) 应付本月职工的工资；

(14) 向银行借入的长期借款；

(15) 银行借款的利息；

(16) 计提管理部门人员的工资；

(17) 计提销售部门人员的工资；

(18) 以前年度留存企业尚未分配的利润；

(19) 企业的商标权；

(20) 投资者投入的资本。

2. 练习对资产、负债和所有者权益的分类，并掌握它们之间的关系。某企业月末各项目的金额如下：

（1）投资者的投入资本 8 000 000 元；

（2）办公大楼 4 000 000 元；

（3）机器设备 2 000 000 元；

（4）银行里的存款 2 500 000 元；

（5）向银行借入的短期借款 100 000 元；

（6）向银行借入的长期借款 4 000 000 元；

（7）应付材料款 150 000 元；

（8）应收销货款 3 500 000 元；

（9）仓库商品 600 000 元；

（10）仓库原材料 200 000 元；

（11）出纳处的库存现金 2 500 元；

（12）以前年度尚未分配的利润 552 500 元。

要求：将上述各项的金额填入表 2-2，并计算表内的资产总额、负债总额以及所有者权益总额，检验是否符合会计的基本等式。

表 2-2　资产、负债、所有者权益情况表

项目	金额		
	资产	负债	所有者权益
合计			

3. 练习并掌握经济业务的类型对会计等式的影响。某企业 2017 年 11 月 30 日的资产负债表显示资产总额为 5 750 万元，负债总额为 2 600 万元，所有者权益总额为 3 150 万元。12 月份发生如下经济业务：

（1）购入原材料一批 200 万元，款项尚未支付；

（2）借入短期借款 50 万元，已存入银行；

（3）收回购货方前欠货款 100 万元；

（4）向银行借入长期借款 1 000 万元；

（5）将库存现金 1 万元存入银行；

（6）购入一台机器设备，以银行存款支付 300 万元；

（7）按规定将资本公积 500 万元转增资本；

（8）以银行存款偿还一笔长期借款 2 000 万元；

（9）企业以无形资产 200 万元对外投资；

（10）投资者投入原材料，价值 10 万元。

要求：

（1）逐项分析 12 月份发生的经济业务对资产、负债和所有者权益三个会计要素的影响。

（2）计算 12 月末该企业的资产、负债和所有者权益的总额，并列出会计等式。

3 模块三
会计科目和会计账户

学习目标

1. 了解会计要素与会计科目之间的区别和联系；
2. 了解会计科目的含义及分类；
3. 熟悉会计科目的设置原则；
4. 熟悉会计科目、会计账户的分类；
5. 掌握会计科目的具体内容；
6. 掌握不同的会计账户之间的区别。

情景导入

模块二介绍了会计对象和会计要素，思考一下，什么是会计科目呢？会计对象、会计要素、会计科目之间又有什么关系呢？

任务一 会计科目

一、会计科目的概念和分类

（一）会计科目的概念

前面章节讲过，会计的对象是资金运动的过程，而资金运动的过程又具体分为资产、负债、所有者权益、收入、费用和利润六个会计要素。毫无疑问，通过会计信息系统提供有关资产、负债、所有者权益、收入、费用和利润等方面的信息，就已对资金运动的过程做了分类，比起对资金运动所发出的信息的解释具体得多，在管理上也有很大的作用。但是，我们还要看到这种分类仍然比较粗糙，因为按照这种分类进行记录并提供会计信息很难满足股东、政府和潜在利益相关者的需要。

例如，某月某日，企业动用银行存款 50 万元购买原材料，这是一项资金运动。如果按会计要素的分类方法进行记录的话，银行存款属于一项资产，原材料也属于一项资产，动用银行存款 50 万元购入原材料只能记录成资产增加 50 万元，资产减少 50 万元。你会发现这没有任何意义，不能给我们提供任何有用的会计信息。反之，如果把它记录为原材料增加 50 万元，银行存款减少 50 万元，就能具体地告诉人们：通过这项资本运动，货币资金的银行存款减少了 50 万元，原材料的储备增加了 50 万元。这样可以更好地满足管理者和其他有关方面对信息的需要。

为此，对各项会计要素按其经济内容或用途做进一步的分类，这种对会计要素的具体内容进行分类核算和监督所规定的项目，称为会计科目。

（二）会计科目的分类

每一个会计科目都具体代表和包含会计要素某一方面的经济内容，为了便于掌握不同的会计科目的运用方法，有必要对会计科目进行分类。

▶ 1. 按会计科目反映的经济内容分类

按照反映的经济内容的不同，会计科目可分为资产类科目、负债类科目、共同类科目、所有者权益类科目、成本类科目和损益类科目。每一类会计科目可按一定的标准再分为若干具体科目。

（1）资产类科目，是对资产要素的具体内容进行分类核算的项目，按资产的流动性分为反映流动资产的科目和反映非流动资产的科目。反映流动资产的科目主要有"库存现金""银行存款""应收账款"和"原材料"等；反映非流动资产的科目主要有"长期应收款""固定资产""在建工程"和"无形资产"等。

（2）负债类科目，是对负债要素的具体内容进行分类核算的项目，按负债的偿还期限分为反映流动负债的科目和反映非流动负债的科目。反映流动负债的科目主要有"短期借款""应付账款"和"应付职工薪酬"等；反映非流动负债的科目主要有"长期借款""应付债券"和"长期应付款"等。

（3）共同类科目，是既有资产性质又有负债性质的科目，主要有"资金清算往来""外汇买卖""衍生工具""套期工具""被套期项目"等科目。

（4）所有者权益类科目，是对所有者权益要素的具体内容进行分类核算的项目，按所有者权益的形成和性质可分为反映资本的科目和反映留存收益的科目。反映资本的科目有"实收资本"（或"股本"）、"资本公积"等；反映留存收益的科目有"盈余公积""本年利润"和"利润分配"等。

（5）成本类科目，是对可归属于产品生产成本、劳务成本等具体内容进行分类核算的科目，按成本的内容和性质的不同分为反映制造成本的科目和反映劳务成本的科目。其中，反映制造成本的科目主要有"生产成本""制造费用"等；反映劳务成本的科目有"劳务成本"。

（6）损益类科目，是对收入、费用等具体内容进行分类核算的项目。其中，反映收入的科目主要有"主营业务收入""其他业务收入"等；反映费用的科目主要有"主营业务成本""其他业务成本""销售费用""管理费用"和"财务费用"等。

▶ 2．按提供信息的详细程度及其统驭关系分类

按提供信息的详细程度及其统驭关系的不同，会计科目可分为总分类科目和明细分类科目。

（1）总分类科目。总分类科目又称总账科目或一级科目，是对会计要素的具体内容进行总括分类，提供总括信息的会计科目。总分类会计科目一般由财政部统一制定，例如，"库存现金""银行存款""固定资产""原材料""应交税费"等会计科目就是一级科目。

（2）明细分类科目。明细分类科目又称明细科目，是对总分类科目做进一步分类，提供更为详细和具体的会计信息的科目。如果某一总分类科目所属的明细分类科目较多，可在总分类科目下设置二级明细科目，在二级明细科目下设置三级明细科目。

明细分类科目除去《企业会计准则》中的明确设置规定外，会计主体可根据自身经济管理的需要和经济业务的具体内容自行设置，例如，"应交税费——应交增值税（销项税额）""应收账款——李四"。不是所有总分类科目都需要设置明细科目。

（3）总分类科目和明细分类科目的关系。总分类科目对其所属的明细分类科目具有统驭和控制的作用，而明细分类科目是对其所归属的总分类科目的补充和说明。例如，应交税费和原材料的总分类科目与各级明细分类科目之间的关系如表 3-1 所示。

表 3-1　总分类科目与所属明细分类科目之间的关系

总分类科目 （一级科目）	明细分类科目	
	二级科目（子目）	三级明细科目（细目）
应交税费	应交增值税	进项税额、销项税额
原材料	原材料及主要材料	钢筋、水泥等
	辅助材料	钉子等

【例 3-1】下列科目中，属于三级科目的有（　　　　）。

A. 应交税费——应交增值税（销项税额）

B. 应交税费

C. 应交税费——应交增值税

D. 应交税费——应交增值税（进项税额）

解析：A、D。

二、会计科目的设置

（一）会计科目的设置原则

▶ 1．合法性原则

合法性指所设置的会计科目应当符合国家统一的会计制度规定，如"应收账款"不能写成"应收货款"。总分类科目是在国家统一会计制度中统一规定的。明细分类科目除国家统一会计制度规定设置的以外，各单位可以根据实际需要自行设置。

▶ 2. 相关性原则

相关性指所设置的会计科目应当为提供有关各方所需要的会计信息服务，满足对外报告与对内管理的要求。

▶ 3. 实用性原则

实用性指所设置的会计科目应符合单位自身特点，满足单位实际需要。

【例 3-2】下列关于设置会计科目原则的表述中，正确的是( )。

A. 相关性是指设置的会计科目应当符合国家统一的会计制度的规定

B. 实用性是指设置的会计科目应当符合单位自身特点，满足单位实际需要

C. 合法性是指设置的会计科目应当为提供有关各方所需要的会计信息服务，满足对外报告和对内管理的要求

D. 可比性是指设置的会计科目应当为提供有关各方所需要的会计信息服务，满足对外报告与对内管理的要求

解析：B。选项 A 属于合法性原则；选项 C 属于相关性原则；选项 D，可比性不属于会计科目的设置原则。

(二) 常用的会计科目

企业常用的会计科目如表 3-2 所示。

表 3-2 常用会计科目参照表

编号	名称	编号	名称
一、资产类		1406	发出商品
1001	库存现金	1407	商品进销差价
1002	银行存款	1408	委托加工物资
1012	其他货币资金	1471	存货跌价准备
1101	交易性金融资产	1501	持有至到期投资
1121	应收票据	1502	持有至到期投资减值准备
1122	应收账款	1503	可供出售金融资产
1123	预付账款	1511	长期股权投资
1131	应收股利	1512	长期股权投资减值准备
1132	应收利息	1521	投资性房地产
1221	其他应收款	1531	长期应收款
1231	坏账准备	1601	固定资产
1401	材料采购	1602	累计折旧
1402	在途物资	1603	固定资产减值准备
1403	原材料	1604	在建工程
1404	材料成本差异	1605	工程物资
1405	库存商品	1606	固定资产清理

续表

编号	名称	编号	名称
1701	无形资产	4002	资本公积
1702	累计摊销	4101	盈余公积
1703	无形资产减值准备	4103	本年利润
1711	商誉	4104	利润分配
1801	长期待摊费用	4003	其他综合收益
1811	递延所得税资产		五、成本类
1901	待处理财产损溢	5001	生产成本
	二、负债类	5101	制造费用
2001	短期借款	5201	劳务成本
2201	应付票据	5301	研发支出
2202	应付账款		六、损益类
2203	预收账款	6001	主营业务收入
2211	应付职工薪酬	6051	其他业务收入
2221	应交税费	6101	公允价值变动损益
2231	应付利息	6111	投资收益
2232	应付股利	6301	营业外收入
2241	其他应付款	6401	主营业务成本
2501	长期借款	6402	其他业务成本
2502	应付债券	6403	税金及附加
2701	长期应付款	6601	销售费用
2711	专项应付款	6602	管理费用
2801	预计负债	6603	财务费用
2901	递延所得税负债	6701	资产减值损失
	三、共同类（略）	6711	营业外支出
	四、所有者权益类	6801	所得税费用
4001	实收资本	6901	以前年度损益调整

拓展阅读

常用会计科目关键字记忆

1. 库存现金→现金；

2. 银行存款→支票、存款、存入银行；

3. 其他货币资金→银行汇票、银行本票；

4. 应收账款→款未收、收欠款；

5. 其他应收款→借支差旅费、责任人赔偿款；

6. 预付账款→预付货款；

7. 应收票据→收到商业汇票；

8. 物资采购→采购材料未验收入库；

9. 原材料→材料(购进材料、领用材料、转售材料成本时用这个科目)；

10. 库存商品→产品完工结转销售商品成本；

11. 固定资产→设备、机器(价值＝买价＋税金＋运费)；

12. 在建工程→设备需要安装(含人工费、材料费)；

13. 累计折旧→计提折旧；

14. 短期借款→银行贷款、借款(还款期一年内)；

15. 应付账款→款未付、付欠款；

16. 应付职工薪酬→发放工资、分配工资、计提福利费、职工医疗费、生活补助；

17. 预收账款→预收货款；

18. 应交税费→计提税金(城建税、增值税。注意：增值税进项税记借方、销项税记贷方)；

19. 生产成本→产品直接耗用人工、材料费以及结转的制造费用等；

20. 制造费用→车间耗用人工、材料、办公费等；

21. 实收资本→投入、转增资本；

22. 本年利润→结转损益；

23. 主营业务收入→销售商品收入；

24. 其他业务收入→销售材料收入、出租收入；

25. 营业外收入→接受捐赠、处置固定资产收益、现金盘盈、罚款收入；

26. 主营业务成本→结转销售商品成本；

27. 税金及附加→计提城建税、教育费附加、房产税等；

29. 管理费用→厂部领用、耗用材料费、人工费及办公费等；

30. 销售费用→销售耗用、广告费、展览费等；

31. 财务费用→金融机构手续费、利息费等；

32. 营业外支出→对外捐赠、罚款支出、非常损失。

【例3-3】 下列选项中，属于流动负债科目的有(　　　)。

A. 短期借款

B. 长期借款

C. 应付账款

D. 预付账款

解析：A、C。选项B，长期借款属于负债类科目中非流动负债；选项D，预付账款属于资产类科目。

【例3-4】 按经济内容分类，下列属于损益类科目的有(　　　)。

A. 主营业务成本

B. 生产成本

C. 制造费用

D. 管理费用

解析：A、D。选项 B 和选项 C，生产成本、制造费用属于成本类科目。

【例 3-5】下列选项中，属于成本类科目的有(　　　)。

A. 其他业务成本

B. 主营业务成本

C. 劳务成本

D. 研发支出

解析：C、D。选项 A 和选项 B，其他业务成本、主营业务成本属于损益类科目。

任务二　会计账户

一、会计账户的概念和分类

(一) 会计账户的概念

会计账户简称账户，是指具有一定格式，用来分类、连续地记录经济业务，反映会计要素增减变动及其结果的一种核算工具。设置账户是会计核算的一种专门方法，运用账户把各项经济业务的发生情况及由此而引起的资产、负债、所有者权益、收入、费用和利润各要素的变化，系统地、分门别类地进行核算，以便提供所需要的各项指标，对加强宏观、微观经济管理具有重要意义。所以设置会计科目后，还要根据规定的会计科目开设一系列反映不同内容的账户。每个账户都有一个科学而简明的名称，账户的名称就是会计科目。账户是根据会计科目开设的。

会计科目是对会计对象的具体内容进行分类的项目；账户是根据这种分类按照一定的结构特点，连续不断地记录经济业务，反映会计对象的增减变化及其结果，为经济管理提供数据资料的一种核算工具。两者既有联系，又有区别。会计科目与账户的共同点是反映的经济内容相同。它们的不同点是会计科目只表明一项经济内容，而账户不仅表明某一项经济内容，而且还具有一定的结构、格式，并通过账户的结构反映经济业务的增减变化情况。即会计科目仅是对会计对象的具体内容进行分类的项目，不能进行核算，而账户具有一定的格式、结构，能进行核算。在实际工作中，将两者作为同义语互相通用，不加区别。在实际工作中，为满足会计核算要求，应分别按总分类科目开设总分类账户。总分类账户提供的是总括分类核算指标，一般只用于货币计量；明细分类账户提供的是较详细的核算指标，除用货币量度外，有时还用实物量度。通过总分类账户进行的核算，称为总分类核算；通过明细账户进行的核算，称为明细分类核算。

拓展阅读

设置会计账户的意义

资本运动的信息可具体化为资产、负债、所有者权益、收入、费用、利润六个要素的信息，这对资本运动的信息已做了初步分类，具有很大的作用。但是这种分类仍然比较粗略，尚难适应编制报表的要求和满足会计信息使用者的需要。为此，还应对会计要素预先进行科学再分类，也就是设置账户。

（二）账户的分类

企业发生的经济业务都是通过账户来记录和反映的，每个账户都从某个特定的角度反映会计要素的变化和经济活动的情况。通过设置的一系列账户，可以将企业会计对象的内容全面、完整地反映出来，而这一系列的账户就构成了一个完整的账户体系。

每一个账户都反映不同的经济内容，表现出它们自身的特点，而账户之间的内在联系又体现了账户的共性。因此，通过对账户的分类，可以使我们了解每个账户的核算内容、用途及结构，明确账户之间的联系与区别，掌握各类账户在应用上的规律性，以便正确地设置和运用账户。而账户分类的主要方法有两种：按经济内容分类和按提供信息的详细程度分类。其中，按经济内容分类又是账户分类的基础。

▶ 1. 账户按经济内容分类

账户按经济内容分类的实质是按照会计对象的具体内容进行的分类。如前所述，经济组织的会计对象就其具体内容而言，可以归纳为资产、负债、所有者权益、收入、费用和利润六个会计要素。由于利润一般隐含在收入与费用的配比中。因此，从满足管理和会计信息使用者需要的角度考虑，账户按其经济内容可以分为资产类账户、负债类账户、所有者权益类账户、成本类账户和损益类账户五类。

（1）资产类账户。按照反映流动性快慢的不同，资产类账户可以再分为流动资产类账户和非流动资产类账户。流动资产类账户主要有"库存现金""银行存款""短期投资""应收账款""原材料""库存商品""待摊费用"等；非流动资产类账户主要有"长期投资""固定资产""累计折旧""无形资产""长期待摊费用"等。

（2）负债类账户。按照反映流动性强弱的不同，负债类账户可以再分为流动负债类账户和长期负债类账户。流动负债类账户主要有"短期借款""应付账款""应付工资""应交税费""预提费用"等；长期负债类账户主要有"长期借款""应付债券""长期应付款"等。

（3）所有者权益类账户。按照来源和构成的不同，所有者权益类账户可以再分为投入资本类所有者权益账户和资本积累类所有者权益账户。投入资本类所有者权益账户主要有"实收资本""资本公积"等；资本积累类所有者权益账户主要有"盈余公积""本年利润""利润分配"等。

（4）成本类账户。按照是否需要分配，成本类账户可以再分为直接计入类成本账户和分配计入类成本账户。直接计入类成本账户主要有"生产成本"（包括基本生产成本、辅助生产成本）等；分配计入类成本账户主要有"制造费用"等。

（5）损益类账户。按照性质和内容的不同，损益类账户可以再分为营业损益类账户和非营业损益类账户。营业损益类账户主要有"主营业务收入""主营业务成本""税金及附加"

"其他业务收入""其他业务支出""投资收益"等；非营业损益类账户主要有"营业外收入"
"营业外支出""销售费用""管理费用""财务费用""所得税费用"等。

▶ 2. 根据提供信息的详细程度及其统驭关系分类

（1）总分类账户，指根据总分类科目设置的，用于对会计要素具体内容进行总括分类
核算的账户，简称总账。

（2）明细分类账户，指根据明细分类科目设置的，用于对会计要素具体内容进行明细
分类核算的账户，简称明细账。

总分类账户和所属明细分类账户核算的内容相同，只是反映内容的详细程度有所不
同，两者相互补充，相互制约，相互核对。

总分类账户统驭和控制所属明细分类账户，明细分类账户从属于总分类账户。例如，
"生产成本"总分类账户与各级明细分类账户之间的关系如表 3-3 所示。

表 3-3 "生产成本"总分类账户与各级明细分类账户之间的关系

总分类账户	明细分类账户	
	二级账户	三级明细账户
生产成本	基本生产成本	甲产品
		乙产品
	辅助材料	供电供水
		机修劳务

【例 3-6】账户按其所反映的经济业务内容分类，可分为总分类账户和明细分类账
户。（　　）

解析：×。账户按其所反映的经济业务内容分类，可分为资产类账户、负债类账户、
所有者权益类账户、成本类账户、损益类账户和共同类账户。

【例 3-7】下列各项中，属于损益类账户的有（　　）。

A. 营业外收入

B. 主营业务成本

C. 本年利润

D. 所得税费用

解析：A、B、D。

【例 3-8】对明细账核算，除用货币计量反映经济业务外，必要时还需要用实物计量或
劳动计量单位从数量和时间上反映，以满足经营管理的需要。（　　）

解析：√。该题对"账户分类"知识点进行考核。

二、账户的功能和结构

（一）账户的功能

账户的功能在于连续、系统、完整地提供企业经济活动中各会计要素增减变动及其结
果的具体信息。

账户的四个金额要素是：账户的期初余额、期末余额、本期增加发生额和本期减少发

生额。四个金额要素之间的等式关系是

$$期末余额＝期初余额＋本期增加发生额－本期减少发生额$$

会计要素在特定会计期间增加和减少的金额，分别称为账户的"本期增加发生额"和"本期减少发生额"，两者统称为"本期发生额"。会计要素在会计期末的增减变动结果，称为账户的"余额"。具体表现为期末余额和期初余额。账户上期的"期末余额"转入本期，即为本期的"期初余额"；账户本期的"期末余额"转为下期，即为下期的"期初余额"。

【例 3-9】利民公司"应收账款"账户 7 月期初余额 8 000 元，7 月 7 日收到前欠货款 8 000 元；7 月 8 日销售产品一批，货款 10 530 元，未收到款项。"应收账款"账户如表 3-4 所示。

表 3-4　利民公司"应收账款"账户

总第＿＿＿＿＿页　分第＿＿＿＿＿页
＿＿＿级科目编号及名称利民公司　　　　　　**应收账款**
＿＿＿级科目编号及名称＿＿＿

2017 年		凭 证		摘　要	借　方									贷　方									借或贷	余　额								
月	日	种类	号数		百	十	万	千	百	十	元	角	分	百	十	万	千	百	十	元	角	分		百	十	万	千	百	十	元	角	分
7	1			期初余额																			借				8	0	0	0	0	0
7	7	记	15	收到货款，存入银行													8	0	0	0	0	0	平								0	
7	8	记	21	销售产品，款未收			1	0	5	3	0	0	0										借			1	0	5	3	0	0	0

（二）账户的结构

账户的基本结构就是指账户由哪几部分组成，以及如何在账户中记录会计要素的增减变动及其余额等。账户依附于账簿开设，每一个账户只表现为账簿中的某一张或某些账页。

账户的基本结构是由会计要素的数量变化情况决定的。由于经济业务发生所引起的各项会计要素的变动，从数量上看不外乎是增加和减少两种情况。因此，用来分类记录经济业务的账户，账户结构也相应地分为两个基本部分，划分为左方、右方两个方向，一方登记增加，另一方登记减少。至于哪一方登记增加，哪一方登记减少，取决于账户的性质和所记录的经济业务。

▶ **1. 账户的基本结构**

账户的基本结构具体包括以下内容：

（1）账户名称（会计科目）；

（2）日期（所依据的记账凭证中注明的日期）；

（3）凭证字号（所依据的记账凭证编号）；

（4）摘要（经济业务的简要说明）；

（5）金额（增加额、减少额和余额）。

【例 3-10】根据图 3-1 所示的"应收账款"账户，指出账户基本结构的五大要素。

日期（即所依据的记账凭证中注明的日期）　凭证字号（即所依据的记账凭证编号）　账户名称（即会计科目）　摘要（即经济业务的简要说明）

应收账款

总第____页 分第____页
级科目编号及 名称利民公司
级科目编____号及名称

2017年		凭证		摘 要	借 方	贷 方	借或贷	余 额
月	日	种类	号数		百十万千百十元角分	百十万千百十元角分		百十万千百十元角分
7	1			金额（即增加额、减少额和余额）			借	8 0 0 0 0 0
7	7	记	15	收到贷款，存入银行		8 0 0 0 0 0	平	0
7	8	记	21	销售产品，款未收	1 0 5 3 0 0 0		借	1 0 5 3 0 0 0

图 3-1　账户基本结构的五大要素示意图

【例 3-11】账户中各项金额的关系可用(　　　)表示。

A. 本期期末余额＝期初余额＋本期增加发生额－本期减少发生额

B. 期初余额＋本期增加发生额＝本期期末余额＋本期减少发生额

C. 本期期末余额＝本期增加发生额＋本期减少发生额

D. 本期期初余额＝上期期末余额

解析：A、B、D。

▶ 2. 简化结构

账户可简化为 T 形账户，又称丁字账户，如图 3-2 所示。

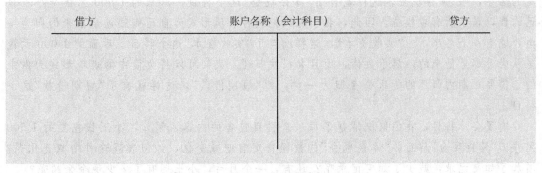

图 3-2　T 形账户

【例 3-12】承例 3-9，利民公司"应收账款"账户用 T 形账户表示，如图 3-3 所示。

借方		应收账款	贷方	
期初余额	8 000			
本期发生额	10 530	本期发生额		8 000
借方发生额合计	10 530	贷方发生额合计 8 000		
期末余额	10 530			

图 3-3 "应收账款"T 形账户

【例 3-13】下列关于账户的说法中，正确的是（　　）。

A. 账户的期末余额等于期初余额

B. 余额一般与增加额在同一方向

C. 账户的左方发生额等于右方发生额

D. T 形账户分为增加方、减少方、余额方

解析：B。

拓展阅读

　　怎样更好地理解会计科目呢？我们可以把每一个会计家庭的要素成员的内容按照不同的表现形式分成不同的类别，每一类别起一个名字，这个名字就是会计科目。例如，资产这个要素成员就有"库存现金""银行存款"科目。

　　小王从取款机中取出 1 500 元，放在钱包里，其表现形式是现金。从表哥那里筹到 1 000 元钱，表现形式仍是现金。我们可以把这种以现金形式表现的资产归为一类，它有一个固定的名字，叫"库存现金。"这样就有了"库存现金"这个科目。原来的 1 500 元钱是小王自己的钱，属于所有者权益。因此，我们可以把这种表现形式为自己掏腰包拿出来的归为一类，它有一个名字，叫"实收资本"，这样就有了"实收资本"这个科目。后面的 1 000 元钱是从表哥那里借来的，属于负债，而且要很快归还。我们可以将负债中的表现形式为借来的、需要短期内归还的货币资金归为一类，叫"短期借款"，这样就有了"短期借款"这个科目。

　　有了会计科目，我们仅仅清楚了每一个科目包含的内容。例如，小王钱包里的 1 500 元钱归"库存现金"科目。"库存现金"的数额肯定有增减变化，如何表现这种增减变化呢？增加了如何记录，减少了如何记录呢？还有，一个月后，小王拥有了多少现金余额呢？

　　要解决这些问题，就要根据库存现金这个会计科目设计一个具体形式，用来记录库存现金开始有多少，期间增加了多少，减少了多少，总共变动了多少，还有多少余额等。

　　在会计上，这个以"库存现金"为名称，具有一定结构(告诉你现金的增加记在哪里，减少记在哪里)，系统、连续地记录库存现金增减变动的记账实体叫账户。

模块小结

　　会计科目是对会计对象的具体内容进行进一步分类所规定的项目。设置会计科目是会计核算的专门方法之一。会计科目与会计要素之间既有联系又有区别，常用的会计科目不仅需要理解还需要记忆。账户是根据会计科目开设的、具有一定的结构和格式，用以分门别类、系统地记录和反映会计要素的增减变动及其结果的一种工具。设置账户是会计核算的一种专门方法。

思考与练习

一、思考题

1. 会计科目的概念是什么？
2. 会计科目的分类有哪些？
3. 会计科目的具体内容是什么？
4. 会计账户的概念是什么？
5. 会计账户的分类有哪些？
6. 会计账户的结构是什么？

二、单项选择题

1. 下列关于账户和会计科目的表述中，错误的是（　　）。

A. 账户是会计科目的名称，会计科目是账户的具体应用

B. 两者之间的区别在于账户具有一定的格式和结构

C. 实际工作中，对账户和会计科目不加严格区别，而是互相通用

D. 账户能反映会计要素增减变化的情况及其结果，而会计科目不能

2. （　　）是具有一定的格式和结构，用于分类反映会计要素增减变动情况及其结果的载体。

A. 账户　　　　　B. 会计科目　　　　　C. 账簿　　　　　D. 财务报表

3. 下列各项中，不属于会计科目设置原则的是（　　）。

A. 合法性　　　　　B. 相关性　　　　　C. 合理性　　　　　D. 实用性

4. 所设置的会计科目应当为提供有关各方所需要的会计信息服务，满足对外报告与对内管理的要求，这一点符合（　　）原则。

A. 相关性　　　　　B. 合法性　　　　　C. 谨慎性　　　　　D. 实用性

5. 会计科目按其所（　　）的不同，分为总分类科目和明细分类科目。

A. 反映的会计对象

B. 归属的会计要素

C. 提供信息的详细程度及其统驭关系

D. 反映的经济业务

6. 以下各项中，表述不正确的是（　　）。

A. 总分类科目提供会计要素总括信息的会计科目

B. 明细分类科目提供更详细和更具体的会计信息的科目

C. 明细科目较多的总账科目，可在总账科目和明细科目之间设立二级科目或多级科目

D. 会计科目按所其所反映的经济内容不同，可分为资产类、负债类、所有者权益类、收入类、费用类和利润类六大类

7. "公允价值变动损益"科目按其所归属的会计要素不同，属于( )类科目。

A. 资产 B. 负债 C. 所有者权益 D. 损益

8. "主营业务收入"科目按其所归属的会计要素不同，属于( )类科目。

A. 资产 B. 所有者权益 C. 成本 D. 损益

9. "待处理财产损溢"科目属于( )。

A. 资产类科目 B. 负债类科目

C. 所有者权益类科目 D. 成本类科目

10. "应交税费"科目属于( )类会计科目。

A. 所有者权益 B. 负债 C. 成本 D. 损益

11. 甲企业"应收账款"科目期初借方余额 40 000 元，本期收回应收的货款 15 000 元，该科目期末为借方余额 60 000 元，则企业本期必定还发生了( )。

A. 应收账款增加 20 000 元 B. 应收账款减少 20 000 元

C. 应收账款增加 35 000 元 D. 应收账款减少 35 000 元

12. 每个单位设置会计科目都应当遵循相关性原则，相关性原则是指( )。

A. 所设置的会计科目应当符合国家统一的会计制度的规定

B. 所设置的会计科目应当符合单位自身特点，满足单位实际需要

C. 所设置的会计科目应当为提供有关各方所需要的会计信息服务，满足对外报告和对内管理的要求

D. 所设置的总分类科目原则上由财政部统一规定，主要是为了保证会计信息的可比性

三、多项选择题

1. 下列账户中，属于负债类账户的有( )。

A. 累计摊销 B. 短期借款

C. 研发支出 D. 预收账款

2. 下列说法中，正确的有( )。

A. 会计科目的设置应保证科学、合理、适用

B. 会计科目应当符合国家统一的会计制度规定

C. 会计科目的设置应当满足对外报告的需要

D. 会计科目的设置应当满足单位的实际需要

3. 企业在设置会计科目时，应遵循的原则有( )。

A. 合法性原则 B. 相关性原则

C. 实用性原则 D. 合理性原则

4. 下列各项中，属于总分类科目的有( )。

A. 其他货币资金 B. 主营业务成本

C. 其他应收款 D. 银行本票存款

5. 下列各项中，属于会计科目分类方法的有(　　　)。

A. 按提供信息的详细程度及统驭关系分类

B. 按核算性质不同进行分类

C. 按企业会计核算制度需要分类

D. 按归属的会计要素分类

6. 下列各项中，属于资产类会计科目的有(　　　)。

A. 应收账款　　　　　　B. 在途物资　　　　　C. 预收账款　　　　　D. 预付账款

7. 下列各项中，属于成本类科目的有(　　　)。

A. 生产成本　　　　　　B. 主营业务成本　　　C. 制造费用　　　　　D. 销售费用

8. 下列各项中，属于负债类科目的有(　　　)。

A. 短期借款　　　　　　B. 预计负债　　　　　C. 应付职工薪酬　　　D. 应交税费

9. 根据提供信息的详细程度及其统驭关系，账户分为(　　　)。

A. 总分类账户　　　　　B. 明细分类账户　　　C. 资产类账户　　　　D. 负债类账户

10. 下列各项中，属于损益类科目的是(　　　)。

A. "制造费用"科目　　　　　　　　　　　B. "资产减值损失"科目

C. "投资收益"科目　　　　　　　　　　　D. "其他业务成本"科目

四、判断题

1. 会计科目和账户一样都是可以反映交易或事项的发生所引起的会计要素各项目的增减变动情况和结果。(　　　)

2. 账户的本期发生额说明特定资金项目在某一会计期间增加或减少变动的状况，提供该资金项目变化的动态信息。因此，账户的本期发生额属于"静态"经济指标范畴。(　　　)

3. 本期发生额是一个期间指标，它说明某类经济内容的增减变动情况。(　　　)

4. 设置会计科目的相关性原则是指所设置的会计科目应当符合国家统一的会计制度的规定。(　　　)

5. 明细分类科目是对总分类科目进一步分类，提供更详细、更具体的会计信息的科目。(　　　)

6. 成本类科目，是对可归属于产品生产成本、劳务成本等的具体内容进行分类核算的项目。(　　　)

7. 反映企业资本的科目有"实收资本""资本公积"等。(　　　)

8. 在会计核算中，除了要按照各会计要素的不同特征，还应该根据经营管理的要求进行系统的分类，设置会计科目。(　　　)

9. 为了保证会计信息的可比性，总分类科目由国家统一的会计制度规定。(　　　)

模块四 复式记账

学习目标

1. 了解复式记账、借贷记账法的含义，掌握记账符号和各类账户的基本结构；
2. 掌握账户余额公式，能够计算各类账户的余额；
3. 能够运用借贷记账法编制会计分录；
4. 能够在借贷记账法下登记 T 形账户，并进行试算平衡。

情景导入

2018 年 1 月，长城公司发生以下经济业务：

（1）2018 年 1 月 9 日，长城公司用银行存款 500 万元购买原材料一批。

（2）2018 年 1 月 10 日，长城公司开出 3 个月期限的票据一张交给长江公司，归还所欠余款 100 万元。

（3）2018 年 1 月 13 日，黄河公司转让长城公司的投资 3 000 万元给长江公司。

（4）2018 年 1 月 15 日，长城公司收到黄河公司投入资本 10 000 万元，当即存入银行。

（5）2018 年 1 月 15 日，长城公司购买大地公司固定资产 100 万元，固定资产已收到，款项未付。

（6）2018 年 1 月 16 日，长城公司用银行存款 1 000 万元偿还长江公司前欠货款。

（7）2018 年 1 月 18 日，黄河公司抽回投资 1 000 万元，长城公司以银行存款支付。

（8）2018 年 1 月 20 日，长城公司与长江公司达成协议，长江公司代长城公司偿还 1 000 万元的银行短期借款，并作为对长城公司的投资。

（9）2018 年 1 月 22 日，黄河公司委托长城公司代为偿还一笔 500 万元货款，作为对长城公司投资的减少，款项尚未支付。

思考： 长城公司采用什么记账方法记录上述经济业务才更科学？

任 务 一 记账方法概述

企业发生的经济业务必然会引起会计要素发生增减变动，如何将这些经济业务登记到有关账户中，这就需要采用一定的记账方法。所谓记账方法，是指特定会计主体对所发生的经济业务（或会计事项），采用特定的记账符号，并运用一定的记账原理和规则，在账簿中进行登记的方法。按照记录经济业务方式的不同，记账方法可以分为单式记账法和复式记账法。

一、单式记账法

单式记账法是指对发生的每一项经济业务，只在一个账户中加以登记的记账方法。单式记账法一般只记录现金、银行存款的收付，以及应收、应付等往来账项，有时也记录实物，但大多时候不记录收入的来源和费用支出的用途等。例如，企业用现金 500 元购入原材料一批，材料已经验收入库，该业务发生后，只在"库存现金"账户中记录减少 500 元，而对购入的材料却不设账在"原材料"账户中记录和反映。又如，用银行存款 20 000 元支付职工工资，该业务发生后，只在"银行存款"账户中登记"银行存款"减少 20 000 元，而不设账登记该笔现金用于何处。因此，从会计记录中只看到现金或银行存款的减少，而无法看出这笔款项用来干什么，即无法查询资金的用途。可见，单式记账法只能反映经济业务的一个侧面，不能全面、系统地反映经济业务的来龙去脉。此外，单式记账法下，账户与账户之间没有必然的内在联系，也没有相互对应的平衡关系，从而不便于检查账簿记录的正确性。单式记账法的缺陷使其难以适应社会化大生产的需要，逐渐被复式记账法所取代。

二、复式记账法

▶ 1. 复式记账法的含义

复式记账法是指对于每一笔经济业务，都以相等的金额，同时在相互联系的两个或两个以上的账户中进行登记的一种记账方法。例如，企业用现金 500 元购入原材料一批，材料已经验收入库，该业务发生后，若用复式记账法在账簿中予以反映和记录，则不仅要在"库存现金"账户中记录支出 500 元，也同时需要在"原材料"账户中对材料验收入库的业务内容予以记录和反映，记录"原材料"增加 500 元。由此可见，与单式记账法相比，复式记账法要求该项经济业务在相互联系和对应的"库存现金"和"原材料"账户中以相等的金额进行记录。因此，复式记账法能清楚地反映资金的来龙去脉。

▶ 2. 复式记账法的种类

复式记账法是经过长期的会计实践形成的。过去，我国使用的复式记账法有多种，主要有借贷记账法、增减记账法和收付记账法，其中，收付记账法又具体分为资金收付记账法、现金收付记账法和钱物收付记账法等。在计划经济模式下，这些复式记账法都在相当长的时间内发挥过作用，其特点是实用性强、易学易懂。其缺点是理论上有缺陷，多种记账方法并存，国内记账方法不统一，而且与国际会计准则不一致，不符合经济全球化发展需要。1992 年 11 月 30 日，财政部发布《企业会计准则》，在第八条规定了"会计记账采用借贷记账法"，由此统一了我国的会计记账方法。

任务 二 复式记账法的应用

借贷记账法是指以"借"和"贷"为记账符号的一种复式记账方法。借贷记账法是建立在"资产＝负债＋所有者权益"会计等式的基础上，以"有借必有贷，借贷必相等"作为记账规则，反映会计要素的增减变动情况的一种复式记账方法。

借贷记账法起源于13世纪资本主义开始萌芽的意大利，到15世纪末已初步形成了比较完备的复式记账法。"借"和"贷"最初是从借贷资本家的角度来解释的。银行资本家把从债权人那里吸收的款项称为"贷"，表示"欠人"；把向债务人放出的款项称为"借"，表示"人欠"。这样，从借贷资本家的角度来看，"借"和"贷"就表示借贷资本家债权和债务的增减变动。随着商品经济的进一步发展，经济业务不再局限于货币资金的借贷业务，还要记录各项财产物资和经营损益的增减变动。为了保证记账的一致性，对涉及非货币资金的业务，也用借贷来说明其增减变动，这样，"借""贷"两字逐渐失去其本来的含义，变成纯粹的记账符号，成为会计上的专业术语，用来标明记账的方向，分别代表账户的左方和右方。

一、借贷记账法的基本内容

借贷记账法是以"借"和"贷"为记账符号，用以记录经济业务增减变化及结果的一种复式记账法。借贷记账法的基本内容包括记账符号、账户结构、记账规则、会计科目和试算平衡。

二、借贷记账法的记账符号

记账符号是指明资金运动增减变动方向的标志。在借贷记账法中，当"借"和"贷"作为记账符号以后，专门被用来反映资金运动情况，以确定记账的方向。所以，"借"和"贷"仅仅是一对记账符号，表明增加和减少应计入账户的哪个方向，并成为区别于其他记账方法的重要特征和显著标志，借贷记账法由此得名。至于"借"和"贷"表示增加还是减少，则完全取决于账户的性质及结构。账户的基本结构是：左方称为"借方"，右方称为"贷方"，如图4-1所示。

借方	账户名称（会计科目）	贷方

图 4-1　借贷记账法下 T 形账户的基本结构

三、账户的结构

在借贷记账法下，应按照账户反映的经济内容设置账户，可分为资产类账户、负债类账户、所有者权益类账户、收入类账户、费用类账户和利润类账户。每个账户分为借、贷两方，其中一方用来登记增加的金额，另一方用来登记减少的金额。究竟哪一方用来登记增加额，哪一方用来登记减少额，要根据账户反映的经济内容（即账户的性质）来确定。不同性质的账户，其结构也是不同的。

（一）资产类账户的结构

资产类账户的结构如图 4-2 所示，账户的借方登记资产的增加额，贷方登记资产的减少额。在一个会计期间（年、季、月）内，借方记录的合计数额称作借方发生额，贷方记录的合计数额称作贷方发生额，在每一个会计期间的期末将借方和贷方发生额相比较，其差额称作期末余额，期末余额转到下一期就成为下一期的期初余额。资产类账户的期末余额一般在借方。

借方	资产类账户	贷方
期初余额		
本期增加额		本期减少额
本期发生额		本期发生额
期末余额		

图 4-2　资产类账户的结构

资产类账户期末借方余额的计算公式如下：

借方期末余额＝借方期初余额＋借方本期发生额－贷方本期发生额

提示：资产类账户中，借增，贷减，余额一般在借方或无余额。

（二）负债和所有者权益类账户的结构

会计恒等式"资产＝负债＋所有者权益"中，因为负债和所有者权益要素同在会计恒等式的右侧，所以负债和所有者权益两类账户的结构相同。另外，因负债和所有者权益类与资产类要素不在同侧，所以记账方向与资产类账户正好相反。负债和所有者权益类账户均为借方记减少，贷方记增加。期末一般都有余额，余额的方向与记录增加的方向一致，即贷方。负债和所有者权益类账户的结构如图 4-3 所示。

借方	负债和所有者权益类账户	贷方
		期初余额
本期减少额		本期增加额
本期发生额		本期发生额
		期末余额

图 4-3　负债和所有者权益类账户的结构

负债和所有者权益类账户期末贷方余额的计算公式如下：

期末贷方余额＝期初贷方余额＋本期贷方发生额－本期借方发生额

提示：负债类、所有者权益类账户中，借减，贷增，余额一般在贷方或无余额。

（三）收入类账户的结构

反映各项收入的账户称为收入类账户。企业在生产经营过程中为了取得收入，必然要发生各种费用，将一定期间的收入和费用配比，就可以计算实现的利润。利润是企业资产的一个来源，在未分配前，可以将其看作是所有者权益的增加。所以，收入类账户的结构和所有者权益类账户的结构基本相同，贷方登记收入的增加额，借方登记收入的转出额（减少额）。由于贷方登记的收入增加额期末一般都是从借方转出，以便确定一定期间的利润，因此，该类账户通常没有期末余额。收入类账户的结构如图 4-4 所示。

借方	收入类账户	贷方
本期减少额		本期增加额
本期发生额		本期发生额
		无余额

图 4-4　收入类账户的结构

收入类账户期末余额的计算公式如下：

$$期末余额＝本期贷方发生额－本期借方发生额＝0$$

提示：收入类账户中，贷增，借减，期末一般无余额。

（四）费用类账户的结构

反映各项费用的账户称为费用类账户。费用是对各项资产的损耗，因此费用类账户的结构与资产类账户的结构基本相同，借方登记费用的增加额，贷方登记费用的转出额（减少额）。由于借方登记的费用增加额期末一般都要从贷方转出，以便确定一定期间的利润，因此，该类账户通常也没有期末余额。这里的费用指的是广义的费用，包括成本费用和期间费用。费用类账户的结构如图 4-5 所示。

借方	费用类账户	贷方
本期增加额		本期减少额
本期发生额		本期发生额
无余额		

图 4-5　费用类账户的结构

费用类账户期末余额的计算公式如下：

$$期末余额＝本期借方发生额－本期贷方发生额＝0$$

提示：费用类账户中，借增，贷减，期末一般余额。

（五）利润类账户的结构

反映各类利润的账户称为利润类账户。利润是收入与费用相配比的结果，在未分配前可以看作是所有者权益的增加。因此，利润类账户的基本结构与所有者权益账户相同。借方登记利润的减少额，贷方登记利润的增加额。在一定会计期间内（月、季、年），借方记录的合计数额称为借方发生额，贷方记录的合计数额称为贷方发生额，在每一个会计期间的期末将借方和贷方发生额相比较，其差额称为期末余额；期末余额转到下一期就成为下一期的期初余额。利润类账户的结构如图 4-6 所示。

借方	利润类账户	贷方
期初余额（未弥补亏损）	期初余额（未分配利润）	
本期减少额	本期增加额	
本期发生额	本期发生额	
期末余额（未弥补亏损）	期末余额（未分配利润）	

图 4-6 利润类账户的结构

提示：利润类账户中，贷增，借减，月末有余额（借贷都有可能），年末无余额。

综合以上对各类账户结构的说明，将全部账户借方和贷方所记录的经济内容加以归纳，如图 4-7 所示。

借方	账户结构（会计科目）	贷方
资产的增加	资产的减少	
费用的增加	费用的减少	
负债的减少	负债的增加	
所有者权益减少	所有者权益增加	
收入的减少	收入的增加	
利润的减少	利润的增加	
期末余额（资产余额）	期末余额（负债或所有者权益余额）	

图 4-7 各类账户的综合说明

四、记账规则

根据复式记账原理，对任何一笔经济业务，都要在两个或两个以上的账户中进行全面登记。在借贷记账法下，对于每一笔经济业务，都要按借方和贷方，以相等的金额，在两个或两个以上相互联系的账户中进行全面登记。也就是说，用借贷记账法反映经济业务时，如果在一个或几个账户的借方进行登记，必然同时在另一个或几个账户的贷方进行登记，而且，计入借方的数额和计入贷方的数额一定相等，这样就形成借贷记账法的记账规则，即"有借必有贷，借贷必相等"。这一规律是借贷记账法下账户结构和经济业务类型相结合的结果，它符合"资产＝负债＋所有者权益"的会计恒等式理论。这个结论适用于单一的一项经济业务，对一个企业一定时期内所有经济业务也同样适用。所以，采用借贷记账法在账户中记录每一笔经济业务时：①要确定它所涉及的账户并明确其性质；②要分析所发生的经济业务使其各有关账户的金额是增加还是减少；③根据账户的基本结构确定其金额应计入所涉及账户的方向。

【例 4-1】2018 年 1 月 9 日，长城公司用银行存款 500 万元购买原材料一批。

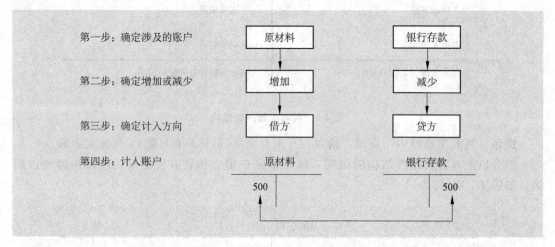

【例 4-2】2018 年 1 月 10 日，长城公司开出 3 个月期的票据一张交给长江公司，归还所欠余款 100 万元。

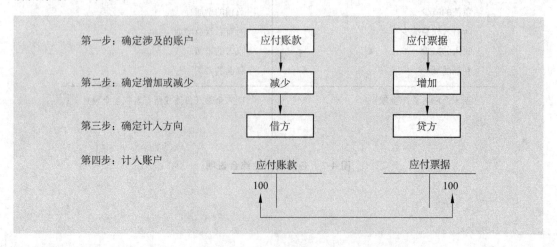

【例4-3】 2018年1月13日，黄河公司转让长城公司的投资3 000万元给长江公司。

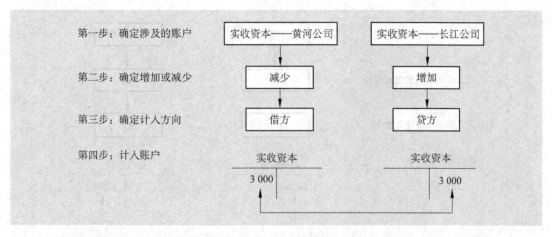

【例4-4】 2018年1月15日，长城公司收到黄河公司投入资本10 000万元，当即存入银行。

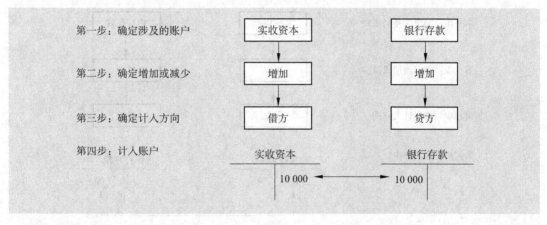

【例4-5】 2018年1月15日，长城公司购买大地公司固定资产100万元，固定资产已收到，款项未付。

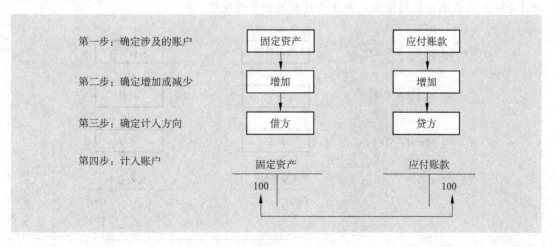

【例 4-6】2018 年 1 月 16 日，长城公司用银行存款 1 000 万元偿还长江公司前欠货款。

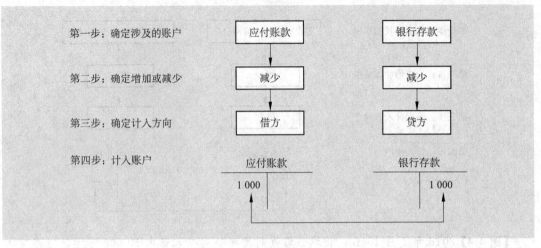

【例 4-7】2018 年 1 月 18 日，黄河公司抽回投资 1 000 万元，长城公司以银行存款支付。

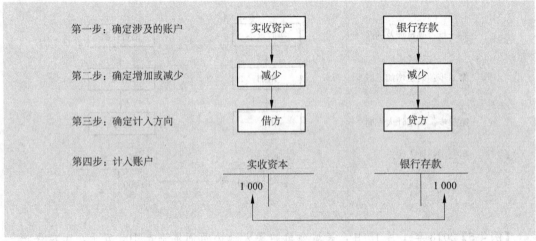

【例 4-8】2018 年 1 月 20 日，长城公司与长江公司达成协议，长江公司代长城公司偿还 1 000 万元的银行短期借款，并作为对长城公司的投资。

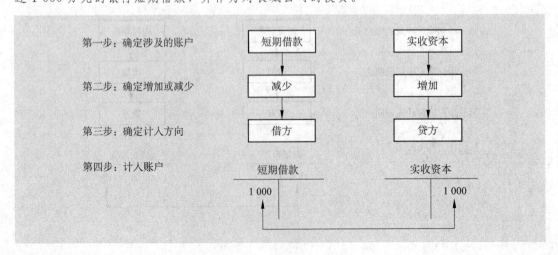

【例4-9】2018年1月22日，黄河公司委托长城公司代为偿还一笔500万元货款，作为对长城公司投资的减少，款项尚未支付。

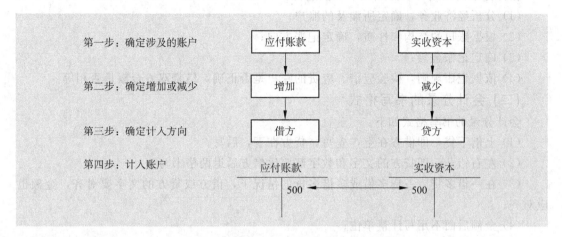

例4-1～例4-9代表了九种经济业务，现归纳如下。

（1）例4-1经济业务的发生，导致资产项目此增彼减，增减金额相同。

（2）例4-2经济业务的发生，导致负债项目此增彼减，增减金额相同。

（3）例4-3经济业务的发生，导致所有者权益项目此增彼减，增减金额相同。

（4）例4-4经济业务的发生，导致资产项目增加，而同时所有者权益项目亦增加相同金额。

（5）例4-5经济业务的发生，导致资产项目增加，而同时负债项目亦增加相同金额。

（6）例4-6经济业务的发生，导致资产项目减少，而同时负债项目亦减少相同金额。

（7）例4-7经济业务的发生，导致资产项目减少，而同时所有者权益项目亦减少相同金额。

（8）例4-8经济业务的发生，导致所有者权益项目增加，而同时负债项目减少，增减金额相同。

（9）例4-9经济业务的发生，导致所有者权益项目减少，而同时负债项目增加，增减金额相同。

五、会计分录

为了说明账户的结构和记账规则，上面已就长城公司所发生的9笔经济业务直接计入具体的账户中。由于同一笔经济业务的内容分别记录在两个或多个账户中，而每一个账户都在不同的账页上，当业务数量繁多、账户名目众多时，记账时必须前后翻阅，容易发生漏记、重记等记账错误，事后检查也很不方便。因此，为了保证账目记录的正确性，在把经济业务计入各账户之前，先要编制会计分录，而不是在经济业务发生时直接登记到各有关账户。

会计分录是在记账凭证中对每笔经济业务列示其应借记或贷记的名称（即会计科目）及其金额的一种记录。会计分录是在经济业务发生的当时，根据原始凭证编制的，是账户记录的依据。因此，会计分录的正确性至关重要。

（一）会计分录的编制步骤

会计分录的编制可以按照以下步骤进行：

（1）分析经济业务，确定所涉及的账户；

（2）根据账户的结构和性质，确定记账方向；

（3）确定记账金额；

（4）依据记账规则，检验应借、应贷的账户是否正确，借贷双方金额是否相等。

（二）会计分录的书写格式

会计分录的书写格式如下：

（1）上借下贷，即借方在上，先写，贷方在下，后写；

（2）左右错开，即贷方的文字和数字都要比借方后退两格书写；

（3）在一借多贷、一贷多借或多借多贷的情况下，借方或贷方的文字要对齐，金额也应对齐；

（4）金额后面不用写计量单位；

（5）若有明细分类账户，应在总分类账户的右边加——后注明。

（三）典型经济业务的会计分录

例 4-1～例 4-9 中的九笔经济业务的会计分录列示如下：

（1）借：原材料　　　　　　　　　　　　　　　500

　　　　贷：银行存款　　　　　　　　　　　　　　500

（2）借：应付账款　　　　　　　　　　　　　　100

　　　　贷：应付票据　　　　　　　　　　　　　　100

（3）借：实收资本——黄河公司　　　　　　　3 000

　　　　贷：实收资本——长江公司　　　　　　　3 000

（4）借：银行存款　　　　　　　　　　　　　10 000

　　　　贷：实收资本　　　　　　　　　　　　　10 000

（5）借：固定资产　　　　　　　　　　　　　　100

　　　　贷：应付账款　　　　　　　　　　　　　　100

（6）借：应付账款　　　　　　　　　　　　　1 000

　　　　贷：银行存款　　　　　　　　　　　　　1 000

（7）借：实收资本　　　　　　　　　　　　　1 000

　　　　贷：银行存款　　　　　　　　　　　　　1 000

（8）借：短期借款　　　　　　　　　　　　　1 000

　　　　贷：实收资本　　　　　　　　　　　　　1 000

（9）借：实收资本　　　　　　　　　　　　　　500

　　　　贷：应付账款　　　　　　　　　　　　　　500

六、试算平衡

（一）试算平衡的含义

试算平衡，是指根据借贷记账法的记账规则和资产与权益的恒等关系，通过对所有账户的发生额和余额的汇总计算和比较，来检查记录是否正确的一种方法。

(二) 试算平衡的分类

试算平衡包括发生额试算平衡法和余额试算平衡法两种方法。

▶ 1. 发生额试算平衡法

发生额试算平衡是指全部账户本期借方发生额合计与全部账户本期贷方发生额合计保持平衡，即

全部账户本期借方发生额合计＝全部账户本期贷方发生额合计

直接依据：借贷记账法的记账规则"有借必有贷，借贷必相等"。

▶ 2. 余额试算平衡法

余额试算平衡是指全部账户借方期末（初）余额合计与全部账户贷方期末（初）余额合计保持平衡，即

全部账户的借方期初余额合计＝全部账户的贷方期初余额合计

全部账户的借方期末余额合计＝全部账户的贷方期末余额合计

直接依据："资产＝负债＋所有者权益"的会计恒等式。

(三) 试算平衡表的编制

试算平衡是通过编制试算平衡表进行的，试算平衡表可定期或不定期地编制。试算平衡表通常是在期末结出各账户的本期发生额合计和期末余额后编制的，试算平衡表中一般应设置"期初余额""本期发生额"和"期末余额"三大栏目，其下分设"借方"和"贷方"两个小栏，如表 4-1 所示。

表 4-1 总分类账户试算平衡表

编制单位： 年 月 日 单位：元

账户名称	期初余额		本期发生额		期末余额	
	借方	贷方	借方	贷方	借方	贷方
合计						

手工记账时，因为试算平衡表使用频繁，所以企业大多事先印好企业名称、试算平衡表名称、账户名称，实际编制时只要填入各账户余额或发生额并予以汇总即可。在会计电算化条件下，一般软件中都可以直接进行试算平衡，并能输出试算平衡表。各大栏中的借方合计与贷方合计应该平衡相等，否则，便存在记账错误。如果试算平衡，只能说明总分类账的登记基本正确，不能说绝对正确。如果试算平衡表借方余额合计数和贷方余额合计数不相等，说明肯定存在错误，应当予以检查，并按确定的方法及时纠正。可以采用以下方法依次进行检查，直至找出错误为止。

(1) 检查全部账户是否都已列入试算平衡表，并检查各个账户的发生额和期末余额是否都已正确地计入试算平衡表。

(2) 复核各账户的发生额和期末余额是否计算正确。

(3) 核查由记账凭证登记分类账的全过程，核对后应在已核对的数字旁边做核对记号，核查结束后，再进一步检查记账凭证、分类账上有无未核对的金额。核查记账过程时，不仅要注意金额是否正确，而且要核对账簿登记中借方和贷方有无错置。

（4）进一步检查核实记账凭证编制是否正确，有无记账方向差错，是否违反"有借必有贷，借贷必相等"的记账规则。

通过上述检查，一般的错误均可以查出。

拓展阅读

小李从某大学会计专业毕业，应聘到一家企业做会计核算。今天是他上班的第一天。财务室里的同事们忙得不可开交，一问才知道，大家正在忙于月末结算。小李便问："我能做些什么？"财务部经理就问："编制试算平衡表的方法在学校学过了吧？""学过。"小李很自然地回答。

"那好，你先编一下我们公司这个月的试算平衡表。"经理拿给他本公司所有的总账账簿。不到一个小时，一张"总分类账户发生额及余额试算平衡表"就完整地编制出来了。看到表格上那相互平衡的三组数字，小李激动的心情难以言表，兴冲冲地向经理交了差。

"呀，昨天车间领料单的单据还没记到账上去呢，这也是这个月的业务啊！"会计员王丽说道。还没等小李缓过神来，会计员小柏手里又拿着一些会计凭证凑了过来，对经理说，"这笔账我核对了，应当计入原材料和生产成本的是 1 000 元不是 10 000 元，已经入账的数字还得改一改。"

"试算平衡表不是已经平衡了吗？怎么还有错账呢？"小李不解地问道。

经理看他满脸疑惑的神情，就耐心地开导说："试算平衡表也不是万能的，像在账户中把有些业务漏记了，借贷金额记账方向搞错了，还有记账方向正确但金额写错了或者记错了账户，这些都不会影响试算平衡表的平衡。小王和小柏刚刚出现的情况都属于这类问题。"

小李边听边点头，心里想："这些内容好像老师在上'基础会计'课的时候都讲过，以后在实践中还得好好琢磨啊！"

模块小结

复式记账法的理论基础是"资产＝负债＋所有者权益"，它是设置账户、试算平衡、编制会计报表等会计方法的重要理论依据。借贷复式记账法是以"借"和"贷"为记账符号的一种科学的记账方法。借贷记账法之所以科学，是因为具有明确的记账符号、健全的账户体系、合理的账户结构、科学的记账规则和试算平衡方法等特点。

借贷记账法是一种科学的记账方法，本模块是"基础会计"课程的核心内容。通过本模块的学习，在理解会计科目和账户设置的基础上，重点掌握复式记账法中的借贷记账法的含义、记账符号、账户结构、记账规则、会计分录的编制和试算平衡等内容。

思考与练习

一、思考题

1. 什么叫账户？为什么要设置账户？设置账户的原则主要有哪些？

2. 账户可以分为哪几类？试分别说明各类账户的结构及记账规律？

3. 什么叫期初余额、本期发生额和期末余额？期末余额应如何确定？

4. 什么叫复式记账？复式记账的依据是什么？复式记账和单式记账有什么区别？

5. 什么叫借贷记账法？借贷记账法有哪些特点？

6. 什么叫会计分录？编制会计分录的主要目的是什么？

7. 试述以借贷记账法编制会计分录的基本步骤。

二、单项选择题

1. 借贷记账法下，账户哪一方记增加，哪一方记减少，是根据（   ）。

A. 采用什么核算方式决定的

B. 采用什么记账形式决定的

C. 增加数记借方、减少数记贷方的规则决定的

D. 账户所反映的经济内容决定的

2. 采用复式记账的方法，主要是为了（   ）。

A. 便于登记账簿

B. 如实、完整地反映经济业务的来龙去脉

C. 提高会计工作的效率

D. 便于会计人员分工协作

3. 收入或利润的余额在借方表示（   ）。

A. 资产的增加   B. 资产的减少

C. 所有者权益的增加   D. 所有者权益的减少

4. 下列等式中，不正确的是（   ）。

A. 资产＝负债＋所有者权益＝权益

B. 期末资产＝期末负债＋期初所有者权益

C. 期末资产＝期末负债＋期初所有者权益＋本期增加的所有者权益－本期减少的所有者权益

D. 债权人权益＋所有者权益＝负债＋所有者权益

5. 下列交易或事项中，引起资产和负债同时增加的交易或事项是（   ）。

A. 以银行存款购入原材料一批   B. 以银行存款支付前欠货款

C. 收回应收账款存入银行   D. 购入电视机一部，暂欠款

6. 下列关于试算平衡法的说法中，不正确的是（   ）。

A. 试算平衡法包括发生额试算平衡法和余额试算平衡法

B. 试算不平衡，表明账户记录肯定有错误

C. 试算平衡了，说明账户记录一定正确

D. 理论依据是会计等式和记账规则

7. 年初资产总额为 100 万元，本期负债减少 5 万元，所有者权益增加 20 万元，则期末资产总额为（   ）万元。

A. 100   B. 120   C. 115   D. 125

8. 将资本公积转增资本的经济业务使得企业的（   ）。

A. 资产和所有者权益同时增加   B. 资产和负债同时增加

C. 负债增加，所有者权益减少   D. 所有者权益一增一减

9. 甲企业从银行借款 10 万元归还原欠 B 公司的货款，这项经济业务使甲企业(　　)。

A. 资产和负债都增加　　　　　　　　B. 权益和资产都增加

C. 负债有增有减　　　　　　　　　　D. 负债减少，资产增加

10. 下列账户中，期末结转后无余额的有(　　)。

A. 实收资本　　　　B. 应付账款　　　　C. 固定资产　　　　D. 管理费用

11. 甲公司月末编制的试算平衡表中，全部科目的本月贷方发生额合计为 120 万元，除银行存款外的本月借方发生额合计为 104 万元，则银行存款科目(　　)。

A. 本月借方余额为 16 万元　　　　　B. 本月贷方余额为 16 万元

C. 本月贷方发生额为 16 万元　　　　D. 本月借方发生额为 16 万元

12. 应收账款账户期初借方余额为 35 400 元，本期借方发生额为 26 300 元，本期贷方发生额为 17 900 元，该账户期末余额为(　　)。

A. 借方 43 800 元　　　　　　　　　B. 借方 27 000 元

C. 贷方 43 800 元　　　　　　　　　D. 贷方 27 000 元

三、多项选择题

1. 以下关于复式记账特点的描述中，正确的有(　　)。

A. 可以保持资金平衡关系　　　　　　B. 可以全面反映企业的经济活动

C. 可以使记账手续更为简单　　　　　D. 具有一套完整的账户

2. 在借贷记账法下，期末结账后，一般有余额的账户有(　　)。

A. 资产类账户　　　　　　　　　　　B. 负债类账户

C. 所有者权益类账户　　　　　　　　D. 费用类账户

E. 收入类账户

3. 借贷记账法下，账户借方登记(　　)。

A. 资产增加　　　　　　　　　　　　B. 负债减少

C. 所有者权益减少　　　　　　　　　D. 费用减少

E. 收入、利润增加

4. 一项经济业务发生后，引起银行存款减少 80 000 元，相应地可能引起(　　)。

A. 无形资产增加 80 000 元　　　　　B. 短期借款增加 80 000 元

C. 长期应付款减少 80 000 元　　　　D. 应付利息减少 80 000 元

5. 对于负债类账户，下列说法正确的有(　　)。

A. 借方登记增加数，贷方登记减少数　B. 借方登记减少数，贷方登记增加数

C. 期末余额一般在借方　　　　　　　D. 期末余额一般在贷方

6. 在借贷记账法下，"借"和"贷"作为记账符号(　　)。

A. 在账户结构上，可表示两个对立的部分

B. "借"和"贷"等于"增"和"减"

C. 在金额增减变化上，可表示"增加"和"减少"

D. 表示债权和债务

7. 根据借贷记账法的账户结构，账户贷方登记的内容有(　　)。

A. 收入增加　　　　　　　　　　　　B. 所有者权益增加

C. 资产增加　　　　　　　　　　　　D. 负债增加

8. 下列经济业务中，引起资产和负债同时增加的有（　　）。

A. 赊购材料 B. 从银行提取现金

C. 以银行存款购入材料 D. 向银行借款并将款项存入银行

9. 经济业务的发生，一方面引起资产增加，另一方面还可能引起（　　）。

A. 负债增加 B. 负债减少

C. 所有者权益增加 D. 所有者权益减少

10. 下列账户中，与负债类账户结构相同或类似的有（　　）。

A. 资产 B. 所有者权益 C. 收入 D. 成本

11. 用公式表示试算平衡关系，正确的是（　　）。

A. 全部账户本期借方发生额合计＝全部账户本期贷方发生额合计

B. 全部账户的借方期初余额合计＝全部账户的贷方期初余额合计

C. 负债类账户借方发生额合计＝负债类账户贷方发生额合计

D. 资产类账户借方发生额合计＝资产类账户贷方发生额合计

12. 下列错误中，能通过试算平衡发现的是（　　）。

A. 某项经济业务未入账 B. 漏记某个会计科目

C. 借贷方向颠倒 D. 借贷金额不等

13. 编制会计分录时，必须考虑（　　）。

A. 经济业务发生涉及的会计要素是增加还是减少

B. 在账簿中登记借方还是贷方

C. 账户的余额是在借方还是贷方

D. 登记在哪些账户的借方或者贷方

E. 经济业务的发生是否有必要发生

四、判断题

1. 复式记账是指对于每项经济业务，都要以相等的金额同时在相互联系的两个账户中进行登记。（　　）

2. 复式记账法的记账规则是"有借必有贷，借贷必相等"。（　　）

3. "借"和"贷"不仅作为记账符号，其本身的含义也应考虑。"借"只能表示债权的增加，"贷"只能表示债务的增加。（　　）

4. 对于不同性质的账户，"借贷"的含义有所不同。（　　）

5. 在借贷记账法下，损益类账户借方登记增加数，贷方登记减少数，期末一般无余额。（　　）

6. 通过账户的对应关系，可以了解有关经济业务的来龙去脉。通过账户的平衡关系，可以检查有关业务的记录是否正确。（　　）

7. 负债及所有者权益类账户的结构应与资产类账户的结构一致。（　　）

8. 账户发生额试算平衡是根据借贷记账法的记账规则确定的。（　　）

9. 借贷方向相反可以通过试算平衡查找出来。（　　）

10. 资产类账户的期末余额（借方）＝期初余额（借方）＋本期借方发生额－本期贷方发生额。（　　）

11. 根据账户记录编制试算平衡表以后，如果所有账户的借方发生额同所有账户的贷

方发生额相等，则说明账簿记录一定是正确的。（　　）

12. 企业接受投资者投入实物资产，能同时引起资产和所有者权益增加。（　　）

五、业务题

1. 长城公司 2017 年 1 月账户金额如表 4-2 所示。

表 4-2　2017 年 1 月账户金额表　　　　　　　　　　　　　　单位：元

账户名称	期初余额	本期借方发生额	本期贷方发生额	期末余额
库存现金	8 000	3 000		4 250
银行存款	70 000	40 000	80 000	
应收账款		60 000	58 000	15 800
应付票据	6 000		1 200	2 200
原材料	56 000	6 000		52 200
库存商品		7 000	9 200	8 000
短期借款	40 000		20 000	38 000
资本公积	160 000		10 000	15 000

要求：根据各类账户的结构关系，计算在表 4-2 的空格中填入对应的数字。

2. 长城公司 2017 年 11 月底有关账户的余额如表 4-3 所示。

表 4-3　2017 年 11 月底有关账户的余额　　　　　　　　　　单位：元

账户名称	金额	账户名称	金额
库存现金	1 890	短期借款	281 000
银行存款	46 600	应付利息	27 600
交易性金融资产	61 000	应付账款	22 140
应收账款	87 900	实收资本	300 000
原材料	171 750	本年利润	17 400
固定资产	398 000	利润分配	119 000

12 月份发生下列经济业务：

（1）支付 11 月短期银行借款利息 27 600 元。

（2）赊购办公设备 55 800 元。

（3）收到客户上月欠款 55 000 元。

（4）现购各种原材料 48 000 元。

（5）收到本月营业收入 351 000 元，并已存入银行账户。

（6）支付职工工资 11 780 元。

（7）用银行存款支付各种杂费 27 500 元。

（8）盘存各种材料，本月月末尚结存 89 850 元，其余为本月耗用数。

要求：

（1）根据上述资料，编制会计分录。

（2）开设 T 形账户，登记期初余额。

（3）将会计分录过入相应的账户，并结出期末余额。

（4）编制账户本期发生额及余额对照表。

模块五
工业企业经济业务的会计核算

学习目标

1. 熟悉资金运动的过程；

2. 掌握工业企业资金筹集、采购供应过程、生产过程、销售过程、财务成果形成、财务成果分配，以及资金退出的主要内容；

3. 掌握工业企业各主要经营过程的账户设置；

4. 掌握工业企业各主要经营过程的核算要求；

5. 能够熟练地利用相应账户对工业企业各主要经营过程的经济业务进行账务处理；

6. 能够对一家小型工业企业的主要经济业务进行简单会计核算。

情景导入

某大学经济管理学院给大三学生开展创新创业课，市场营销专业的李某、张某两位同学打算利用所学的知识尝试创业，在学校附近开办一家图书公司，营业范围包括各类教材、辅导书，以及考试用书的借阅及销售等。5月15日，他们用自己的资金租下一间铺面，月租金1 000元，预付了两个月租金，并交押金1 000元。由于资金不够，他们向父母借了4 000元。6月1日，公司正式成立。6月份和7月份发生了如下的经济业务：

(1) 置办二手的书架及桌椅1 000元；

(2) 置办借阅证工本费100元；

(3) 支付广告费100元；

(4) 购入一批教材、辅导和考试用书1 000元；

(5) 支付水电费150元；

(6) 支付其他费用200元；

(7) 借阅业务收入300元；

(8) 教材、辅导书和考试用书的销售业务收入2 800元；

(9) 8月末暑假结束，他们将书架及桌椅出售得款650元，剩余的图书低价出售收入600元。

思考： 根据公司6、7月份的资金流动变动情况，分析李某和张某的创业是否成功？如果你是该公司的会计，该如何对公司的经济业务进行会计核算？

任 务 一　工业企业的主要经济业务

不同类型企业的经济业务各有特点，其资金运动与生产经营业务流程也各不相同，本模块以经济业务最具有代表性也最为全面的工业企业为例，详细讲解其经济业务的会计核算。

工业企业是生产产品的企业，其生产经营过程由供应过程、生产过程和销售过程所构成。而资金运动过程包括资金投入、资金运用和资金退出三个基本环节。结合工业企业供应、生产和销售三个经营阶段和资金运动的过程，企业的基本经济业务主要有资金筹集、采购供应过程、生产过程、销售过程、财务成果的形成、财务成果的分配，以及资金的退出。而资金随着生产经营过程发生的主要经济业务，依次经过货币资金、储备资金、生产资金、成品资金最后又回到货币资金的形态，形成工业企业资金的循环与周转。

供应过程是一个购买材料、物资，为生产做准备的过程。在这一过程中，要支付货币资金以取得劳动对象和劳动资料，此时货币资金的价值形态转化为储备资金和固定资产。同时，企业要对供应过程中发生的采购费用、成本进行核算，以此来确定材料的采购成本。

生产过程是企业的主要经营过程，是从材料投入生产到生产出满足社会需要的产成品，完成对劳动对象形态改变的过程。在这一过程中，原材料被加工成在产品，在产品又转化成产成品。从价值形态来看，储备资金、固定资金和货币资金的价值形态转化为生产资金价值形态。把这一过程当中发生的各种材料消耗、固定资产折旧费、职工薪酬及其他费用等进行归集、分配与汇总，形成最终完工产品的制造成本，生产资金价值形态转化为成品资金价值形态。产品生产出来是为了销售，因而进入销售过程。

销售过程是企业通过销售产品实现产品价值的过程。企业将产品销售出去后，一方面取得收入，成品资金转化为货币资金；另一方面取得收入的同时还会支付一些期间费用，结转销售成本。最后，企业需要计算一定期间的经营成果，计算应缴纳的各项税费，对实现的净利润进行分配，一部分资金退出企业，另一部分资金重新参与企业的生产经营周转，进入下一轮的资金循环。

下面我们以安德雅有限责任公司为例，结合工业企业生产经营过程中的主要经济业务（资金筹集、采购供应过程、生产过程、销售过程、财务成果的形成、财务成果的分配，以及资金的退出）讲解工业企业在借贷记账法下对经济业务的核算。

任务二 资金筹集的核算

企业的资金筹集业务按其资金来源通常分为所有者权益筹资和负债筹资。所有者权益筹资形成所有者的权益（通常称为权益资本），包括投资者的投资及其增值，这部分资本的所有者既享有企业的经营收益，也承担企业的经营风险；负债筹集形成债权人的权益（通常称为债务资本），主要包括企业向债权人借入的资金和结算形成的负债资金等，这部分资本的所有者享有按约定收回本金和利息的权利。

一、所有者权益的筹集业务

（一）所有者投入资本的构成

按照投资主体的不同，所有者投入资本可以分为国家资本金、法人资本金、个人资本金和外商资本金等。投资的方式有货币资金、固定资产、材料物资、无形资产等。不论以何种方式出资，投资者如在投资过程中违反投资合约，不按规定如期缴付出资额或不如期缴足规定的出资额，企业可以依法追究投资者的违约责任。

所有者投入的资本主要包括实收资本（或股本）和资本公积。

实收资本（或股本）是指企业的投资者按照企业章程、合同或协议的约定，实际投入企业的资本金，以及按照有关规定由资本公积、盈余公积等转增资本的资金。

资本公积是指企业收到投资者投入的超过其在企业注册资本（或股本）中所占份额的投资，以及直接计入所有者权益的利得和损失等。资本公积作为企业所有者权益的重要组成部分，主要用于转增资本。

（二）账户设置

▶ 1. "实收资本"账户

"实收资本"账户（股份有限公司一般设置"股本"账户）属于所有者权益类账户，用于核算企业接受投资者投入的实收资本。

该账户贷方登记投资者的投资增加额，借方登记投资者的投资减少额。期末余额在贷方，表明期末投资者的投资实有额。

该账户可按投资者的不同设置明细账户，进行明细核算。

▶ 2. "资本公积"账户

"资本公积"账户属于所有者权益类账户，用于核算企业收到投资者出资额超出其在注册资本或股本中所占份额的部分，以及直接计入所有者权益的利得和损失等。

该账户贷方登记资本公积的增加额，借方登记资本公积的减少额。期末余额在贷方，反映企业期末资本公积的结余数额。

资本公积包括资本（股本）溢价及直接计入所有者权益的利得和损失等。该账户应设置"资本（股本）溢价""其他资本公积"明细账户进行明细核算。

▶ 3. "银行存款"账户

"银行存款"账户属于资产类账户，用于核算企业存入银行或其他金融机构的各种款项，但是银行汇票存款、银行本票存款、外埠存款、信用卡存款和信用证保证金存款等用"其他货币资金"账户核算。

该账户借方登记存入的款项，贷方登记提取或支出的存款。期末余额在借方，反映企业存在银行或其他金融机构的各种款项。

该账户应当按照开户银行、存款种类等分别进行明细核算。

(三) 账务处理

▶ 1. 企业接受投资

下面以非股份有限公司的账务处理为例，介绍企业接受投资时的账务处理。

(1) 接受货币资金投资：

借：银行存款

　　贷：实收资本

　　　　资本公积——资本溢价

(2) 接受实物资产投资：

借：原材料

　　固定资产

　　应交税费——应交增值税(进项税额)

　　贷：实收资本

　　　　资本公积——资本溢价

▶ 2. 企业资本的增加

一般企业资本增加途径有三条：投资者的追加投资、资本公积转增资本和盈余公积转增资本。

(1) 投资者的追加投资与接受投资相同，按原来各个投资者的出资比例相应增加各投资者的出资额。

(2) 资本公积转增资本：

借：资本公积

　　贷：实收资本

(3) 盈余公积转增资本：

借：盈余公积

　　贷：实收资本

▶ 3. 企业资本的减少

如果企业要减资，必须按照法定程序报经批准。

借：实收资本

　　贷：银行存款

拓展阅读

股份有限公司因减少注册资本而回购公司股份的，应通过"库存股"账户进行会计处理。股票面值低于回购股票所支付的价款应借记"资本公积——股本溢价"账户，如果"资本公积——股本溢价"账户尚不足以冲减的，接着冲减"盈余公积"账户和"利润分配——未分配利润"账户。

【例5-1】安德雅有限责任公司由A、B、C三位投资者各投资20万元设立。设立时实收资本为60万元。经过几年的经营，该企业的留存收益为20万元，这时又有D投资者要加入该企业，并表示愿出资40万元，享有A、B、C三位投资者同等的权利，三位投资者表示同意。

解析： 该经济业务的发生，一方面使银行存款增加了40万元，应计入"银行存款"账户的借方，D投资者加入投资之后，享有与原来三位投资者同等的权利，则"实收资本"账户增加了20万元，计入其贷方；另一方面超出的20万元，计入"资本公积——资本溢价"账户的贷方。会计分录如下：

借：银行存款 400 000
　　贷：实收资本——D股东 200 000
　　　　资本公积——资本溢价 200 000

【例5-2】安德雅有限责任公司收到泰华公司投入的设备一台，双方确认价值为100万元，增值税17万元。

解析： 该项经济业务的发生，一方面使企业的固定资产增加了100万元，计入"固定资产"账户的借方，同时增值税17万元，计入"应交税费"账户的借方；另一方面使企业接受投资者投入的资本增加117万元，计入"实收资本"账户的贷方。会计分录如下：

借：固定资产 1 000 000
　　应交税费——应交增值税(进项税额) 170 000
　　贷：实收资本——泰华公司 1 170 000

【例5-3】安德雅有限责任公司收到甲投资方投入的原材料一批，确认价值为10万元，增值税专用发票上注明增值税为1.7万元。

解析： 该项经济业务的发生，一方面使企业的原材料增加10万元，计入"原材料"账户的借方，已纳增值税1.7万元，计入"应交税费"账户的借方；另一方面使企业接受投资者投入的资本增加11.7万元，计入"实收资本"账户的贷方。会计分录如下：

借：原材料 100 000
　　应交税费——应交增值税(进项税额) 17 000
　　贷：实收资本 117 000

【例5-4】安德雅有限责任公司将资本公积40万元转增资本。在原来的注册资本中，A、B、C、D四位投资者的投资比例都是25%，已经按法定程序办理完增资手续。

解析： 该项经济业务的发生，一方面使资本公积减少40万元，计入"资本公积"账户的借方；另一面使实收资本增加40万元，计入"实收资本"账户的贷方。会计分录如下：

借：资本公积 400 000
　　贷：实收资本——A投资者 100 000
　　　　　　　　——B投资者 100 000
　　　　　　　　——C投资者 100 000
　　　　　　　　——D投资者 100 000

二、负债的筹集业务

(一) 负债筹资的构成

负债筹资主要包括短期借款、长期借款，以及结算形成的负债等。短期借款是指企业从银行或其他金融机构借入的期限在一年以下（含一年）的借款。长期借款是指企业从银行或其他金融机构借入的期限在一年以上（不含一年）的借款。结算形成的负债主要有应付账款、应付职工薪酬、应交税费等。

（二）账户设置

▶ 1. "短期借款"账户

"短期借款"账户属于负债类账户，用于核算企业的短期借款。

该账户贷方登记短期借款本金的增加额，借方登记短期借款本金的减少额。期末余额在贷方，反映企业期末尚未归还的短期借款。

该账户可按借款种类、贷款人和币种进行明细核算。

▶ 2. "长期借款"账户

"长期借款"账户属于负债类账户，用于核算企业的长期借款。

该账户贷方登记借入的长期借款本金，借方登记归还的本金和利息。期末余额在贷方，反映企业期末尚未归还的长期借款。

该账户可按贷款单位和贷款种类，分别按"本金"和"利息调整"等进行明细核算。

▶ 3. "财务费用"账户

"财务费用"账户属于损益类账户，用于核算企业为筹集生产经营所需资金等而发生的筹资费用，包括利息支出（减利息收入）、汇兑损益，以及相关的手续费、企业发生的现金折扣或收到的现金折扣等。为构建或生产满足资本化条件的资产发生的应予以资本化的借款费用，通过"在建工程"和"制造费用"等账户核算。

该账户借方登记手续费、利息费用等的增加额，贷方登记应冲减财务费用的利息收入等。期末结转后，该账户无余额。

该账户可按费用项目进行明细核算。

▶ 4. "应付利息"账户

"应付利息"账户属于负债类账户，用于核算企业按照合同约定应支付的利息，包括吸收存款、分期付息到期还本的长期借款、企业债券等应支付的利息。

该账户贷方登记企业按合同利率计算确定的应付未付利息，借方登记归还的利息。期末余额在贷方，反映企业应付未付的利息。

该账户可按存款人或债权人进行明细核算。

（三）账务处理

▶ 1. 短期借款的账务处理

银行一般在每个季度末收取短期借款的利息，为此，企业一般应在每月末预提短期借款利息。短期借款的利息计算公式如下：

$$短期借款利息＝借款本金×利率×计息期限$$

（1）借入短期借款，会计分录如下：

借：短期借款

　　贷：银行存款

（2）计提利息，会计分录如下：

借：财务费用

　　　　贷：应付利息

　　（3）支付利息，会计分录如下：

　　借：应付利息

　　　　贷：银行存款

　　（4）归还短期借款，会计分录如下：

　　借：短期借款

　　　　贷：银行存款

　▶ 2. 长期借款的账务处理

　　（1）计入长期借款，会计分录如下：

　　借：银行存款

　　　　贷：长期借款——本金

　　（2）计提利息。

　　符合资本化条件的资产构建或者生产的，应当予以资本化，计入资产成本，会计分录如下：

　　借：在建工程

　　　　贷：应付利息（或长期借款——应计利息）

　　企业发生的借款费用，不符合资本化条件的资产构建或者生产的，应当予以费用化，计入当期损益，会计分录如下：

　　借：财务费用

　　　　贷：应付利息（或长期借款——应计利息）

　　（3）支付利息，会计分录如下：

　　借：应付利息（或长期借款——应计利息）

　　　　贷：银行存款

　　（4）归还长期借款，会计分录如下：

　　借：长期借款——本金

　　　　贷：银行存款

　　【例 5-5】安德雅有限责任公司因生产经营需要，于 2017 年 1 月 1 日借入一笔期限为 6 个月的生产周转借款 200 000 元，借款利息按季支付，每月预提借款利息 1 000 元。

　　（1）1 月 1 日取得借款，该项经济业务发生时，一方面使企业银行存款增加了 200 000 元，计入"银行存款"账户的借方；另一方面使企业向银行取得的短期借款增加 200 000 元，计入"短期借款"账户的贷方。会计分录如下：

　　借：银行存款　　　　　　　　　　　　　　　　　　　　　　200 000

　　　　贷：短期借款　　　　　　　　　　　　　　　　　　　　　　200 000

　　（2）1 月末预提借款利息，短期借款计提的利息属于财务费用，所以，该项经济业务发生时，一方面使企业的利息费用增加 1 000 元，计入"财务费用"的借方；另一方面使企业应付的利息增加 1 000 元，计入"应付利息"账户的贷方。会计分录如下：

　　借：财务费用　　　　　　　　　　　　　　　　　　　　　　　1 000

　　　　贷：应付利息　　　　　　　　　　　　　　　　　　　　　　1 000

　　2 月末预提借款利息的会计分录同上。

（3）3月末支付第一季度利息，因3月末无须计提利息，直接支付，所以，该项经济业务发生时，一方面使企业的利息费用增加1 000元，计入"财务费用"账户的借方，同时使应付利息减少2 000元（1月末和2月末计提的利息），计入"应付利息"账户的借方；另一方面使银行存款减少3 000元，计入"银行存款"账户的贷方。会计分录如下：

借：应付利息　　　　　　　　　　　　　　　　　　　　　2 000
　　财务费用　　　　　　　　　　　　　　　　　　　　　1 000
　　贷：银行存款　　　　　　　　　　　　　　　　　　　　　　3 000

4月末和5月末预提借款利息的账务处理同1月末预提利息的会计分录相同。

（4）6月末归还借款本金，并支付第二季度利息。6月末无须计提利息，直接支付，所以，该项经济业务发生时，一方面使企业的利息费用增加1 000元，计入"财务费用"账户的借方，同时使应付利息减少2 000元（4月末和5月末计提的利息），计入"应付利息"账户的借方，原借入的短期借款减少200 000元，计入"短期借款"账户的借方；另一方面使银行存款减少203 000元，计入"银行存款"账户的贷方。会计分录如下：

借：短期借款　　　　　　　　　　　　　　　　　　　200 000
　　财务费用　　　　　　　　　　　　　　　　　　　　　1 000
　　应付利息　　　　　　　　　　　　　　　　　　　　　2 000
　　贷：银行存款　　　　　　　　　　　　　　　　　　　　　203 000

【例5-6】2014年1月1日，安德雅有限责任公司向工商银行借入4年期长期借款400万元，合同约定的年利率为6%（假定与实际利率一致），每年年末支付利息，到期一次还本。安德雅有限责任公司对该长期借款逐年计提利息，并按规定每年年末支付利息。2017年年末长期借款到期，安德雅有限责任公司归还本金和未支付的利息。

（1）2014年1月1日取得长期借款，该项经济业务发生时，一方面使企业银行存款增加4 000 000元，计入"银行存款"账户的借方；另一方面使企业向银行取得的长期借款增加4 000 000元，计入"长期借款"账户的贷方。会计分录如下：

借：银行存款　　　　　　　　　　　　　　　　　　4 000 000
　　贷：长期借款　　　　　　　　　　　　　　　　　　　　4 000 000

（2）每年应计提的利息=4 000 000×6%=240 000（元）。

① 计提2014年年末应付利息，该项经济业务的发生，一方面使企业的利息费用增加240 000元，计入"财务费用"的借方；另一方面使企业应付的利息增加240 000元，计入"应付利息"账户的贷方。会计分录如下：

借：财务费用　　　　　　　　　　　　　　　　　　　240 000
　　贷：应付利息　　　　　　　　　　　　　　　　　　　　　240 000

② 支付2014年利息费用，该项经济业务发生时，一方面使应付利息减少240 000元，计入"应付利息"账户的借方；另一方面使银行存款减少240 000元，计入"银行存款"账户的贷方。会计分录如下：

借：应付利息　　　　　　　　　　　　　　　　　　　240 000
　　贷：银行存款　　　　　　　　　　　　　　　　　　　　　240 000

③ 计提2015年年末应付利息，会计分录如下：

借：财务费用　　　　　　　　　　　　　　　　　　　240 000

　　　　　贷：应付利息 240 000

④ 支付 2015 年利息费用，会计分录如下：

　　　　借：应付利息 240 000

　　　　　贷：银行存款 240 000

⑤ 计提 2016 年年末应付利息，会计分录如下：

　　　　借：财务费用 240 000

　　　　　贷：应付利息 240 000

⑥ 支付 2016 年利息费用，会计分录如下：

　　　　借：应付利息 240 000

　　　　　贷：银行存款 240 000

⑦ 计提 2017 年年末应付利息，会计分录如下：

　　　　借：财务费用 240 000

　　　　　贷：应付利息 240 000

⑧ 2017 年 12 月 31 日归还长期借款本金及利息，该项经济业务发生时，一方面使应付利息减少 240 000 元，计入"应付利息"账户的借方，原借入的长期借款减少 4 000 000 元，计入"长期借款"账户的借方；另一方面使银行存款减少 4 240 000 元，计入"银行存款"账户的贷方。会计分录如下：

　　　　借：应付利息 240 000

　　　　　长期借款 4 000 000

　　　　　贷：银行存款 4 240 000

任务三　采购供应过程的核算

　　企业要进行正常的生产经营活动，就必须储备一定品种和数量的材料物资，材料物资是工业企业生产产品不可缺少的组织要素，在生产过程中，材料物资通过加工而改变其原来的形态，构成产品实体的一部分。因此，工业企业要有计划地进行材料采购，故材料采购业务是企业在供应过程中发生的主要经济业务。

一、材料的采购成本

　　材料的采购成本是指企业物资从采购到入库前所发生的全部支出，具体包括：①购买价款，指购货发票所注明的货款金额；②采购过程中发生的相关税费，包括进口货物关税、消费税等，不包括增值税；③运输途中的合理损耗以及入库前的挑选整理费用；④采购过程中发生的运输费、装卸费、保险费，以及其他可归属于采购成本的费用。其中，材料买价应直接计入各种材料的采购成本，其他采购费用凡能分清为采购该材料而支付的采购费用，可直接计入该材料的采购成本；凡不能分清的，应按材料的重量或买价等比例，分摊计入各种材料的采购成本。

二、账户设置

(一)"材料采购"账户

"材料采购"账户属于资产类账户,用于核算企业采用计划成本进行材料日常核算而购入材料的采购成本。

该账户借方登记企业采用计划成本进行核算时,采购材料的实际成本以及材料入库时结转的节约差异,贷方登记入库材料的计划成本以及材料入库时结转的超支差异。期末余额在借方,反映企业在途材料的采购成本。

该账户可按供应单位和材料品种进行明细核算。

(二)"在途物资"账户

"在途物资"账户属于资产类账户,用于核算企业采用实际成本(或进价)进行材料、商品等物资的日常核算、货款已付尚未验收入库的在途物资的采购成本。

该账户借方登记购入材料、商品等物资的买价和采购费用(采购实际成本),贷方登记已验收入库材料、商品等物资应结转的实际采购成本。期末余额在借方,反映企业期末在途物资、商品等物资的采购成本。

该账户可按供应单位和物资品种进行明细核算。

(三)"原材料"账户

"原材料"账户属于资产类账户,用于核算企业库存的各种材料,包括原材料及主要材料、辅助材料、外购半成品(外购件)、修理用备件(备品备件)、包装材料、燃料等的计划成本或实际成本。企业收到来料加工装配业务的原料、零件等,应当设置备查簿进行登记。

该账户借方登记已验收入库材料的成本,贷方登记发出材料的成本。期末余额在借方,反映企业库存材料的计划成本或实际成本。

该账户可按材料的保管地点(仓库)、材料的类别、品种和规格等进行明细核算。

(四)"材料成本差异"账户

"材料成本差异"账户属于资产类账户,用于核算企业采用计划成本进行日常核算的材料计划成本与实际成本的差额。

该账户借方登记入库材料形成的超支差异以及转出的发出材料应负担的节约差异,贷方登记入库材料形成的节约差异以及转出的发出材料形成的超支差异。期末余额在借方,反映企业库存材料等的实际成本大于计划成本的差异;期末余额在贷方,反映企业库存材料等的实际成本小于计划成本的差异。

该账户可以按照类别或品种分为"原材料""周转材料"等,进行明细核算。

(五)"应付账款"账户

"应付账款"账户属于负债类账户,用于核算企业因购买材料、商品和接受劳务等经营活动应支付的款项。

该账户贷方登记企业因购买材料、商品和接受劳务等尚未支付的款项,借方登记偿还的应付账款。期末余额一般在贷方,反映企业期末尚未支付的应付账款的余额;如果期末余额在借方,反映企业期末预付账款的余额。

该账户可按债权人进行明细核算。

（六）"应交税费"账户

"应交税费"账户属于负债类账户，用于核算企业按照税法等规定计算应缴纳的各种税费，包括增值税、消费税、所得税、资源税、土地增值税、城市维护建设税、房产税、土地使用税、车船使用税、教育费附加、矿产资源补偿费等，企业代扣代缴的个人所得税等，也通过本账户核算。

该账户贷方登记应交未交的各种税费增加额，借方登记实际缴纳的各种税费。期末余额在贷方，反映企业尚未缴纳的税费；期末余额在借方，反映企业多交或尚未抵扣的税费。

该账户可按应交的税费项目进行明细核算。

拓展阅读

应交增值税的账务处理

1. 进项税额

进项税额记录一般纳税人购进货物、加工修理修配劳务、服务、无形资产或不动产而支付或负担、准予从当期销项税额中抵扣的增值税税额。例如，购进原材料时，借记"原材料""应交税费——应交增值税（进项税额）"账户，贷记"银行存款""应付账款"等账户。

2. 销项税额

销项税额记录一般纳税销售货物、加工修理修配劳务、服务、无形资产或不动产应收取的增值税税额。例如，销售商品时，借记"银行存款""应收账款"等账户，贷记"主营业务收入""应交税费——应交增值税（销项税额）"账户。

3. 已交税金

已交税金记录一般纳税人当月已缴纳的应交增值税税额。例如，用银行存款支付当月的增值税时，借记"应交税费——应交增值税（已交税金）"账户，贷记"银行存款"账户。

（七）"预付账款"账户

"预付账款"账户属于资产类账户，用于核算企业按照合同规定预付的款项。预付款项情况不多的，也可以不设置该账户，将预付的款项直接计入"应付账款"账户。

该账户借方登记企业因购货等业务预付的款项，贷方登记企业收到货物后应支付的款项等。期末余额在借方，反映企业预付的款项；期末余额在贷方，反映企业尚需补付的款项。

该账户可按供货单位进行明细核算。

（八）"应付票据"账户

"应付票据"账户属于负债类账户，用于核算企业因购买材料、商品和接受劳务等经营活动应支付的款项。

该账户贷方登记企业开出、承兑的商业汇票，借方登记企业已经支付或者到期无力支付的商业汇票。期末余额在贷方，反映企业尚未到期的商业汇票的账面金额。

该账户可按债权人进行明细核算。

三、账务处理

（一）实际成本法核算的账务处理

规模较小、存货品种简单、采购业务不多的企业一般采用实际成本法进行核算。

▶ **1. 货款已经支付，材料尚未验收入库**

（1）货款已支付，发票账单已到，但材料尚未验收入库，会计分录如下：

借：在途物资
　　　应交税费——应交增值税（进项税额）
　　　　贷：银行存款

（2）材料验收入库，会计分录如下：

借：原材料
　　　　贷：在途物资

▶ **2. 材料已验收入库**

（1）货款已经预付，同时材料验收入库。预付购货款时，会计分录如下：

借：预付账款
　　　　贷：银行存款

收到原材料，会计分录如下：

借：原材料
　　　应交税费——应交增值税（进项税额）
　　　　贷：预付账款

补付货款，会计分录如下：

借：预付账款
　　　　贷：银行存款

（2）材料已验收入库，发票已收到，但款项尚未支付，会计分录如下：

借：原材料
　　　应交税费——应交增值税（进项税额）
　　　　贷：应付账款（已开出、承兑商业汇票的话，则用"应付票据"账户）

（3）材料已入库，但发票账单未收到，分为以下几种情况。

① 平时可不做账务处理。

② 月末，如果发票账单和结算凭证还未收到，会计分录如下：

借：原材料
　　　　贷：应付账款——暂估应付款

③ 下月初用红字冲回的会计分录如下：

借：原材料
　　　　贷：应付账款——暂估应付款

④ 收到发票账单，会计分录如下：

借：原材料
　　　应交税费——应交增值税（进项税额）
　　　　贷：应付账款

（二）计划成本法核算的账务处理

存货品种繁多、收发频繁的企业一般采用计划成本法，如大中型企业。

（1）货款已经支付，材料尚未验收入库，会计分录如下：

借：材料采购

应交税费——应交增值税(进项税额)

  贷：银行存款

(2) 材料已验收入库。

① 货款已支付，同时材料验收入库，购入材料时，会计分录如下：

借：材料采购

  应交税费——应交增值税(进项税额)

  贷：银行存款

材料验收入库，会计分录如下：

借：原材料

  贷：材料采购

② 计算材料成本差异，会计分录如下：

借：材料采购

  贷：材料成本差异(节约差异)

或

借：材料成本差异(超支差异)

  贷：材料采购

③ 货款尚未支付，材料已经验收入库，购入材料时，会计分录如下：

借：材料采购

  应交税费——应交增值税(进项税额)

  贷：应付账款(已开出、承兑商业汇票的话，则用"应付票据"账户)

材料验收入库，会计分录如下：

借：原材料

  贷：材料采购

计算材料成本差异，会计分录如下：

借：材料采购

  贷：材料成本差异(节约差异)

或

借：材料成本差异(超支差异)

  贷：材料采购

(3) 材料已入库，但发票账单未收到，分为以下几种情况。

① 平时可不做账务处理。

② 月末，如果发票账单和结算凭证还未收到，会计分录如下：

借：原材料(计划成本)

  贷：应付账款——暂估应付款

③ 下月初用红字冲回的会计分录如下：

借：原材料(计划成本)

  贷：应付账款——暂估应付款

④ 收到发票账单，会计分录如下：

借：原材料

 应交税费——应交增值税(进项税额)

 贷：应付账款

⑤ 支付所欠货款，会计分录如下：

 借：应付账款

 贷：银行存款

【例 5-7】安德雅有限责任公司向泰华公司购入甲材料一批，取得的增值税专用发票上注明的材料价款为 200 000 元，增值税税额为 34 000 元，货款 234 000 元已通过银行转账支付，材料未到。(原材料采用实际成本法核算)

解析：该项甲材料采购业务的发生使在途物资增加了 200 000 元，直接计入"在途物资"账户的借方，购货应纳增值税直接计入"应交税费"账户的借方，该笔货款已经通过银行转账支付，引起银行存款减少 234 000 元，计入"银行存款"账户的贷方。会计分录如下：

 借：在途物资——甲材料   200 000

  应交税费——应交增值税(进项税额)   34 000

  贷：银行存款   234 000

【例 5-8】承例 5-7，假设上述甲材料已验收入库。

解析：应将甲材料采购成本 200 000 元由"在途物资"账户的贷方转入"原材料"账户的借方，以此来反映甲材料的增加。会计分录如下：

 借：原材料——甲材料   200 000

  贷：在途物资——甲材料   200 000

【例 5-9】安德雅有限责任公司以银行存款预付向泰华公司购入乙材料的款项 117 000 元。

解析：该笔经济业务的发生，一方面使企业的预付账款增加 117 000 元，计入"预付账款"账户的借方；另一方面使企业的银行存款减少 117 000 元，计入"银行存款"账户的贷方。会计分录如下：

 借：预付账款——泰华公司   117 000

  贷：银行存款   117 000

【例 5-10】泰华公司向安德雅有限责任公司发出乙材料，并已开具增值税专用发票，发票上注明的材料价款为 100 000 元，增值税税额为 17 000 元，材料已验收入库。

解析：该笔经济业务的发生，一方面使原材料增加 100 000 元，计入"原材料"账户的借方，购货应纳增值税直接计入"应交税费"账户的借方；另一方面该笔货款已经预付过，材料验收入库的时候，直接冲减预付账款 117 000 元，计入"预付账款"账户的贷方。会计分录如下：

 借：原材料——乙材料   100 000

  应交税费——应交增值税(进项税额)   17 000

  贷：预付账款——泰华公司   117 000

【例 5-11】安德雅有限责任公司向泰华公司购入 5 吨的丙材料，单价 2 000 元，货款买价共计 10 000 元，增值税 1 700 元，泰华公司已开具增值税专用发票，在购货过程中发生了运费 3 000 元(运输费用暂不考虑增值税)。上述材料已验收入库，款项尚未支付。

解析：丙材料采购业务发生的买价和运费都属于丙材料的采购成本，应计入丙材料的实际采购成本中，计入"原材料"账户的借方，购货应纳的增值税计入"应交税费"账户的借方，由于上述款项尚未支付，引起企业应付账款的增加，计入"应付账款"账户的贷方。会计分录如下：

借：原材料——丙材料　　　　　　　　　　　　　　　　　　13 000
　　应交税费——应交增值税（进项税额）　　　　　　　　　 1 700
　　贷：应付账款——泰华公司　　　　　　　　　　　　　　　　 14 700

【例 5-12】 安德雅有限责任公司从外地购入 A 材料一批，材料已验收入库，但是发票以及银行的结算凭证等单据未到，货款尚未支付。月末，按暂估价入账，假设 A 材料的暂估价为 16 500 元。

解析： 购入的 A 材料已验收入库，但发票以及银行的结算凭证等单据未到，月末按暂估价计入"原材料"账户的借方，货款尚未支付，使应付账款增加，同样按暂估价计入"应付账款"账户的贷方。会计分录如下：

借：原材料——A 材料　　　　　　　　　　　　　　　　　 165 000
　　贷：应付账款——暂估应付款　　　　　　　　　　　　　　 165 000

下月初用红字予以冲回：

借：原材料——A 材料　　　　　　　　　　　　　　　　　 165 000
　　贷：应付账款——暂估应付款　　　　　　　　　　　　　　 165 000

下月收到该批材料的发票账单，增值税专用发票上注明的材料款为 185 000 元，增值税税额为 31 450 元，款项共 216 450 元已用银行存款支付。

收到发票账单，原材料按发票注明的价款入账，即计入"原材料"账户的借方，材料应交的增值税应计入"应交税费"的借方，上述的材料款和税费都已用银行存款支付，应计入"银行存款"账户的贷方。会计分录如下：

借：原材料——A 材料　　　　　　　　　　　　　　　　　 185 000
　　应交税费——应交增值税（进项税额）　　　　　　　　　 31 450
　　贷：银行存款　　　　　　　　　　　　　　　　　　　　 216 450

【例 5-13】 安德雅有限责任公司从泰华公司购入 B 材料一批，增值税专用发票上注明的材料价款为 300 000 元，增值税税额为 51 000 元，材料已验收入库，计划成本为 250 000 元。货款已通过银行转账支付。

解析：（1）安德雅有限责任公司的材料成本采用计划成本核算，所以发票账单上的材料款 300 000 元计入"材料采购"账户的借方，材料应交的增值税应计入"应交税费"的借方，上述的材料款和税费都已用银行存款支付，应计入"银行存款"账户的贷方。会计分录如下：

借：材料采购　　　　　　　　　　　　　　　　　　　　　 300 000
　　应交税费——应交增值税（进项税额）　　　　　　　　　 51 000
　　贷：银行存款　　　　　　　　　　　　　　　　　　　　 351 000

（2）材料验收入库之后，将 B 材料的计划成本 250 000 元由"材料采购"账户的贷方转入"原材料"账户的借方，以反映库存 B 材料的增加。会计分录如下：

借：原材料——B 材料　　　　　　　　　　　　　　　　　 250 000
　　贷：材料采购　　　　　　　　　　　　　　　　　　　　 250 000

(3) 购入 B 材料的实际成本为 300 000 元，其计划成本为 250 000 元，实际成本大于计划成本，将超支差异 50 000 元计入"材料成本差异"账户的借方，并同时计入"材料采购"账户的贷方。会计分录如下：

借：材料成本差异   50 000

    贷：材料采购   50 000

【例 5-14】 安德雅有限责任公司从本地的某公司购入一批 C 材料，增值税专用发票上注明的材料价款为 80 000 元，增值税税额为 13 600 元，材料已验收入库，计划成本为 88 000 元。安德雅有限责任公司当即开出并承兑一张面值为 93 600 元、期限为 3 个月的商业汇票进行货款的结算。

解析：(1)安德雅有限责任公司的材料成本采用计划成本核算，所以发票账单上的材料款 80 000 元计入"材料采购"账户的借方，材料应交的增值税应计入"应交税费"的借方，货款用公司开出并承兑的商业汇票进行结算，引起应付票据的增加，应计入"应付票据"账户的贷方。会计分录如下：

借：材料采购   80 000

    应交税费——应交增值税(进项税额)   13 600

    贷：应付票据   93 600

(2) 材料验收入库之后，将 C 材料的计划成本 88 000 元由"材料采购"账户的贷方转入"原材料"账户的借方，以反映库存 C 材料的增加。会计分录如下：

借：原材料——C 材料   88 000

    贷：材料采购   88 000

(3) 购入 C 材料的实际成本为 80 000 元，其计划成本为 88 000 元，实际成本小于计划成本，将节约差异 8 000 元计入"材料成本差异"账户的贷方，并同时计入"材料采购"账户的借方。会计分录如下：

借：材料采购   8 000

    贷：材料成本差异   8 000

【例 5-15】 安德雅有限责任公司于月初从甲单位购入一批 D 材料，材料已验收入库，其计划成本为 30 000 元，月终，该批材料的发票账单尚未收到，货款未支付。

解析：(1)购入的 D 材料已验收入库，但发票账单未到，月末按 D 材料的计划成本计入"原材料"账户的借方，货款尚未支付，引起应付账款增加，计入"应付账款"账户的贷方。会计分录如下：

借：原材料——D 材料   30 000

    贷：应付账款——暂估应付款   30 000

(2) 下月初用红字予以冲回：

借：原材料——A 材料 | 30 000 |

    贷：应付账款——暂估应付款 | 30 000 |

(3) 下月收到该批材料的发票账单，增值税专用发票上注明的材料款为 26 000 元，增值税税额为 4 420 元，款项共 30 420 元已用银行存款支付。

收到发票账单，应按材料采购的正常核算程序进行核算。发票账单上的材料款 26 000 元计入"材料采购"账户的借方，材料应交的增值税 4 420 元计入"应交税费"的借方，上述的材料款和税费都已用银行存款支付，应计入"银行存款"账户的贷方。会计分录如下：

借：材料采购——D材料　　　　　　　　　　　　　　26 000

　　应交税费——应交增值税（进项税额）　　　　　　　4 420

　　　贷：银行存款　　　　　　　　　　　　　　　　　　　　30 420

借：原材料——D材料　　　　　　　　　　　　　　　30 000

　　　贷：材料采购　　　　　　　　　　　　　　　　　　　　30 000

（4）购入D材料的实际成本为26 000元，其计划成本为30 000元，实际成本小于计划成本，将节约差异4 000元计入"材料成本差异"账户的贷方，并同时计入"材料采购"账户的借方。会计分录如下：

借：材料采购　　　　　　　　　　　　　　　　　　　4 000

　　　贷：材料成本差异　　　　　　　　　　　　　　　　　　4 000

任务四　生产过程的核算

生产过程是企业再生产的中心环节，是生产产品的过程，同时也是物化劳动和活化劳动的消耗过程。在此过程当中发生的各项生产费用最终都要归集、分配给特定的产品，形成产品的成本。

一、生产费用的构成

产品生产过程中发生的一切资金耗费都称为生产费用，主要包括为了生产产品所消耗的各种原材料及主要材料、燃料、动力、工人工资及福利费、生产车间固定资产的折旧费及修理费、为生产产品而发生的各种间接费用等。将发生的各种生产费用先按一定的标准和方法进行归集，接着分配计入一定种类和品种的产品中，从而形成各种产品的生产成本，或称为制造成本。生产成本按其经济用途可分为直接材料、直接人工和制造费用。

（一）直接材料

直接材料是指企业在产品生产和提供劳务过程中消耗的，直接用于产品生产，并构成产品实体的原材料，以及有助于产品形成的主要材料和辅助材料。

（二）直接人工

直接人工是指企业在生产产品和提供劳务过程中，直接从事产品生产的工人的职工薪酬。

（三）制造费用

制造费用是指企业各个生产车间为组织和管理生产而发生的各项间接费用，包括生产车间管理人员的工资和福利费、厂房和机器设备的折旧费及修理费、生产车间的水电费、物料消耗、劳动保护费和修理期间的停工损失等，简称料工费。

其中，直接材料和直接人工统称为直接费用，与产品的生产有直接关系，于发生的时候直接计入产品的生产成本中。制造费用属于间接费用，先按一定的标准在不同的产品中进行分配，再计入产品的生产成本中。

二、账户设置

为了正确核算和监督生产过程中企业各项费用的发生情况，正确计算产品生产成本，在产品的生产过程中应设置"生产成本""制造费用""应付职工薪酬""库存商品"等账户。

（一）"生产成本"账户

"生产成本"账户属于成本类账户，用于核算企业生产各种产品（产成品、自制半成品等）、自制材料、自制工具、自制设备等发生的各项生产成本。

该账户借方登记应计入产品生产成本的各项费用，包括直接计入产品生产成本的直接材料费、直接人工费和其他直接支出，以及期末按照一定的方法分配计入产品生产成本的制造费用；贷方登记完工入库产成品应结转的生产成本。期末余额在借方，反映企业期末尚未加工完成的在产品成本。

该账户可按基本生产成本和辅助生产成本进行明细分配核算。基本生产成本应当分别按照基本生产车间和成本核算对象（如产品的品种、类别、批别、生产阶段等）设置明细账（或成本计算单），并按照规定的成本项目设置专栏。

（二）"制造费用"账户

"制造费用"账户属于成本类账户，用于核算企业生产车间（部门）为生产产品和提供劳务而发生的各项间接费用，包括生产车间发生的机物料消耗、管理人员的工资、折旧费、办公费、水电费、季节性停工损失等。

该账户借方登记生产过程中实际发生的各项制造费用，贷方登记期末按照一定标准分配转入"生产成本"账户借方的应计入产品成本的制造费用。期末结转后，该账户一般无余额。

该账户可按不同的生产车间、部门和费用项目进行明细核算。

（三）"应付职工薪酬"账户

"应付职工薪酬"账户属于负债类账户，用于核算企业根据有关规定应付给职工的各种薪酬，包括职工工资、奖金、津贴和补贴、职工福利费、社会保险费、住房公积金、工会经费、职工教育经费、非货币性福利、辞退福利等。

该账户贷方登记本月计算的应付职工薪酬总额，包括各种工资、奖金、津贴和福利费等，借方登记本月实际支付的职工薪酬数额。期末余额在贷方，反映企业应付未付的职工薪酬。

该账户可按"工资""职工福利""社会保险费""住房公积金""工会经费""职工教育经费""非货币性福利""辞退福利""股份支付"等进行明细核算。

（四）"库存商品"账户

"库存商品"账户属于资产类账户，用于核算企业库存的各种商品的实际成本（或进价）或计划成本（或售价），包括库存的外购商品、自制商品、存放在门市部准备出售的商品、发出展览的商品，以及存放在仓库或寄存在外库的商品等，但不包括已办妥销售手续而购买单位在月末尚未提货的库存商品。

该账户借方登记验收入库的库存商品成本，贷方登记发出的库存商品成本。期末余额在借方，反映期末库存商品的实际成本（或进价）或计划成本（或售价）。

该账户可按库存商品的种类、品种和规格等进行明细核算。

（五）"管理费用"账户

"管理费用"账户属于损益类账户，用于核算企业为组织和管理企业生产经营所发生的管理费用，具体包括企业在筹建期间发生的开办费、行政管理部门在企业的经营管理中发生的或者应由企业统一负担的公司经费（包括职工工资及福利费、办公费、业务招待费、差旅费、低值易耗品摊销、固定资产折旧费和消耗的原材料等）、工会经费、职工教育经费、聘请中介机构费、咨询费（含顾问费）、诉讼费，以及企业生产车间（部门）和行政管理部门等发生的固定资产修理费。

该账户借方登记发生的各项管理费用，贷方登记期末转入"本年利润"账户的管理费用额。期末结转后，该账户无余额。

该账户可按费用项目设置明细账户，进行明细分类核算。

（六）"销售费用"账户

"销售费用"账户属于损益类账户，用于核算企业发生的各项销售费用，包括企业销售商品过程中发生的运输费、装卸费、保险费、展览费、广告费和包装费，以及为销售本企业商品而专设的销售机构（含销售网点、售后服务网点等）的职工工资及福利费、业务费、折旧费等经营费用。

该账户借方登记发生的各项销售费用，贷方登记期末转入"本年利润"账户的销售费用额。期末结转后，该账户无余额。

该账户可按费用项目设置明细账户，进行明细分类核算。

三、账务处理

（一）材料费用的归集与分配

在确定材料费用时，应根据领料凭证区分车间、部门和不同用途后，按照确定的结果将发出材料的成本借记"生产成本""制造费用""管理费用""销售费用"等科目，贷记"原材料"等科目。在实际工作中，原材料的领用业务不一定根据每一张领料凭证逐笔进行账务处理，可在月末编制"领料汇总表"，根据汇总表进行账务处理。

对于直接用于某种产品生产的材料费用，可直接计入该产品生产成本明细账中的"直接材料"成本项目；对于由多种产品共同耗用、应由这些产品共同负担的材料费用，应采用适当的方法在各种产品之间进行分配，分别计入各种产品生产成本明细账中；对于为了提供生产条件等间接消耗的各种材料费用，应先通过"制造费用"科目进行归集，期末再同其他间接费用一起按照一定标准分配计入有关产品成本；企业行政管理部门消耗的材料费，应计入"管理费用"账户；企业销售部门消耗的材料费，应计入"销售费用"账户。

> 借：生产成本（产品生产耗用的材料）
> 　　制造费用（车间一般耗用的材料）
> 　　管理费用（行政管理部门消耗的材料）
> 　　销售费用（销售部门消耗的材料）
> 　　贷：原材料

如若企业的原材料采用计划成本核算，还应结转发出材料的成本差异，会计分录如下：

借：生产成本

制造费用

管理费用

销售费用

贷：材料成本差异（超支差异）

借：材料成本差异（节约差异）

贷：生产成本

制造费用

管理费用

销售费用

（二）职工薪酬的归集及分配

职工薪酬是指企业为获得职工提供的服务或解除劳动关系而给予各种形式的报酬或补偿，包括职工在职期间和离职之后提供给职工的全部货币性薪酬和非货币性福利。企业提供给职工配偶、子女或其他被赡养人的福利等，也属于职工薪酬。职工薪酬包括短期薪酬、离职后福利、辞退福利和其他长期职工福利。

短期薪酬是指企业职工提供相关服务的年度报告期间结束后 12 个月内需要予以支付的职工薪酬，具体包括职工工资、奖金、津贴和补贴、福利费、医疗保险费、工伤保险费和生育保险费等社会保险费，住房公积金，工会经费和职工教育经费等。对于短期职工薪酬，企业应当在职工为其提供服务的会计期间，按实际发生额确认为负债，并计入当期损益或相关资产成本。企业应当根据职工提供服务的收益对象，根据不同情况分别处理。

▶ 1. 应由生产产品、提供劳务负担的短期职工薪酬

应由生产产品、提供劳务负担的短期职工薪酬，计入产品成本或劳务成本。其中，生产工人的短期职工薪酬应借记"生产成本"科目，贷记"应付职工薪酬"科目；生产车间管理人员的短期职工薪酬属于间接费用，应借记"制造费用"科目，贷记"应付职工薪酬"科目。

当企业采用计件工资制时，生产工人的短期职工薪酬属于直接费用，应直接计入有关产品成本。当企业采用计时工资制时，对于只生产一种产品的生产工人的短期职工薪酬也属于直接费用，应直接计入产品成本；对于同时生产多种产品的生产工人的短期职工薪酬，则需采用一定的分配标准（实际生产工时或定额生产工时等）分配计入产品成本。

▶ 2. 应由在建工程、无形资产负担的短期职工薪酬

应由在建工程、无形资产负担的短期职工薪酬，计入建造固定资产或无形资产成本。

▶ 3. 除了上述两种情况之外的其他短期职工薪酬

除了上述两种情况之外的其他短期职工薪酬应计入当期损益，如企业行政管理部门人员和专设销售机构销售人员的短期职工薪酬均属于期间费用，应分别借记"管理费用""销售费用"等科目，贷记"应付职工薪酬"科目。

上述应付职工薪酬的账务处理可以归纳如下。

（1）支付应付职工薪酬时，会计分录如下：

借：应付职工薪酬——工资

贷：库存现金（或银行存款）

借：应付职工薪酬——工会经费

　　　　　　——职工教育经费

　　　　　　——职工福利费

　　　　　　——社会保险费

　　　　　　——住房公积金

　　贷：库存现金（或银行存款）

（2）分配职工薪酬时，会计分录如下：

借：生产成本（车间生产工人的职工薪酬）

　　制造费用（车间管理人员的职工薪酬）

　　在建工程（由在建工程负担的职工薪酬）

　　研发支出（由研发支出负担的职工薪酬）

　　管理费用（企业行政管理人员的职工薪酬）

　　销售费用（销售人员的职工薪酬）

　　贷：应付职工薪酬

（三）制造费用的归集及分配

制造费用是企业为生产产品发生的间接费用。制造费用在发生时一般无法直接判定其应归属的成本核算对象，因此不能直接计入产品生产成本中，而是应该先在"制造费用"账户进行归集汇总，在期末的时候按照合理的分配标准按月分配计入各成本核算对象的生产成本。企业可以采取的分配标准有机器工时法、人工工时法、人工工资法、年度计划分配率等。

▶1. 机器工时法

$$分配率 = \frac{发生的全部制造费用}{生产所有产品耗用的机器总工时}$$

某产品应负担的制造费用＝该产品的生产机器实际工时×分配率

▶2. 人工工时法

$$分配率 = \frac{发生的全部制造费用}{生产所有产品耗用的总工时}$$

某产品应负担的制造费用＝该产品的生产工人实际工时×分配率

▶3. 人工工资法

$$分配率 = \frac{发生的全部制造费用}{生产所有产品的工人总工资额}$$

某产品应负担的制造费用＝该产品的生产工人实际工资×分配率

▶4. 年度计划分配率

每月各种产品成本中的制造费用都是按年度计划分配率分配的，如果发现制造费用的实际数和产品的实际产量与计划数发生较大的差额，应及时调整年度计划分配率。

企业发生制造费用时，借记"制造费用"科目，贷记"累计折旧""银行存款""应付职工薪酬"等科目；结转或分摊时，借记"生产成本"等科目，贷记"制造费用"科目。

上述制造费用的账务处理可以归纳如下。

发生制造费用时，会计分录如下：

借：制造费用

贷：银行存款（或应付账款、原材料、累计折旧、应付职工薪酬等）

结转制造费用时，会计分录如下：

借：生产成本

贷：制造费用

（四）完工产品生产成本的计算与结转

产品的生产成本包括为了生产产品而发生的直接材料费、直接人工费和制造费用。制造费用分配至各产品的生产成本之后，在此基础上就可以进行产品的生产成本的计算。产品生产成本计算是指将企业生产过程中为制造产品所发生的各种费用按照成本计算对象进行归集和分配，以便计算各种产品的总成本和单位成本。

如果月末某种产品全部完工，该种产品生产成本明细账所归集的费用总额，就是该种完工产品的总成本，用完工产品总成本除以该种产品的完工总产量即可计算出该种产品的单位成本。如果月末某产品全部未完工，该种产品生产成本明细账所归集的费用总额就是该种产品在产品的总成本。

如果月末某种产品一部分完工，一部分未完工，这时归集在产品成本明细账中的费用总额还要采取适当的分配方法在完工产品和在产品之间进行分配，然后才能计算出完工产品的总成本和单位成本。完工产品成本的基本计算公式如下：

完工产品生产成本＝期初在产品成本＋本期发生的生产费用－期末在产品成本

当产品生产完成并验收入库时，会计分录如下：

借：库存商品

贷：生产成本

【例 5-16】安德雅有限责任公司根据发料凭证编制发料汇总表，如表 5-1 所示。

表 5-1　发出材料汇总表

用途	材料名称	数量/千克	单价/(元/千克)	金额/元	备注
生产甲产品	A 材料	200	85	17 000	
生产乙产品	B 材料	500	60	30 000	
生产丙产品	C 材料	100	30	3 000	
小计				50 000	
车间一般耗用	A 材料	20	85	1 700	
行政管理部门耗用	A 材料	10	85	850	
销售部门耗用	A 材料	5	85	425	
合计				52 975	

解析：该项经济业务的发生，一方面生产甲、乙、丙产品耗用材料，使产品生产成本增加，应计入"生产成本"账户的借方；车间一般耗用材料，使间接费用增加，计入"制造费用"账户的借方；行政管理部门耗用材料，使期间费用增加，应计入"管理费用"账户的

借方；销售部门耗用材料，同样使期间费用增加，应计入"销售费用"账户的借方。另一方面仓库发出材料，使原材料减少，应计入"原材料"账户的贷方。会计分录如下：

借：生产成本——甲产品   17 000
　　　　　——乙产品   30 000
　　　　　——丙产品   3 000
　　制造费用   1 700
　　管理费用   850
　　销售费用   425
　　贷：原材料——A材料   19 975
　　　　　　——B材料   30 000
　　　　　　——C材料   3 000

【例5-17】 安德雅有限责任公司计提本月应付职工工资850 000元，其中，甲产品生产工人工资100 000元，乙产品生产工人工资250 000元，丙产品生产工人工资50 000元，车间管理人员工资100 000元，行政管理部门人员的工资200 000元，销售部门人员的工资150 000元。

解析： 计提当期职工工资费用时，一方面使产品成本中的人工费用增加，其中，计提生产工人的工资，引起生产成本的增加，应计入"生产成本"账户的借方；计提车间管理人员的工资，使制造费用增加，应计入"制造费用"账户的借方；计提行政管理人员的工资，使期间费用增加，应计入"管理费用"账户的借方；计提销售部门人员的工资，使期间费用增加，应计入"销售费用"账户的借方。另一方面计提应付未付的工资，使企业的负债增加，应计入"应付职工薪酬"账户的贷方。会计分录如下：

借：生产成本——甲产品   100 000
　　　　　——乙产品   250 000
　　　　　——丙产品   50 000
　　制造费用   100 000
　　管理费用   200 000
　　销售费用   150 000
　　贷：应付职工薪酬——工资   850 000

【例5-18】 承例5-17，安德雅有限责任公司以银行存款支付职工工资时，会计分录如下：

借：应付职工薪酬——工资   850 000
　　贷：银行存款   850 000

【例5-19】 安德雅有限责任公司的生产车间本月发生水电费57 800元，以银行存款支付。

解析： 该项经济业务的发生，一方面引起间接费用增加，应计入"制造费用"账户的借方；另一方面，企业用银行存款支付了生产车间的水电费，使资产减少，应计入"银行存款"账户的贷方。会计分录如下：

借：制造费用   57 800
　　贷：银行存款   57 800

【例 5-20】安德雅有限责任公司以库存现金支付行政管理部门的办公用品费用 500 元，生产车间办公用品费用 300 元。

解析： 该项经济业务的发生，一方面引起期间费用增加，应计入"管理费用"账户的借方，同时，使间接费用增加，应计入"制造费用"账户的借方；另一方面，企业用库存现金支付办公用品费用，使资产减少，应计入"库存现金"账户的贷方。会计分录如下：

借：管理费用 500
　　制造费用 300
　　贷：库存现金 800

【例 5-21】安德雅有限责任公司将本月发生的制造费用按生产工人工时比例分配计入甲、乙、丙产品生产成本。甲产品生产工时为 2 000 小时，乙产品生产工时为 5 000 小时，丙产品生产工时为 1 000 小时。

解析： 对于该项经济业务，首先应计算出制造费用的总额。根据前述的相关资料，计算出本期的制造费用总额，然后按生产工人的工时比例进行分配，计算制造费用的分配率，最后确定每种产品应负担的制造费用数额。具体计算过程如下：

本期制造费用总额＝车间耗用原材料＋车间管理人员的工资＋车间水电费＋车间办公
　　　　　　　用品费用＝1 700＋100 000＋57 800＋500＝160 000（元）

制造费用分配率＝160 000÷（2 000＋5 000＋1 000）＝20
甲产品负担的制造费用＝2 000×20＝40 000（元）
乙产品负担的制造费用＝5 000×20＝100 000（元）
丙产品负担的制造费用＝1 000×20＝20 000（元）

将分配的结果计入甲产品、乙产品和丙产品的生产成本，一方面使甲产品、乙产品和丙产品的成本增加，应计入"生产成本"账户的借方；另一方面将制造费用分配数额结转至产品生产成本后，使制造费用减少，应计入"制造费用"账户的贷方。会计分录如下：

借：生产成本——甲产品 40 000
　　　　　　——乙产品 100 000
　　　　　　——丙产品 20 000
　　贷：制造费用 160 000

【例 5-22】安德雅有限责任公司将本月发生的制造费用按生产工人工资比例分配计入甲、乙、丙产品生产成本。甲产品生产工人工资为 100 000 元，乙产品生产工人工资为 250 000 元，丙产品生产工人工资为 50 000 元。

解析： 根据例 5-21 可知，本期的制造费用总额为 160 000 元。按生产工人的工资比例进行分配，计算制造费用的分配率，最后确定每种产品应负担的制造费用数额。具体计算过程如下：

制造费用分配率＝160 000÷（100 000＋250 000＋50 000）＝0.4
甲产品负担的制造费用＝100 000×0.4＝40 000（元）
乙产品负担的制造费用＝250 000×0.4＝100 000（元）
甲产品负担的制造费用＝50 000×0.4＝20 000（元）

将分配的结果分别计入甲产品、乙产品和丙产品的生产成本，一方面使甲产品、乙产品和丙产品的成本增加，应计入"生产成本"账户的借方；另一方面将制造费用分配数额结转至产品生产成本后，使制造费用减少，应计入"制造费用"账户的贷方。会计分录如下：

借：生产成本——甲产品   40 000
　　　　　　——乙产品   100 000
　　　　　　——丙产品   20 000
　　贷：制造费用   160 000

【例5-23】年末，安德雅有限责任公司生产的甲、乙和丙三种产品中，甲产品1 000件未完工，乙产品2 000件全部完工，丙产品500件全部完工，则完工产品和未完工产品的生产成本可编制成本计算表，如表5-2～表5-4所示。（制造费用按照例5-22进行分摊）。

表5-2　甲产品生产成本计算表　　　　　　　　　　　单位：元

成本项目	直接材料	直接人工	制造费用	合计
生产费用	17 000	100 000	40 000	157 000
在产品单位成本	17	100	40	157

表5-3　乙产品生产成本计算表

完工产量：2 000件　　　　　　　　　　　　　　　　单位：元

成本项目	直接材料	直接人工	制造费用	合计
生产费用	30 000	250 000	100 000	380 000
结转完工产品成本	30 000	250 000	100 000	380 000
完工产品单位成本	15	125	50	190

表5-4　丙产品生产成本计算表

完工产量：500件　　　　　　　　　　　　　　　　　单位：元

成本项目	直接材料	直接人工	制造费用	合计
生产费用	3 000	50 000	20 000	73 000
结转完工产品成本	3 000	50 000	20 000	73 000
完工产品单位成本	6	100	40	146

由于甲产品尚未完工，因此不结转其生产成本，"生产成本——甲产品"明细账户中的余额157 000元为在产品成本。

乙产品和丙产品生产完工验收入库后，其生产成本的结转会计分录如下：

借：库存商品——乙产品   380 000
　　　　　　——丙产品   73 000
　　贷：生产成本——乙产品   380 000
　　　　　　　　——丙产品   73 000

拓展阅读

固定资产是指使用寿命超过一个会计年度，为了生产商品、提供劳务、出租或经营管理而持有的，单位价值较高的有形资产，如厂房、机器设备等。企业可通过外购、自行建造、投资者投入、非货币性资产交换、债务重组、企业合并和融资租赁等方式取得固定资产。不同取得方式下，固定资产成本的具体构成内容及其确定方法也不尽相同。外购固定资产的成本包括购买价款、相关税费（不包括增值税）、使固定资产达到预定可使用状态前所发生的可归属于该项资产的运输费、装卸费、安装费和专业人员服务费等。购入固定资产时，借记"固定资产""应交税费——应交增值税（进项税额）"科目，贷记"银行存款"等科目。

固定资产在使用的过程中会发生损耗，所损耗的价值就是固定资产的折旧。企业应当按月对所有的固定资产计提折旧，但是，已提足但继续使用的固定资产、单独计价入账的土地和持有待售的固定资产除外。提足折旧是指已经提足该项固定资产的应计折旧额。当月增加的固定资产，当月不计提折旧，从下月起计提折旧；当月减少的固定资产，当月仍计提折旧，下月起不再计提折旧。提前报废的固定资产，不再补提折旧。

企业可选用的折旧方法有年限平均法、工作量法、双倍余额递减法和年数总和法等。其中，年限平均法和工作量法比较常见。

年限平均法又称直线法，是指将固定资产应计折旧额均匀地分摊在固定资产的使用寿命内的一种方法，计算公式如下：

年折旧额＝（固定资产原价－预计净残值）÷预计使用年限

年折旧率＝（固定资产原价－预计净残值）÷（预计使用年限×固定资产原价）×100%

月折旧率＝年折旧率÷12

月折旧额＝固定资产原价×月折旧率＝年折旧额÷12

工作量法是根据实际工作量计算每期应提折旧额的一种方法。计算公式如下：

单位工作量折旧额＝[固定资产原价×（1－预计净残值率）]÷预计总工作量

某项固定资产月折旧额＝该项固定资产当月工作量×单位工作量折旧额

计提固定资产折旧时，根据固定资产的用途计入相关资产的成本或者当期损益，借记"制造费用""管理费用""销售费用""研发支出""其他业务成本"等科目，贷记"累计折旧"科目。

任 务 五 销售过程的核算

销售过程是工业企业出售产品，取得销售收入的过程，是企业生产经营活动的最后一个环节，关系着企业日后的生存与发展。在销售过程中，企业要将生产过程中所完成的产成品销售出去，取得收入，获取货币资金，才能补偿产品生产的耗费，保障企业再生产过程的进行。工业企业销售过程的主要经济业务包括确认销售收入的实现、与购货单位办理货款结算、确定产品销售成本、计算流转税金、支付各项销售费用等。

一、商品销售收入的确认与计量

（一）收入的确认

商品的销售收入既是工业企业的主要经营活动，也是经营业绩的主要表现形式。对于商品收入的确认与计量，关系着企业的经营成果和财务状况能否得到准确的反映。企业销售商品收入的确认，必须同时符合以下条件。

▶ 1. 企业已将商品所有权上的主要风险和报酬转移给购货方

商品销售出去之后，如果发生的任何损失都不需要本企业承担，带来的经济利益也不归本企业所有，则意味着该商品所有权上的风险和报酬已转移出本企业。

▶ 2. 企业既没有保留通常与所有权相联系的继续管理权，也没有对已售出的商品实施有效控制

企业将商品所有权上的主要风险和报酬转移给购货方后，如果仍然保留通常与所有权相联系的继续管理权，或仍然对所出售的商品实施控制，则该项销售不成立，不能够确认相应的收入。

▶ 3. 收入的金额能够可靠地计量

收入的金额能够可靠地计量，是指收入的金额能够合理地估计。如果收入的金额不能够合理估计就无法确认收入。

▶ 4. 相关的经济利益很可能流入企业

经济利益是指直接或间接流入企业的现金或现金等价物。在商品的销售过程中，与此相关的经济利益即为销售商品的价款。收入确认的一个重要条件就是销售商品的价款有没有把握收回。企业在销售商品时，如果估计收回货款的可能性不大，即使收入确认的其他条件均已满足，也不应确认收入。

▶ 5. 相关已发生的成本或将发生的成本能够可靠地计量

与收入相关的成本能否可靠地计量是收入确认必不可少的条件。企业在销售商品时，如果成本不能可靠地计量，即使其他条件均已满足，相关的收入也不能确认。如果已收到货款，但是相关的成本不能可靠地计量，收到的货款应确认为一项负债。

企业销售商品应同时满足上述五个条件，才能确认收入，任何一个条件没有满足，即使收到货款，也不能确认收入。

（二）商品销售收入的计量

销售商品收入的金额应根据企业与购货方签订的合同或协议金额确定，但不包括向第三方代收的款项(向第三方代收的款项计入"其他应付款"账户)。

拓展阅读

1. 现金折扣

现金折扣是指债权人为鼓励债务人在规定的期限内付款，而向债务人提供的债务扣除。现金折扣通常发生在以赊销方式销售商品及提供劳务交易中。现金折扣发生时，计入财务费用。一般用符号"折扣率/付款期限"表示。例如，"210, 120, N/30"表示买方在10天内付款可按售价享受2％的折扣，在11～20天内付款按售价享受1％的折扣，在21～30天内付款则不享受折扣。

2. 商业折扣

商业折扣是指企业为促进销售而在商品标价上给予的价格扣除。商业折扣发生在销售业务之时，并不构成最终成交价格的一部分。企业销售涉及商业折扣的，应当按照扣除商

业折扣后的金额确认销售商品收入。

3．销售折让

销售折让是指销货企业因售出商品的质量不合格等原因在售价上给予的减让，其实质是原销售额的减少。销售折让如果发生在确认收入之前，按商业折扣处理；如果发生在确认收入之后，通常应当在发生时冲减放弃销售商品的收入。

二、账户设置

（一）"主营业务收入"账户

"主营业务收入"账户属于损益类账户，用于核算企业确认的销售商品、提供劳务等主营业务的收入。

该账户贷方登记企业实现的商品销售收入或劳务收入，即收入的增加额；借方登记期末转入"本年利润"账户的主营业务收入（按净额结转），以及发生销售退回和销售折让时应冲减本期的主营业务收入。期末结转后，该账户无余额。

该账户应按照主营业务的种类设置明细账户，进行明细分类核算。

（二）"其他业务收入"账户

"其他业务收入"账户属于损益类账户，用于核算企业确认的除主营业务活动以外的其他经营活动实现的收入，包括出售原材料、出租固定资产、出租无形资产、出租包装物和包装物租金退回等。

该账户贷方登记企业实现的其他业务收入，及其他业务收入的增加额；借方登记期末转入"本年利润"账户的其他业务收入。期末结转后，该账户无余额。

该账户应按照其他业务的种类设置明细账户，进行明细分类核算。

（三）"主营业务成本"账户

"主营业务成本"账户属于损益类账户，用于核算企业确认销售商品、提供劳务等主营业务收入时应结转的成本。

该账户借方登记主营业务发生的实际成本，贷方登记期末转入"本年利润"账户的主营业务成本。期末结转后，该账户无余额。

该账户应按照主营业务的种类设置明细账户，进行明细分类核算。

（四）"其他业务成本"账户

"其他业务成本"账户属于损益类账户，用于核算企业确认的除主营业务活动以外的其他经营活动所发生的支出，包括销售材料的成本、出租固定资产的折旧额、出租无形资产的摊销额、出租包装物的成本或摊销额等。

该账户借方登记其他业务发生的实际成本，贷方登记期末转入"本年利润"账户的其他业务成本。期末结转后，该账户无余额。

该账户应按照其他业务的种类设置明细账户，进行明细分类核算。

（五）"应收账款"账户

"应收账款"账户属于资产类账户，用于核算企业因销售商品、提供劳务等而形成的应收款项。

该账户借方登记由于销售商品以及提供劳务等发生的应收账款，包括应收取的价款、税费和代垫款等；贷方登记已经收回的应收账款。期末余额通常在借方，反映企业尚未收回的应收账款；如果期末余额在贷方，反映企业预收的账款。

该账户应按不同的债务人进行明细分类核算。

（六）"预收账款"账户

"预收账款"账户属于负债类账户，用于核算企业按照合同规定预收的款项。预收账款情况不多的，也可以不设置本账户，将预收的款项直接计入"应收账款"账户。

该账户贷方登记企业向购货单位预收的款项等，借方登记销售实现时按实现的收入转销的预收款项等。期末余额在贷方，反映企业预收的款项；期末余额在借方，反映企业已转销但尚未收取的款项。

该账户可按购货单位进行明细核算。

（七）"应收票据"账户

"应收票据"账户属于资产类账户，用于核算企业因销售商品、提供劳务等而收到的商业汇票。

该账户借方登记企业收到的应收票据，贷方登记票据到期收回的应收票据。期末余额在借方，反映企业持有的商业票据的票面金额。

该账户可按开出、承兑商业汇票的单位进行明细核算。

（八）"税金及附加"账户

"税金及附加"账户属于损益类账户，用于核算企业经营活动发生的消费税、城市维护建设税、资源税、教育费附加及房产税、土地使用税、车船使用税、印花税等相关税费。这里有以下三个方面需要注意的地方：①全面试行营业税改征增值税后，没有了营业税，也就没有营业税的核算，所以之前的"营业税金及附加"科目名称调整为"税金及附加"科目；②以前房产税、车船税、土地使用税、印花税在"管理费用"等账户核算，不在"税金及附加"账户核算；③房地产企业销售产品应纳的土地增值税也在此科目中核算。

该账户借方登记企业应按规定计算确定的与经营活动相关的税费，贷方登记期末转入"本年利润"账户的与经营活动相关的税费。期末结转后，该账户无余额。

（九）"坏账准备"账户

"坏账准备"账户属于备抵账户，用于核算应收款项的坏账准备计提、转销等情况。

该账户借方登记企业实际发生的坏账损失和无法收回而转销的坏账准备，贷方登记企业当期计提的坏账准备金额和已确认并转销的应收款项以后又收回的金额。期末余额一般在贷方，反映企业已计提但尚未转销的坏账准备。

▌三、账务处理

（一）主营业务收入的账务处理

企业销售商品或提供劳务实现的收入，应按实际收到、应收或预收的金额，借记"银行存款""应收账款""应收票据"和"预收账款"等科目；按确认的营业收入，贷记"主营业务收入"科目。

对于增值税销项税额，一般纳税人应贷记"应交税费——应交增值税（销项税额）"科目；小规模纳税人应贷记"应交税费——应交增值税"科目。

▶ 1. 现销的会计分录

借：银行存款
　　贷：主营业务收入
　　　　应交税费——应交增值税（销项税额）

▶ 2. 赊销的会计分录

借：应收账款或应收票据等账户
　　贷：主营业务收入
　　　　应交税费——应交增值税（销项税额）

▶ 3. 预销的会计分录

（1）收到预收款时：

借：银行存款
　　贷：预收账款

（2）实现销售时：

借：预收账款
　　贷：主营业务收入
　　　　应交税费——应交增值税（销项税额）

（3）退还多余的货款时：

借：预收账款
　　贷：银行存款

（4）收到补付的货款时：

借：银行存款
　　贷：预收账款

▶ 4. 核算销售费用的会计分录

借：销售费用
　　贷：银行存款或库存现金等账户

（二）主营业务成本的账务处理

期（月）末，企业应根据本期（月）销售各种商品、提供各种劳务等实际成本，计算应结转的主营业务成本，借记"主营业务成本"科目，贷记"库存商品""劳务成本"等科目。

采用计划成本或售价核算库存商品的，平时的营业成本按计划成本或售价结转。月末，还应结转本月销售商品应分摊的产品成本差异或商品进销差价。

借：主营业务成本
　　贷：库存商品

（三）其他业务收入与成本的账务处理

主营业务和其他业务的划分不是绝对的，一个企业的主营业务可能是另一个企业的其他业务，即便在同一企业，不同期间的主营业务和其他业务的内容也不是固定不变的。

当企业发生其他业务收入时，借记"银行存款""应收账款""应收票据"和"预收账款"等科目，按确认的收入金额，贷记"其他业务收入"科目，同时确认有关税金；在结转其他业务收入的同一会计期间，企业应根据本期应结转的其他业务成本金额，借记"其他业务成本"科目,贷记"原材料""累计折旧""累计摊销""应付职工薪酬"等科目。

▶ 1. 确认其他业务收入时的会计分录

借:银行存款

　　贷:其他业务收入

　　　　应交税费——应交增值税(销项税额)

▶ 2. 确认其他业务成本时的会计分录

借:其他业务成本

　　贷:原材料、累计折旧、累计摊销和应付职工薪酬等科目

(四) 应收账款的账务处理

▶ 1. 应收账款发生时的会计分录

应收账款通常按应收的合同或协议价款作为初始确认金额:

借:应收账款

　　贷:主营业务收入

　　　　应交税费——应交增值税(销项税额)

▶ 2. 应收账款收回时的会计分录

借:银行存款

　　贷:应收账款

▶ 3. 计提坏账准备时的账务处理

坏账是指无法收回或收回可能性极小的应收款项。企业在资产负债表日应当对应收款项进行减值测试,对可能收不回的应收账款(或其他应收款)计提坏账准备,当期应计提坏账准备的计算方法如下:

当期应计提坏账准备=当期期末应收款项余额×坏账准备计提率-(或+)计提本期坏账准备前"坏账准备"科目的贷方(借方)余额

(1)当期应计提的坏账准备金额大于0时,会计分录如下:

借:资产减值损失

　　贷:坏账准备

(2)当期应计提的坏账准备金额小于0时,会计分录如下:

借:坏账准备

　　贷:资产减值损失

(3)对于确实无法收回的应收账款,按管理权限经批准后作为坏账损失:

借:坏账准备

　　贷:应收账款

(4)已确认并转销的应收款项以后又收回的,应当按照实际收到的金额增加坏账准备的账面余额:

借:银行存款

　　贷:坏账准备

(五) 税金及附加的账务处理

计提税金及附加时,会计分录如下:

借：税金及附加

　　贷：应交税费——应交城市维护建设税

　　　　　　　　——应交教育费附加

　　　　　　　　——应交消费税等

【例 5-24】 安德雅有限责任公司为增值税一般纳税人，销售甲产品 1 000 件，每件 250 元，增值税税额为 42 500 元，商品已经发出，款项已存入银行。

解析： 该项经济业务的发生，一方面引起企业销售收入的增加，计入"主营业务收入"账户的贷方，同时增值税作为销项税额，计入"应交税费"账户的贷方；另一方面款项已存入银行，使银行存款增加，计入"银行存款"账户的借方。会计分录如下：

借：银行存款　　　　　　　　　　　　　　　　　　292 500

　　贷：主营业务收入　　　　　　　　　　　　　　　　250 000

　　　　应交税费——应交增值税（销项税额）　　　　　42 500

【例 5-25】 安德雅有限责任公司销售乙产品 1 800 件，每件售价 300 元，增值税税额为 91 800 元，商品已经发出，款项尚未收到。

解析： 该项经济业务的发生，一方面引起企业销售收入的增加，计入"主营业务收入"账户的贷方，同时增值税作为销项税额，计入"应交税费"账户的贷方；另一方面款项尚未收到，使应收账款增加，计入"应收账款"账户的借方。会计分录如下：

借：应收账款　　　　　　　　　　　　　　　　　　631 800

　　贷：主营业务收入　　　　　　　　　　　　　　　　540 000

　　　　应交税费——应交增值税（销项税额）　　　　　91 800

【例 5-26】 安德雅有限责任公司销售 300 件丙产品，每件售价 200 元，增值税税额为 10 200 元，商品已发出，收到购货单位开出并承兑的商业汇票 70 200 元。

解析： 该项经济业务的发生，一方面引起企业销售收入的增加，计入"主营业务收入"账户的贷方，同时增值税作为销项税额，计入"应交税费"账户的贷方；另一方面收到购货单位开出并承兑的商业汇票，使应收票据增加，计入"应收票据"账户的借方。会计分录如下：

借：应收票据　　　　　　　　　　　　　　　　　　70 200

　　贷：主营业务收入　　　　　　　　　　　　　　　　60 000

　　　　应交税费——应交增值税（销项税额）　　　　　10 200

【例 5-27】 安德雅有限责任公司结转已销售的甲产品 1 000 件，乙产品 1 800 件，丙产品 300 件的销售成本。甲产品实际单位生产成本为 157 元，乙产品实际单位生产成本为 190 元，丙产品实际单位生产成本为 146 元。

解析： 该项经济业务的发生，一方面使已销售的商品成本增加，计入"主营业务成本"账户的借方；另一方面引起库存商品减少，计入"库存商品"账户的贷方。会计分录如下：

借：主营业务成本　　　　　　　　　　　　　　　　542 800

　　贷：库存商品——甲产品　　　　　　　　　　　　157 000

　　　　　　　　——乙产品　　　　　　　　　　　　342 000

　　　　　　　　——丙产品　　　　　　　　　　　　 43 800

【例 5-28】 泰华公司向安德雅有限责任公司订购乙产品 200 件，安德雅有限责任公司收到其预付款 80 000 元，已存入银行。

解析： 该项经济业务的发生，一方面引起资产的增加，计入"银行存款"账户的借方；另一方面引起预收账款的增加，计入"预收账款"账户的贷方。会计分录如下：

借：银行存款   80 000

  贷：预收账款   80 000

【例5-29】安德雅有限责任公司向泰华公司发出200件乙产品，并开出增值税专用发票，增值税专用发票上注明的售价为60 000元，增值税税额为10 200元，销售成本为38 000元。

解析： 该项经济业务的发生，引起企业销售收入的增加，计入"主营业务收入"账户的贷方，增值税作为销项税额，计入"应交税费"账户的贷方；同时冲减之前预收的货款，计入"预收账款"账户的借方。会计分录如下：

借：预收账款   70 200

  贷：主营业务收入   60 000

    应交税费——应交增值税（销项税额） 10 200

结转乙产品的销售成本，使已销售的商品成本增加，计入"主营业务成本"账户的借方；同时引起库存商品减少，计入"库存商品"账户的贷方。会计分录如下：

借：主营业务成本   38 000

  贷：库存商品   38 000

【例5-30】安德雅有限责任公司退回多收泰华公司的预收账款9 800元，会计分录如下：

借：预收账款   9 800

  贷：银行存款   9 800

【例5-31】安德雅有限责任公司为了宣传新产品，发生广告费8 000元，以银行存款支付。

解析： 该项经济业务的发生，引起期间费用的增加，计入"销售费用"账户的借方；同时引起资产的减少，计入"银行存款"账户的贷方。会计分录如下：

借：销售费用   8 000

  贷：银行存款   8 000

【例5-32】安德雅有限责任公司将生产剩余的500千克B材料销售给某公司，单价80元，已开出增值税专用发票，价款40 000元，增值税税额6 800元，销售成本为30 000元。材料已发出，同时收到款项。

解析： 销售原材料的收入计入"其他业务收入"账户。将材料销售出去时，引起企业销售收入的增加，计入"其他业务收入"账户的贷方，增值税作为销项税额，计入"应交税费"账户的贷方；同时款项已收到，引起资产增加，计入"银行存款"账户的借方。会计分录如下：

借：银行存款   46 800

  贷：其他业务收入   40 000

    应交税费——应交增值税（销项税额） 6 800

结转材料的销售成本，使已销售的材料成本增加，计入"其他业务成本"账户的借方；同时引起原材料减少，计入"原材料"账户的贷方。会计分录如下：

借：其他业务成本   30 000

  贷：原材料——B材料   30 000

【例5-33】安德雅有限责任公司本月应缴纳城市维护建设税2 500元，教育费附加1 200元。

解析：此项经济业务的发生，引起税金及附加增加，计入"税金及附加"账户的借方；同时城市维护建设税及教育费附加尚未缴纳，应计入"应交税费"账户的贷方。会计分录如下：

借：税金及附加　　　　　　　　　　　　　　　　　　　　　　3 700
　　贷：应交税费——应交城市维护建设税　　　　　　　　　　　　2 500
　　　　　　　　　——应交教育费附加　　　　　　　　　　　　　1 200

【例5-34】安德雅有限责任公司年末应收账款余额为135 000元，"坏账准备"账户余额为0元，年末按应收账款余额的5%计提坏账准备。

解析：当期应计提的坏账准备＝135 000×5%＝6 750(元)，会计分录如下：

借：资产减值损失　　　　　　　　　　　　　　　　　　　　　6 750
　　贷：坏账准备　　　　　　　　　　　　　　　　　　　　　　　6 750

任务六　财务成果形成的核算

一、财务成果的形成

企业的经营成果一般用综合收益表示，综合收益包括营业利润、利润总额、净利润和综合收益总额，它是对企业生产经营获得经济效益和资金使用效果的一种综合反映。

(一) 营业利润

营业利润是企业在其经营业务范围内所获得的利润。营业利润这一指标能够比较恰当地反映企业管理者的经营业绩，计算公式如下：

营业利润＝营业收入－营业成本－税金及附加－期间费用(管理费用＋销售费用＋财务费用)－资产减值损失＋公允价值变动收益(－公允价值变动损失)＋投资收益(－投资损失)

其中：

营业收入＝主营业务收入＋其他业务收入

营业成本＝主营业务成本＋其他业务成本

(二) 利润总额

利润总额是指企业的税前会计利润，等于营业利润加上营业外收入减去营业外支出，计算公式如下：

利润总额＝营业利润＋营业外收入－营业外支出

营业外收入是指企业发生的与其日常活动无直接关系的各项利得，如捐赠利得、政府补助等。

营业外支出是指企业发生的与其日常活动无直接关系的各项损失，如公益性捐赠支出、非常损失、罚款支出等。

（三）净利润

净利润又称税后利润，是利润总额扣除所得税费用后的净额，计算公式如下：

$$净利润＝利润总额－所得税费用$$

所得税费用是指企业按税法的规定缴纳所得税而产生的费用。

（四）综合收益总额

综合收益总额项目反映净利润和其他综合收益扣除所得税影响后的净额相加之后的合计金额，计算公式如下：

$$综合收益总额＝净利润＋其他综合收益的税后净额$$

其他综合收益是指企业根据《企业会计准则》相关规定未在当期损益中确认的各项利得和损失。

二、账户设置

（一）"投资收益"账户

"投资收益"账户属于损益类账户，用于核算企业确认的投资收益或投资损失。

该账户贷方登记实现的投资收益和期末转入"本年利润"账户的投资净损失，借方登记发生的投资损失和期末转入"本年利润"账户的投资净收益。期末结转后，该账户无余额。

该账户可按投资项目设置明细账户，进行明细分类核算。

（二）"营业外收入"账户

"营业外收入"账户属于损益类账户，用于核算企业发生的各项营业外收入，主要包括非流动资产处置利得、非货币性资产交换利得、债务重组利得、政府补助、盘盈利得、捐赠利得等。

该账户贷方登记取得的各项营业外收入，借方登记期末转入"本年利润"账户的金额。期末结转后，该账户无余额。

（三）"营业外支出"账户

"营业外支出"账户属于损益类账户，用于核算企业发生的各项营业外支出，主要包括非流动资产处置损失、非货币性资产交换损失、债务重组损失、公益性捐赠支出、非常损失、盘亏损失等。

该账户借方登记发生各项营业外支出的实际发生数，贷方登记期末转入"本年利润"账户的金额。期末结转后，该账户无余额。

（四）"所得税费用"账户

"所得税费用"账户属于损益类账户，用于核算企业确认的应从当期利润总额中扣除的所得税费用。

该账户借方登记企业发生的所得税费用，贷方登记期末转入"本年利润"账户的金额。期末结转后，该账户无余额。

（五）"本年利润"账户

为了计算企业利润的形成情况，期末应将损益类会计科目转入"本年利润"账户。该账户属于所有者权益类账户，用于核算企业当期实现的净利润（或发生的净亏损）。企业期（月）末结转利润时，应将各损益类账户的金额转入本账户，结平各损益类账户。

该账户贷方登记企业期（月）末转入的主营业务收入、其他业务收入、营业外收入、公允价值变动收益和投资收益等，借方登记企业期（月）末转入的主营业务成本、税金及附加、其他业务成本、管理费用、财务费用、销售费用、营业外支出、投资损失、公允价值变动损失和所得税费用等。上述结转完成后，余额如在贷方，即为当期实现的净利润；余额如在借方，即为当期发生的净亏损。年度终了，应将本年收入和支出相抵后结出的本年实现的净利润（或发生的净亏损）转入"利润分配——未分配利润"的贷方（或借方），结转后本账户无余额。

三、账务处理

（一）营业外收入的账务处理

收到营业外收入时，会计分录如下：

借：银行存款
　　贷：营业外收入

（二）营业外支出的账务处理

支付营业外支出时，会计分录如下：

借：营业外支出
　　贷：银行存款

（三）期末结转损益类账户

（1）期（月）末将收入类账户余额转入"本年利润"时，会计分录如下：

借：主营业务收入
　　其他业务收入
　　投资收益（净收益）
　　公允价值变动收益（净收益）
　　营业外收入
　　贷：本年利润

（2）期（月）末将费用类账户余额转入"本年利润"时，会计分录如下：

借：本年利润
　　贷：主营业务成本
　　　　其他业务成本
　　　　税金及附加
　　　　管理费用
　　　　销售费用
　　　　财务费用
　　　　资产减值损失
　　　　营业外支出
　　　　投资收益（净损失）
　　　　公允价值变动损失（净损失）

（3）计算利润总额：

$$利润总额＝本年利润贷方－本年利润借方$$

（4）应交所得税的账务处理如下。

① 应纳税所得额的计算公式如下：

$$应纳税所得额＝利润总额＋纳税调整增加额－纳税调整减少额$$

式中，纳税调整增加额主要包括按照《企业会计准则》规定已确认为当期费用或损失，但税法规定不允许税前扣除的费用或损失，如税法规定不允许扣除的税收滞纳金、行政罚款、超过规定标准的业务招待费、广告费等；纳税调整减少额主要包括税法规定的不征税收入和允许弥补的亏损，如国债的利息收入。

② 应交所得税额计算公式如下：

$$应交所得税税额＝应纳税所得额×所得税税率$$

③ 计算企业当期应交所得税时，会计分录如下：

借：所得税费用
　　贷：应交税费——应交所得税

④ 结转所得税费用时，会计分录如下：

借：本年利润
　　贷：所得税费用

⑤ 实际缴纳企业应交所得税时，会计分录如下：

借：应交税费——应交所得税
　　贷：银行存款

⑥ 年度终了，应将本年收入和支出相抵后结出的本年实现的净利润（或发生的净亏损）转入"利润分配——未分配利润"的贷方（或借方）。

当期实现净利润时，会计分录如下：

借：本年利润
　　贷：利润分配——未分配利润

当期发生净亏损时，会计分录如下：

借：利润分配——未分配利润
　　贷：本年利润

【例 5-35】安德雅有限责任公司收到政府的补助收入 20 000 元，已存入银行。

解析： 该项经济业务的发生，引起银行存款增加，计入"银行存款"账户的借方；同时，政府补助收入应作为营业外收入，计入"营业外收入"账户的贷方。会计分录如下：

借：银行存款　　　　　　　　　　　　　　　　　　　　　　20 000
　　贷：营业外收入　　　　　　　　　　　　　　　　　　　　　　20 000

【例 5-36】安德雅有限责任公司以银行存款支付税收罚款 1 000 元。

解析： 该项经济业务的发生，引起银行存款减少，计入"银行存款"账户的贷方；同时，税收罚款应作为营业外支出，计入"营业外支出"账户的借方。会计分录如下：

借：营业外支出　　　　　　　　　　　　　　　　　　　　　　1 000
　　贷：银行存款　　　　　　　　　　　　　　　　　　　　　　　1 000

【例 5-37】安德雅有限责任公司本年末各损益类账户结转前余额如表 5-5 所示。

表 5-5　损益类账户结转前余额表　　　　　　　单位：元

账户名称	借方发生额	贷方发生额
主营业务收入		500 000
主营业务成本	350 000	
其他业务收入		100 000
其他业务成本	56 000	
税金及附加	5 000	
管理费用	65 000	
财务费用	15 000	
销售费用	5 000	
投资收益		265 000
营业外收入		35 000
营业外支出	4 000	

年末，应将企业本期的各项收入、收益转入"本年利润"账户的贷方，同时将企业本期各项成本、费用、支出等转入"本年利润"账户的借方。会计分录如下：

```
借：主营业务收入                                    500 000
    其他业务收入                                    100 000
    投资收益                                        265 000
    营业外收入                                       35 000
    贷：本年利润                                            900 000
借：本年利润                                        500 000
    贷：主营业务成本                                        350 000
        其他业务成本                                         56 000
        税金及附加                                            5 000
        管理费用                                             65 000
        财务费用                                             15 000
        销售费用                                              5 000
        营业外支出                                            4 000
```

【例 5-38】安德雅有限责任公司企业所得税税率为 25%，假设没有纳税调整和递延所得税，计算应缴纳的所得税税额，并进行结转。

解析：利润总额＝本年利润贷方－本年利润借方＝900 000－500 000＝400 000（元）

应交企业所得税＝400 000×25%＝100 000（元）

```
借：所得税费用                                      100 000
    贷：应交税费——应交所得税                                100 000
```

借：本年利润　　　　　　　　　　　　　　　　　　　　　　　　100 000
　　贷：所得税费用　　　　　　　　　　　　　　　　　　　　　　　100 000
企业的净利润＝利润总额－所得税费用＝400 000－100 000＝300 000(元)

任 务 七　财务成果分配的核算

一、财务成果分配

利润分配是指企业根据国家有关规定和企业章程、投资者协议等，对企业当年可供分配利润指定其特定用途和分配给投资者的行为。利润分配的过程和结果不仅关系到每个投资者的合法权益是否得到保障，而且还关系到企业的未来发展。对于会计初学者来说，企业其他综合收益相对复杂，本书用净利润作为可供分配的收益。

企业进行利润分配之前，应根据本年净利润(或亏损)与年初未分配利润(或亏损)、其他转入的金额(如盈余公积弥补亏损)等项目，计算可供分配的利润，计算公式如下：

可供分配的利润＝净利润(或亏损)＋年初未分配利润－弥补以前年度亏损＋其他转入的金额

如果可供分配的利润为负数(即累计亏损)，则不能进行后续分配；如果可供分配的利润为正数(即累计盈利)，则可进行后续分配。

根据现行规定，企业当年实现的净利润一般应按照以下顺序分配。

▶1. 提取法定盈余公积

根据《公司法》相关规定，公司制企业按照当年净利润(抵减年初累计亏损后)的10%比例提取，非公司制企业也可按照超过10%的比例提取。法定盈余公积累计提取额为公司注册资本的50%以上时，可不再提取。

公司法定盈余公积不足以弥补以前年度亏损的，应在提取法定盈余公积之前用当年利润弥补。

▶2. 提取任意盈余公积

公司提取法定盈余公积后，经股东会或股东大会决议，还可以从净利润中提取任意盈余公积。

▶3. 向投资者分配利润(或股利)

公司弥补亏损和提取盈余公积后所余税后利润，可按照投资者实缴的出资比例分配红利，但有固定约定或者公司章程有规定的除外。

可供投资者分配的利润＝可供分配的利润－提取的盈余公积

企业可采用现金股利、股票股利和财产股利等形式向投资者分配利润(或股利)。

二、账户设置

企业通常设置以下账户对利润分配业务进行会计核算。

（一）"利润分配"账户

"利润分配"账户属于所有者权益类账户，用于核算企业利润的分配（或亏损的弥补）和历年分配（或弥补亏损）后的余额。该账户借方登记实际分配的利润额，包括提取的盈余公积和分配给投资者的利润，以及年末从"本年利润"账户转入的全年发生的净亏损；贷方登记用盈余公积弥补的亏损额等其他转入数，以及年末从"本年利润"账户转入的全年实现的净利润。年末，应将"利润分配"账户下的其他明细账户的余额转入"未分配利润"明细账户。结转后，除"未分配利润"明细账户可能有余额外，其他各个明细账户均无余额。"未分配利润"明细账户的贷方余额为历年累积的未分配利润（即可供以后年度分配的利润），借方余额为历年累积的未弥补亏损（即留待以后年度弥补的亏损）。

该账户应当按照"提取法定盈余公积""提取任意盈余公积""应付现金股利或利润""转作股本的股利""盈余公积补亏"和"未分配利润"等进行明细核算。

（二）"盈余公积"账户

"盈余公积"账户属于所有者权益类账户，用于核算企业从净利润中提取的盈余公积。

该账户贷方登记提取的盈余公积，即盈余公积的增加额；借方登记实际使用的盈余公积，即盈余公积的减少额。期末余额在贷方，反映企业结余的盈余公积。

该账户应按照"法定盈余公积""任意盈余公积"进行明细核算。

（三）"应付股利"账户

"应付股利"账户属于负债类账务，用于核算企业分配的现金股利或利润。

该账户贷方登记应付给投资者的股利或利润，借方登记实际支付给投资者的股利或利润，即应付股利的减少额。期末余额在贷方，反映企业应付未付的现金股利或利润。

该账户可按投资者进行明细核算。

三、账务处理

（一）将"本年利润"账户余额转入"利润分配——未分配利润"账户

（1）企业盈利时，会计分录如下：

借：本年利润
　　贷：利润分配——未分配利润

（2）企业亏损时，会计分录如下：

借：利润分配——未分配利润
　　贷：本年利润

（二）提取盈余公积

提取盈余公积，会计分录如下：

借：利润分配——提取法定盈余公积
　　　　　　　——提取任意盈余公积
　　贷：盈余公积——法定盈余公积
　　　　　　　——任意盈余公积

（三）向投资者分配利润或股利

（1）企业根据股东大会或类似机构审议批准的利润分配方案，分配现金股利或利润，会计分录如下：

  借：利润分配——应付现金股利

    贷：应付股利

  （2）以股票股利转作股本的金额，会计分录如下：

  借：利润分配——转作股本股利

    贷：股本

董事会或类似机构通过的利润分配方案中拟分配的现金股利或利润，不做账务处理，但应在附注中披露。

（四）盈余公积补亏

企业发生的亏损，除用当年实现的净利润弥补外，还可使用累积的盈余公积弥补。以盈余公积弥补亏损时，会计分录如下：

  借：盈余公积

    贷：利润分配——盈余公积补亏

（五）企业未分配利润的形成

年度终了，企业应将"利润分配"账户所属其他明细账户的余额转入该账户"未分配利润"明细账户。结转后，"利润分配"账户中除"未分配利润"明细账户外，所属其他明细账户无余额。"未分配利润"明细账户的贷方余额表示累计未分配的利润，该账户如果出现借方余额，则表示累计未弥补的亏损。会计分录如下：

  借：利润分配——未分配利润

    贷：利润分配——提取法定盈余公积

        ——提取任意盈余公积

        ——应付现金股利

        ——转作股本股利

【例 5-39】 年末，安德雅有限责任公司将本年实现的净利润 300 000 元转入"利润分配——未分配利润"账户。

  借：本年利润   300 000

    贷：利润分配——未分配利润   300 000

【例 5-40】 根据全年实现的净利润 300 000 元，安德雅有限责任公司按 10% 提取法定盈余公积，按 5% 提取任意盈余公积。

  解析： 该项经济业务的发生，引起企业盈余公积的增加，计入"盈余公积"账户的贷方；同时，利润分配减少，计入"利润分配"账户的借方。会计分录如下：

  借：利润分配——提取法定盈余公积   30 000

        ——提取任意盈余公积   15 000

    贷：盈余公积——法定盈余公积   30 000

        ——任意盈余公积   15 000

【例 5-41】 安德雅有限责任公司决定向投资者分配利润 35 000 元。

  解析： 该项经济业务的发生，引起负债增加，计入"应付股利"账户的贷方；同时，利润分配账户减少，计入"利润分配"账户的借方。会计分录如下：

  借：利润分配——应付股利   35 000

　　　　贷：应付股利　　　　　　　　　　　　　　　　　　　　　　35 000

　　【例 5-42】年末，安德雅有限责任公司将"利润分配"账户下其他明细账户的期末余额转入"利润分配——未分配利润"明细账户。

　　　　借：利润分配——未分配利润　　　　　　　　　　　　　　80 000
　　　　　　贷：利润分配——提取法定盈余公积　　　　　　　　　　30 000
　　　　　　　　　　　　——提取任意盈余公积　　　　　　　　　　15 000
　　　　　　　　　　　　——应付股利　　　　　　　　　　　　　　35 000

任务八　资金退出的核算

　　在企业生产经营过程中，除了资金筹集业务、采购业务、产品生产业务、销售业务、财务成果形成业务、财务成果分配业务之外，还会发生资金退出业务，如缴纳税费、偿还债务和分配利润。

　　【例 5-43】安德雅有限责任公司用银行存款支付增值税 26 000 元，城市维护建设税 1 200 元，教育费附加 1 000 元。

　　解析： 该项经济业务的发生，引起银行存款减少，应计入"银行存款"账户的贷方；同时，缴纳税费之后，应交税费减少，计入"应交税费"的借方。会计分录如下：

　　　　借：应交税费——应交增值税(已交税金)　　　　　　　　26 000
　　　　　　　　　　　　——应交城市维护建设税　　　　　　　　　1 200
　　　　　　　　　　　　——应交教育费附加　　　　　　　　　　　1 000
　　　　　　贷：银行存款　　　　　　　　　　　　　　　　　　　28 200

　　【例 5-44】安德雅有限责任公司用银行存款偿还长期借款 3 000 000 元，短期借款 100 000 元。

　　解析： 该项经济业务的发生，一方面引起资产的减少，计入"银行存款"账户的贷方；另一方面引起企业的长期借款和短期借款的减少，分别计入"长期借款"账户和"短期借款"账户的借方。会计分录如下：

　　　　借：长期借款　　　　　　　　　　　　　　　　　　　3 000 000
　　　　　　短期借款　　　　　　　　　　　　　　　　　　　　100 000
　　　　　　贷：银行存款　　　　　　　　　　　　　　　　　　3 100 000

　　【例 5-45】安德雅有限责任公司用银行存款向投资者支付股利 35 000 元。

　　解析： 该项经济业务的发生，引起银行存款减少，计入"银行存款"账户的贷方；同时，引起负债减少，计入"应付股利"账户的借方。会计分录如下：

　　　　借：应付股利　　　　　　　　　　　　　　　　　　　　35 000
　　　　　　贷：银行存款　　　　　　　　　　　　　　　　　　　35 000

拓展阅读

　　某会计事务所的注册会计师李某受税务局的委托，对西南公司 2017 年度的销售收入进行审计，在审计的过程中发现本年度的销售收入比上年明显减少，而在前期调查中了解到西南公司在本年度的生产销售情况是公司自成立以来最好的，李某怀疑销售业务的真实性。于是，他抽查了3月份、6月份、9月份和12月份的相关记账凭证和原始凭证，发现原始凭证中有销货发票的记账联、销售合同以及商品的出库单，而记账凭证中反映的却是"应付账款"，共计1 000 000元。针对这种情况，李某询问了有关的当事人，并向应付账款的对方企业进行函证，结果发现西南公司是将企业正常的销售收入反映在"应付账款"中，作为其他企业的暂存款进行了处理。

思考： 西南公司此项经济业务应如何进行正确的会计处理？

模块小结

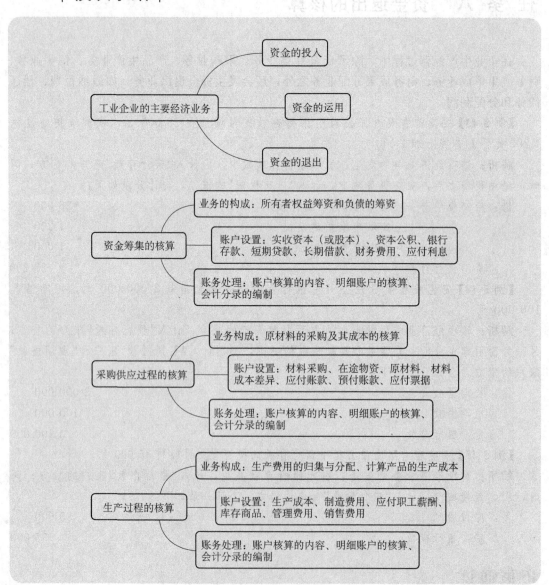

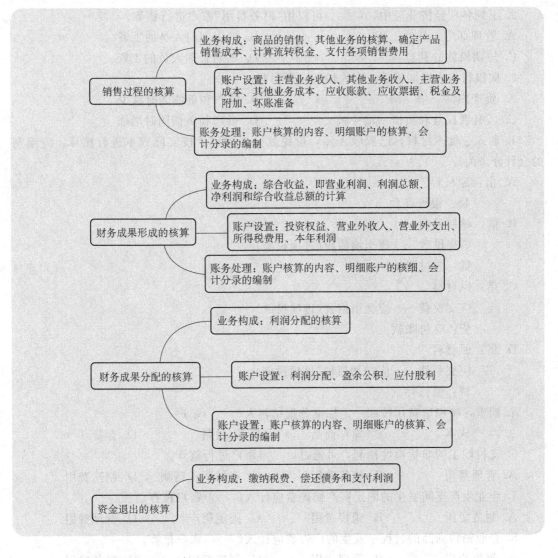

思考与练习

一、思考题

1. 简述工业企业主要经济业务的内容。

2. 简述材料采购成本的计量。

3. 简述在计划成本方法下，"原材料""材料采购""材料成本差异"三个账户之间的关系以及运用方法。

4. 生产过程的核算主要设置哪些账户？如何进行账户处理？

5. 销售过程的核算主要设置哪些账户？如何进行账户处理？

6. 简述财务成果分配的过程。

二、单项选择题

1. ( )是企业从银行或其他金融机构借入的期限在一年以下(含一年)的借款。

A. 短期借款　　　　B. 长期借款　　　　C. 应交税费　　　　D. 应付账款

2. 下列各项经济业务中，（　　）可以用"财务费用"账户进行核算。

A. 管理部门人员的工资　　　　　　　　B. 销售部门人员的工资

C. 短期借款的利息　　　　　　　　　　D. 车间管理人员的工资

3. 向银行借入短期借款，存入银行，会引起（　　）。

A. 资产内部一增一减　　　　　　　　　B. 资产和负债同时减少

C. 所有者权益和负债一增一减　　　　　D. 资产和负债同时增加

4. 购入一批原材料，已验收入库，价税款尚未支付，按实际成本进行核算，应编制的会计分录为（　　）。

A. 借：原材料
　　　　贷：银行存款

B. 借：材料采购
　　　　应交税费——应交增值税（进项税额）
　　　　贷：应付账款

C. 借：原材料
　　　　应交税费——应交增值税（进项税额）
　　　　贷：应付账款

D. 借：原材料
　　　　应交税费——应交增值税（进项税额）
　　　　贷：银行存款

5. 期末，将制造费用按照一定标准分配结转入（　　）账户。

A. 生产成本　　　　B. 库存商品　　　　C. 原材料　　　　D. 存货

6. 支付职工的非货币性福利，可通过（　　）账户进行核算。

A. 管理费用　　　　B. 销售费用　　　　C. 应付职工薪酬　　　D. 制造费用

7. 企业生产车间发生的固定资产修理费应计入（　　）账户核算。

A. 制造费用　　　　B. 销售费用　　　　C. 固定资产　　　　D. 管理费用

8. 企业销售商品的过程中发生的广告费应计入（　　）账户核算。

A. 销售费用　　　　B. 管理费用　　　　C. 制造费用　　　　D. 财务费用

9. 下列各项中，属于其他业务收入的是（　　）。

A. 利息收入　　　　B. 出售无形资产　　C. 出租包装物　　　D. 投资收益

10. 结转销售商品成本时，常常与"主营业务成本"账户的借方对应的账户是（　　）。

A. 原材料　　　　B. 在途物资　　　　C. 材料采购　　　　D. 库存商品

11. 期间费用账户期末应（　　）。

A. 没有余额　　　　　　　　　　　　　B. 有借方余额

C. 有贷方余额　　　　　　　　　　　　D. 同时有借、贷余额

12. "本年利润"账户年末应（　　）。

A. 没有余额　　　　　　　　　　　　　B. 有借方余额

C. 有贷方余额　　　　　　　　　　　　D. 同时有借、贷余额

13. 下列各项中，不属于营业外收入的是（　　）。

A. 出售固定资产　　B. 销售原材料　　　C. 政府补助收入　　D. 收到捐赠

14. 下列各项中,应计入产品的生产成本的是( )。

A. 管理部门人员的工资　　　　　　　　B. 销售过程中发生的运输费

C. 生产人员的工资　　　　　　　　　　D. 为周转使用向银行借入的短期借款

15. 下列各项中,应计入"制造费用"账户的是( )。

A. 生产工人的工资　　　　　　　　　　B. 生产产品耗用的原材料

C. 行政管理部门人员的工资　　　　　　D. 车间管理人员的工资

16. 10 月末,企业资产总额为 100 万元,11 月份借入短期借款 50 万元,偿还所欠货款 20 万元,收回销货款 30 万元,则 11 月末资产总额为( )万元。

A. 130　　　　　　B. 160　　　　　　C. 100　　　　　　D. 180

17. 当年实现的净利润应当按( )顺序分配。

A. 向投资者分配利润(或股利)、提取任意盈余公积、提取法定盈余公积

B. 提取任意盈余公积、向投资者分配利润(或股利)、提取法定盈余公积

C. 提取法定盈余公积、提取任意盈余公积、向投资者分配利润(或股利)

D. 提取任意盈余公积、提取法定盈余公积、向投资者分配利润(或股利)

18. 下列各项中,不会引起营业利润发生增减变动的是( )。

A. 管理费用　　　　B. 税金及附加　　　　C. 营业外支出　　　　D. 投资收益

19. 根据《公司法》相关规定,公司制企业按照当年净利润(抵减年初累计亏损后)的( )比例提取。

A. 10%　　　　　　B. 5%　　　　　　C. 50%　　　　　　D. 1%

20. 某企业本月主营业务收入 100 万元,主营业务成本 60 万元,其他业务收入 80 万元,其他业务成本 30 万元,管理费用 5 万元,销售费用 2 万元,财务费用 1 万元,税金及附加 1 万元,投资收益 30 万元,营业外收入 3 万元,营业外支出 2 万元,所得税费用 2 万元。该企业本月的利润总额为( )万元。

A. 112　　　　　　B. 110　　　　　　C. 111　　　　　　D. 81

三、多项选择题

1. 按照投资主体的不同,所有者投入资本可以分为( )。

A. 国家资本金　　　B. 法人资本金　　　C. 个人资本金　　　D. 外商资本金

2. 企业材料采购的成本具体包括( )。

A. 买价　　　　　　　　　　　　　　　B. 运输途中的合理损耗

C. 增值税　　　　　　　　　　　　　　D. 采购过程中发生的装卸费

3. "税金及附加"账户核算借方登记的内容有( )。

A. 房产税　　　　　　　　　　　　　　B. 印花税

C. 土地使用税　　　　　　　　　　　　D. 城市维护建设税

4. 企业销售商品收入的确认,必须同时符合的条件有( )。

A. 企业已将商品所有权上的主要风险和报酬转移给购货方

B. 企业既没有保留通常与所有权相联系的继续管理权,也没有对已售出的商品实施有效控制

C. 收入的金额以及相关已发生的成本或将发生的成本都能够可靠地计量

D. 相关的经济利益很可能流入企业

5. "管理费用"账户借方核算的内容有( )。

A. 车间管理人员的工资　　　　　　　B. 利息费用

C. 咨询费　　　　　　　　　　　　　D. 诉讼费

6. 下列账户中，期末一般没有余额的有( )。

A. 管理费用　　　B. 营业外支出　　　C. 生产成本　　　D. 投资收益

7. 下列职工工资中，可以计入产品成本的有( )。

A. 车间生产人员的工资　　　　　　　B. 销售部门人员的工资

C. 行政管理部门人员的工资　　　　　D. 车间管理人员的工资

8. 下列各项中，属于企业资金运用的有( )。

A. 用银行存款偿还前欠货款　　　　　B. 用银行存款支付税金

C. 生产领用原材料　　　　　　　　　D. 用库存现金支付零星费用

9. 某企业用计划成本核算原材料，可能涉及的会计科目有( )。

A. 在途物资　　　B. 原材料　　　　C. 材料采购　　　D. 材料成本差异

10. 某企业 2017 年 10 月 31 日偿还 2017 年 2 月份借入的短期借款 20 000 元，并支付利息 2 000 元，其会计分录为( )。

A. 借记"短期借款"账户　　　　　　　B. 借记"财务费用"账户

C. 借记"应付账款"账户　　　　　　　D. 贷记"银行存款"账户

11. 制造费用的分配方法有( )。

A. 机器工时法　　　　　　　　　　　B. 人工工资法

C. 人工工时法　　　　　　　　　　　D. 年度计划分配率

12. 下列各项中，应计入营业外支出的项目有( )。

A. 非常损失　　　B. 罚款支出　　　C. 利息支出　　　D. 招待费

13. "其他业务收入"账户核算的内容有( )。

A. 出售原材料　　　B. 包装物租金　　C. 出租无形资产　　D. 包装物租金退回

14. 计算利润总额时，会涉及( )项目。

A. 营业利润　　　B. 营业外支出　　　C. 所得税费用　　　D. 营业外收入

15. "销售费用"账户核算的内容有( )。

A. 专设的销售机构的职工工资　　　　B. 销售商品过程中发生的运输费

C. 咨询费　　　　　　　　　　　　　D. 销售商品过程中发生的展览费

16. "财务费用"账户核算的内容有( )。

A. 利息费用　　　　　　　　　　　　B. 银行承兑汇票的手续费

C. 现金折扣　　　　　　　　　　　　D. 汇兑损益

17. 下列各项中，期末应结转到"本年利润"账户的是( )。

A. 制造费用　　　　　　　　　　　　B. 管理费用

C. 投资收益　　　　　　　　　　　　D. 税金及附加

18. 某企业 2017 年度的营业利润 1 500 万元，营业外收入 20 万元，营业外支出 10 万元，所得税费用 5 万元。关于该企业 2017 年度有关指标的计算，正确的有( )。

A. 利润总额 1 510 万元　　　　　　　B. 利润总额 1 515 万元

C. 净利润 1 510 万元　　　　　　　　D. 净利润 1 505 万元

19. "应收账款"账户核算的内容有( )。

A. 销售商品尚未收发到的货款　　　　B. 提供劳务形成的应收款项

C. 提供劳务时代客户垫付的运杂费　　D. 预付给供货单位的购货款

20. 企业收到投资者投入的资本，可能涉及所有者权益类的会计科目有( )。

A. 未分配利润　　B. 盈余公积　　C. 实收资本　　D. 资本公积

四、判断题

1. 资本公积不能够用于转增资本。( )

2. 用盈余公积转增资本时，引起资产和所有者权益同时增加。( )

3. 企业从银行或其他金融机构借入的款项，称为短期借款。( )

4. 为构建或生产满足资本化条件的资产发生的应予以资本化的借款费用可通过"财务费用"账户进行核算。( )

5. 为生产产品而购入的原材料成本包括材料买价、采购费用、增值税等。( )

6. "材料采购"账户属于资产类账户，用以核算企业采用计划成本进行材料日常核算而购入材料的采购成本。( )

7. "材料成本差异"账户贷方登记入库材料形成的超支差异以及转出的发出材料应负担的节约差异。( )

8. 生产成本按其经济用途可分为直接材料、直接人工和制造费用。( )

9. 制造费用属于直接费用，可直接计入产品的生产成本中。( )

10. 企业生产车间(部门)和行政管理部门等发生的固定资产修理费都可在"管理费用"账户中核算。( )

11. 应由生产产品、提供劳务负担的短期职工薪酬，计入产品成本或劳务成本。( )

12. 应由在建工程、无形资产负担的短期职工薪酬，计入建造固定资产或无形资产成本。( )

13. 确认收入的条件是企业既没有保留通常与所有权相联系的继续管理权，也没有对已售出的商品实施有效控制。( )

14. 销售商品收入的金额应根据企业与购货方签订的合同或协议金额确定，同时包括向第三方代收的款项。( )

15. 发生销售退回和销售折让时应冲减本期的主营业务收入。( )

16. 出售原材料、出租固定资产、出租无形资产、出租包装物和包装物租金退回等通过"其他业务收入"账户进行核算。( )

17. 在销售产品的过程中，为购货方代垫的运杂费通过"应收账款"账户进行核算。( )

18. 预收账款情况不多的，也可以不设置本账户，将预收的款项直接计入"应付账款"账户。( )

19. "税金及附加"账户用以核算企业经营活动发生的消费税、城市维护建设税、资源税、教育费附加及房产税、土地使用税、车船使用税、印花税等相关税费。( )

20. 营业利润＝营业收入－营业成本－税金及附加－管理费用－销售费用－财务费用－资产减值损失＋公允价值变动收益(或－公允价值变动损失)＋投资收益(或－投资损失)。( )

21. 营业外支出是指企业发生的与其日常活动有直接关系的各项损失，如公益性捐赠支出、非常损失、罚款支出等。（　　）

22. 净利润＝营业利润＋营业外收入－营业外支出。（　　）

23. 年度终了，"本年利润"账户结转后无余额。（　　）

24. 期末，将损益类账户全部结转入"本年利润"账户后，无余额。（　　）

25. 企业收到政府的补助收入在"其他业务收入"账户中进行核算。（　　）

26. 根据《公司法》相关规定，公司制企业提取法定盈余公积时，按照当年净利润（抵减年初累计亏损后）的10％比例提取，非公司制企业也可按照超过10％的比例提取。（　　）

27. 法定盈余公积累计提取额为公司注册资本的25％以上时可不再提取。（　　）

28. 年度终了，企业应将"利润分配"账户所属其他明细账户的余额转入该账户"未分配利润"明细账户；结转后，"利润分配"账户中除"未分配利润"明细账户外，所属其他明细账户无余额。（　　）

29. 缴纳税费、偿还债务和分配利润等属于企业的资金退出。（　　）

30. 企业结转完工的产品成本时，会计分录应借记"库存商品"，贷记"生产成本"。（　　）

五、业务练习题

1. 练习筹资业务的核算。某企业2017年8月份发生如下经济业务：

（1）1日，因生产经营需要向银行借入期限为6个月的借款8万元，借款利息按季支付，每月预提利息1 000元。

（2）3日，接受甲公司的投资10万元，已存入银行。

（3）5日，收到乙公司投入的一台机器设备，经双方确认，价值为200万元，增值税34万元。

（4）7日，收到丙公司投入的原材料一批，经双方确认，价值为10万元，增值税为1.7万元。

（5）10日，接受丁公司的投资15万元，其中10万元作为实收资本，5万元作为资本公积，款项已存入银行。

（6）12日，以资本公积6万元，转增资本。

（7）15日，以银行存款支付上个月已经预提的短期借款利息2 000元。

（8）20日，向银行借入期限为10年的长期借款200万元。

（9）25日，以银行存款偿还到期的长期借款150万元。

要求：根据上述资料编制会计分录。

2. 练习采购业务的核算。西方公司为增值税一般纳税人，增值税税率为17％，采用计划成本进行材料的日常核算，2017年9月份发生如下物资采购业务：

（1）购入A材料一批，买价为10 000元，增值税为1 700元，款项尚未支付。

（2）购入B材料一批，买价为20 000元，增值税3 400元，装卸费1 000元，保险费2 000元，全部款项均以银行支付。

（3）西方公司向南方公司预付购入C材料的价款46 800元。

（4）南方公司向西方公司发出C材料，已开出增值税专用发票，发票注明的价款为40 000元，增值税为6 800元，材料已验收入库。

（5）西方公司从北方公司购入D材料一批，增值税专用发票上注明的材料价款为60 000

元，增值税税额为 10 200 元，材料已验收入库，计划成本为 50 000 元。货款已通过银行转账支付。

（6）西方公司从某公司购入 E 材料一批，增值税专用发票上注明的材料价款为 30 000 元，增值税税额为 5 100 元，材料已验收入库。西方公司当即开出并承兑一张面值为 35 100 元、期限为 3 个月的商业承兑汇票进行货款的结算。

要求：根据上述资料编制会计分录。

3. 练习生产业务的核算。2017 年 10 月，西方公司发生与生产业务有关的经济业务如下：

（1）仓库发出 A 材料，其中，甲产品生产耗用 200 000 元，乙产品生产耗用 150 000 元，丙产品生产耗用 100 000 元，车间耗用 50 000 元，行政管理部门耗用 20 000 元，销售部门耗用 5 000 元。

（2）从银行提取现金 510 000 元，备发工资。

（3）生产车间耗用水电费 4 000 元，办公费 1 000 元，均以银行存款支付。

（4）管理部门耗用水电费 50 000 元，办公费 20 000 元，均以银行存款转账支付。

（5）销售部门耗用水电费 5 000 元，办公费 2 000 元，均以银行存款转账支付。

（6）以库存现金支付业务招待费 1 500 元。

（7）月末分配工资费用，其中，甲产品生产工人工资 180 000 元，乙产品生产工人工资 120 000 元，车间管理人员工资 50 000 元，行政管理部门人员工资 100 000 元，销售部门人员工资 60 000 元。

（8）将本月发生的制造费用按生产工人工资的比例进行分配。

（9）本期生产甲产品 20 000 件，乙产品 30 000 件，丙产品 50 000 件，产品全部完工入库。

要求：根据上述经济业务编制会计分录，其中第（9）笔经济业务须填制生产成本计算表，如表 5-6～表 5-8 所示。

表 5-6　甲产品生产成本计算表

完工产量：20 000 件　　　　　　　　　　　　　　　　　　　　　　　单位：元

成本项目	直接材料	直接人工	制造费用	合计
生产费用				
结转完工产品成本				
完工产品单位成本				

表 5-7　乙产品生产成本计算表

完工产量：30 000 件　　　　　　　　　　　　　　　　　　　　　　　单位：元

成本项目	直接材料	直接人工	制造费用	合计
生产费用				
结转完工产品成本				
完工产品单位成本				

表 5-8 丙产品生产成本计算表

完工产量：50 000 件   单位：元

成本项目	直接材料	直接人工	制造费用	合计
生产费用				
结转完工产品成本				
完工产品单位成本				

4. 练习销售业务的核算。西方公司 12 月份发生与销售业务有关的经济业务如下：

(1) 销售甲产品 1 000 件，每件售价 30 元，计 30 000 元，增值税销项税额 5 100 元，商品已发出，价税款均未收到。

(2) 销售乙产品 2 000 件，每件售价 20 元，计 40 000 元，增值税销项税额 6 800 元，商品已发出，收到一张已承兑的包含全部款项的商业汇票。

(3) 销售丙产品 10 000 件，每件售价 5 元，增值税税率为 17%，商品已发出，款项已存入银行。

(4) 南方公司预订 20 000 件丙产品，预付给西方公司 100 000 元，款项已存入银行。

(5) 西方公司向南方公司发出 20 000 件的丙产品，每件售价 5 元，已开出增值税专用发票，增值税销项税额为 17 000 元。

(6) 南方公司补付剩余的货款。

(7) 结转已销售的甲产品 1 000 件，乙产品 2 000 件，丙产品 30 000 件的销售成本。甲产品实际单位生产成本为 21.7 元，乙产品实际单位生产成本为 10.2 元，丙产品实际单位生产成本为 3.3 元。

(8) 西方公司为了销售产品，发生了 20 000 元的业务招待费，已通过银行转账支付。

(9) 西方公司将生产剩余的 B 材料销售给本地厂商，售价 6 000 元，已开出增值税专用发票，增值税销项税额为 1 020 元，款项尚未收到，B 材料的成本为 3 500 元。

(10) 计算本期西方公司应交消费税 7 000 元，城市维护建设税 1 500 元，教育费附加 1 000 元。

(11) 西方公司本期末应收账款余额为 42 120 元，"坏账准备"账户余额为 0 元，期末按应收账款余额的 5% 计提坏账准备。

要求：根据上述经济业务编制会计分录。

5. 练习财务成果形成的核算。西方公司 12 月份发生下列有关利润的业务：

(1) 收到政府的补助收入 100 000 元，已存入银行。

(2) 收到东方公司不按时履行合同条约而支付的罚款 5 000 元，已存入银行。

(3) 西方公司用银行存款向希望小学捐赠 20 000 元。

(4) 将损益类会计科目结转入本年利润账户，其中，主营业务收入 350 000 元，其他业务收入 120 000 元，投资收益 30 000 元，主营业务成本 240 000 元，其他业务成本 50 000 元，管理费用 60 000 元，销售费用 30 000 元，财务费用 3 000 元，税金及附加 4 000 元，营业外收入 110 000 元，营业外支出 50 000 元。

(5) 计算出本期的利润总额为 173 000 元，企业所得税税率为 25%，计算本期的企业所得税。

（6）结转企业的所得税费用。

（7）计算本期的净利润。

要求：根据上述经济业务编制会计分录。

6. 练习财务成果分配的核算。西方公司 12 月份发生下列有关利润的业务：

（1）"本年利润"账户的余额为 129 750 元，将其结转入"利润分配"账户。

（2）本期净利润为 129 750 元，按其 10% 提取法定盈余公积和任意盈余公积。

（3）向投资者分配利润 50 000 元。

（4）将"利润分配"账户下其他明细账户的期末余额转入"利润分配——未分配利润"明细账户。

要求：根据上述经济业务编制会计分录。

7. 练习资金退出的账务处理。西方公司发生下列关于资金退出的业务：

（1）用银行存款支付应交的消费税 7 000 元，城市维护建设税 1 500 元，教育费附加 1 000 元。

（2）西方公司用银行存款支付应付给投资者的股利 50 000 元。

（3）西方公司用银行存款偿还到期的短期借款 200 000 元。

（4）西方公司用银行存款偿还到期的长期借款 1 000 000 元。

要求：根据上述经济业务编制会计分录。

8. 工业企业生产经营过程综合业务练习。华泰公司 12 月份发生下列部分经济业务：

（1）接受投资者投入的原材料一批，经双方确认，价款 30 000 元，增值税销项税额 5 100 元，已入库。

（2）从银行取得临时借款 500 000 元，已存入银行。

（3）收到天宇公司购买 A 产品的预付款 25 000 元，已存入银行。

（4）没收逾期未退的包装物押金 2 000 元。

（5）购入甲材料一批，增值税专用发票注明的价款为 5 000 元，增值税为 850 元，款项未付。

（6）某行政人员报销差旅费 1 600 元，已用现金支付。

（7）计提本期短期借款的利息 3 500 元。

（8）预付明年的房租费 36 000 元，以银行存款支付。

（9）生产 A 产品领用甲材料 75 000 元，领用乙材料 45 000 元，领用丙材料 60 000 元；生产 B 产品领用甲材料 20 000 元，领用乙材料 40 000 元，领用丙材料 18 000 元；生产 C 产品领用甲材料 55 000 元，领用乙材料 25 000 元，领用丙材料 12 000 元。

（10）车间领用乙材料 10 000 元。

（11）以库存现金支付办公费 3 000 元。

（12）车间设备发生修理费 1 000 元，以库存现金支付。

（13）支付上季度已经预提的短期借款利息 3 000 元。

（14）销售 A 产品 200 件，每件售价 200 元，增值税税额为 6 800 元，商品已经发出，款项尚未收到。

（15）销售 B 产品 100 件，每件售价 150 元，增值税税额为 2 550 元，商品已经发出，价税款已存入银行账户。

（16）从银行提取现金 350 000 元，直接发放工资。

（17）收回某企业所欠本公司的货款 40 000 元存入银行。

（18）用银行存款支付上个月的消费税 2 500 元。

（19）分配本月工资费用，其中 A 产品工人工资 100 000 元，B 产品工人工资 80 000 元，C 产品工人工资 110 000 元，车间管理人员工资 60 000 元，行政管理人员工资 5 000 元，销售部门人员工资 2 500 元。

（20）按各自工资额的 14％提取福利费。

（21）用库存现金支付销售广告费 2 000 元。

（22）用银行存款支付前期所欠某企业的材料款 350 000 元。

（23）将本月发生的制造费用，按生产工时（A 产品 8 000 小时，B 产品 5 000 小时，C 产品 7 000 小时）分配计入 A、B、C 产品成本。

（24）本月生产的 A 产品 2 200 台，B 产品 2 000 台，C 产品 1 000 台，全部完工入库，A 产品总成本 325 360 元，B 产品总成本 188 800 元，C 产品总成本 244 840 元，结转成本。

（25）结转销售 200 件 A 产品的成本 10 000 元，100 件 B 产品 5 000 元。

（26）用银行存款支付应付给投资者的利润 67 000 元。

（27）用资本公积 35 000 元转增资本。

（28）将无法偿还的应付账款 16 000 元予以转账。

（29）由于逾期缴纳税费，税务局罚款 300 元，以库存现金支付。

（30）将损益类会计科目转入"本年利润"账户。

（31）本年的所得税费用为 5 350 元，将所得税费用予以结转。

要求：编制本月经济业务的会计分录。

9. 工业企业生产经营过程综合业务练习。福隆公司为增值税一般纳税人，增值税税率为 17％，12 月份发生下列部分经济业务：

（1）购入 A 材料 2 吨，单价 5 000 元，B 材料 3 吨，单价 3 000 元，材料已验收入库，并已收到增值税专用发票，发票注明的进项税额为 3 230 元，以该企业开出并承兑的商业汇票抵付。

（2）以现金支付水电费，其中，车间部门耗用 2 000 元，行政管理部门耗用 3 500 元。

（3）以现金支付员工报销的业务招待费 1 500 元和差旅费 1 800 元。

（4）以银行存款支付前期所欠合一公司的货款 30 000 元。

（5）向银行借入期限为 10 年的借款 4 000 000 元。

（6）销售给志诚公司甲产品 500 件，每件售价 200 元，产品已发出并已开具增值税专用发票，增值税销项税额为 17 000 元，志诚公司已于上个月预付该批产品的货款 120 000 元。

（7）退回志诚公司多付的货款。

（8）计提本期应负担的利息费用 4 200 元。

（9）销售一批原材料，已开出增值税专用发票，价款为 2 000 元，增值税销项税额为 340 元，款项尚未收到，该批原材料成本为 900 元。

（10）以银行存款支付销售过程中发生的业务招待费 1 200 元，包装费 400 元。

（11）购入 C 材料 1 吨，单价 1 000 元，材料已验收入库，并收到增值税专用发票，发票注明的进项税额为 170 元, 款项已通过银行转账支付。

（12）根据仓库发料表汇总, 本月耗用 A 材料 52 000 元, 其中, 甲产品生产耗用 25 000 元, 乙产品生产耗用 20 000 元, 丙产品生产耗用 5 000 元, 车间耗用 2 000 元; 耗用 B 材料 33 000 元, 其中, 甲产品生产耗用 12 000 元, 乙产品生产耗用 10 000 元, 丙产品生产耗用 10 000 元, 车间耗用 1 000 元; 耗用 C 材料 12 500 元, 其中, 甲产品生产耗用 2 000 元, 乙产品生产耗用 5 000 元, 丙产品生产耗用 5 000 元, 车间耗用 500 元。

（13）从银行提取现金 120 000 元直接支付上个月工资。

（14）分配本月的工资费用, 生产甲产品工人的工资 40 000 元, 生产乙产品工人的工资 35 000 元, 生产丙产品工人的工资 20 000 元, 车间管理人员的工资 10 000 元, 行政管理部门人员的工资 6 000 元, 销售部门人员的工资 5 000 元。

（15）按工资总额的 14% 提取职工福利费。

（16）销售乙产品 400 件, 每件售价 150 元, 已开出增值税专用发票, 发票注明的税额为 10 200 元, 款项已收到。

（17）没收浪花公司逾期未退还包装物的押金 117 元。

（18）将本月发生的制造费用按生产工人工资进行分配。

（19）本期生产甲产品 520 件, 乙产品 550 件, 丙产品 460 件, 已全部完工入库, 结转其生产成本。

（20）以银行存款向灾区捐赠 5 000 元。

（21）收回某公司的前期所欠货款 48 000 元。

（22）以银行存款支付城市维护建设税 1 000 元, 教育附加税 800 元。

（23）计提本月的消费税 3 000 元, 城市维护建设税 1 500 元, 教育附加税 900 元。

（24）收到政府的补助收入 10 000 元, 已存入银行。

（25）收到投资者投入的一项固定资产, 经双方确认, 该项固定资产价值为 20 000 元, 增值税进项税额为 3 400 元。

（26）以盈余公积 30 000 元转增资本。

（27）以银行存款 300 000 元偿还到期的短期借款。

（28）确认本期办公楼的租金费 40 000 元, 该款项已于年初支付。

（29）结转本期销售的甲产品成本 45 000 元, 乙产品的成本 25 000 元。

（30）损益类会计科目结转入 "本年利润" 账户。

（31）按利润总额的 25% 计算并结转所得税。

（32）按净利润的 10% 计提法定盈余公积。

（33）按净利润的 10% 计提任意盈余公积。

（34）按净利润的 10% 计算应付投资者利润。

（35）将 "利润分配" 账户下其他明细账户的期末余额转入 "利润分配——未分配利润" 明细账户。

要求: 根据上述经济业务编制会计分录。

10. 理解账户之间的对应关系。2017 年 8 月 1 日, 万福隆公司 "应付账款" 账户的贷方余额为 112 000 元, "原材料" 账户的借方余额为 65 000 元, 本期仓库发出的原材料为 32 000 元, 期末 "原材料" 账户的借方余额为 78 000 元, "应付账款" 账户的贷方余额为 125 000

元，本月没有发生偿还的应付款业务。

要求：计算本月购入的材料中已付款的原材料金额。

11. 理解账户之间的对应关系。2017年12月1日，万福隆公司"实收资本"账户的贷方余额为600 000元，"资本公积"账户的贷方余额为150 000元，"盈余公积"账户的贷方余额为30 000元，"利润分配——未分配利润"账户的贷方余额为180 000元。2017年12月份发生了如下经济业务：

(1) 东南公司投入一批原材料，经双方确认，价值为40 000元，增值税进项税额为6 800元。

(2) 西北公司投入36 000元，其中，计入实收资本中的金额为30 000元，款项全部存入银行。

(3) 12月份，损益类会计账户的发生额分别为："主营业务收入"账户贷方的发生额为350 000元，"其他业务收入"账户贷方的发生额为50 000元，"营业外收入"账户的贷方发生额为36 000元，"投资收益"账户贷方的发生额为14 000元，"主营业务成本"账户的借方发生额为180 000元，"其他业务成本"账户的借方发生额为20 000元，"管理费用"账户的借方发生额为35 000元，"销售费用"账户的借方发生额为15 000元，"财务费用"账户的借方发生额为8 000元，"资产减值损失"账户的借方发生额为2 000元，"营业外支出"账户的借方发生额为6 500元，"所得税费用"账户的借方发生额为13 500元。

(4) 按照净利润的10%提取法定盈余公积。

(5) 按照净利润的5%提取任意盈余公积。

(6) 经股东大会同意，将资本公积50 000元转增资本。

(7) 经股东大会同意，决定按净利润的5%向投资者分配利润。

要求：

(1) 根据上述资料，计算万福隆公司12月份的营业利润。

(2) 根据上述资料，计算万福隆公司12月份的利润总额。

(3) 根据上述资料，计算万福隆公司12月份的净利润。

(4) 根据上述资料，编制提取法定盈余公积的会计分录。

(5) 根据上述资料，编制提取任意盈余公积的会计分录。

(6) 根据上述资料，编制资本公积转增资本的会计分录。

(7) 根据上述资料，编制向投资者分配利润的会计分录。

(8) 根据上述资料，将"利润分配"账户下其他明细账户的期末余额转入"利润分配——未分配利润"明细账户。

(9) 根据上述资料，计算万福隆公司2017年12月初及12月末的所有者权益。

6 模块六 会计凭证

学习目标

1. 了解会计凭证的概念和分类；
2. 掌握会计凭证的填制要求、审核内容、传递和保管；
3. 掌握原始凭证、记账凭证的填制内容和填制方法；
4. 能够填制和审核原始凭证；
5. 能够填制和审核记账凭证。

情景导入

据媒体报道：银广夏 1998 年及以前年度的财务资料丢失；美国安然公司以及为其进行审计的安达信会计师事务所在其假账丑闻被曝光之后，都传出了暗中销毁凭证的内幕。

思考：凭证上通常记录了什么？凭证提供了关于企业真实经济活动的什么证据？以上公司为什么要销毁凭证？

任务一 会计凭证概述

会计核算是一项连续不断、周而复始的工作，"凭证→账簿→报表"三大环节构筑了一个完整的会计循环过程。显然，填制和取得会计凭证是会计工作的起点和基础。

一、会计凭证的概念

会计凭证是用来接收、记录经济业务发生或完成的全部数据，明确经济责任，作为登记账簿依据的书面文件。

在会计工作中，账簿记录必须以真实的会计凭证为依据。为了确保财务信息的客观性、真实性和可稽核性，进入复式记账系统的每一个原始数据都必须有根有据。这就要求每一项经济业务的发生或完成，都要通过凭证来接收其信息（数据），即应由执行和完成该项经济业务的有关人员运用会计凭证记录经济业务的内容、数量和金额，并在凭证上签章，以对凭证的真实性负责。为了便于登记账簿，尤其是总分类账簿，会计人员需要运用会计凭证将上述发生的经济业务做进一步加工处理，提炼出合乎登记账簿的要素，如应计入什么账户等。当然，将会计凭证上记载的经济业务初始数据计入账簿前，会计凭证还必须经过确认程序，经过有关人员审核无误。可见，要确保会计信息所要求的客观性、真实性和可稽核性，必须依托于会计凭证。

会计凭证的填制和审核，对于如实反映和有效监督企业发生的经济业务，保证会计信息的真实、完整具有以下几方面的意义。

（一）反映各项经济业务的完成情况

会计凭证是记录经济业务的文件，经济业务发生时，企业单位应将发生的每一笔经济业务的内容、时间、对象、经办人等情况，详细地记录在会计凭证上以如实反映经济业务的全貌。

（二）监督经济业务的合理、合法性

记录经济业务的会计凭证，在据以记账前，会计主管人员或其他会计人员通过对其审核和检查，对经济业务的合理性、合法性和有效性进行会计监督，以检查经济业务是否符合国家的有关方针、政策、制度和法律法规，防止不合理不合法的经济业务的发生，保证企业的经济活动按国家有关的规定规范运行。同时，通过对会计及凭证的审核和检查，以便及时发现存在的问题，及时采取措施加以纠正。

（三）便于分清经济责任，加强经济责任制

在填制会计凭证时，有关的经办人员、审核人员等都要在会计凭证上签字盖章，以示责任。这样可以促使每一岗位的工作人员都认真负责地做好本职工作，即使发生问题，也有据可查，分清责任，以加强岗位职责制。

（四）作为记账的依据

经审核无误的会计凭证是会计记账的依据，没有会计凭证，就不能记账。这就保证了账簿记录的客观性、真实性和正确性，避免了主观随意性，使会计信息的质量得到可靠保证。

二、会计凭证的分类

会计凭证的形式多种多样，可以按照不同的标准分类。会计凭证按其填制的程序和用途的不同来划分，可以分为原始凭证和记账凭证两类。

（一）原始凭证

原始凭证，又称单据，是指在经济业务发生或完成时取得或填制的，用以记录或证明经济业务的发生或完成情况，明确经济责任的原始凭据。原始凭证是进行会计核算的原始资料和重要依据。原始凭证按照其来源，可以再分为外来原始凭证和自制原始凭证两类。

▶ 1. 外来原始凭证

外来原始凭证是在经济业务活动发生或完成时，从其他单位或个人处直接取得的原始凭证，如购货时由销售方出具的发票、付款时由收款方开具的增值税专用发票等（见图 6-1）。

北京市增值税专用发票

No.×××××号

开票日期： 年 月 日

购货单位	名 称：				密码区	（略）			第三联 记账联 购货方记账凭证
	税登字第：								
	地 址、电 话：								
	开户行及账号：								
货物或应税劳务名称	规格型号	单位	数量	单价	金额		税率	税额	
合 计									
价税合计（大写）				（小写）					
销货单位	名 称：				备				
	税务登记号：								
	地 址、电 话：				注				
	开户行及账号：								

收款人： 复核： 开票人： 销货单位：（章）

图 6-1 增值税专用发票示例

▶ 2. 自制原始凭证

自制原始凭证是指由本单位有关部门和人员，在执行或完成某项经济业务时填制的，仅供本单位内部使用的原始凭证。企业自制原始凭证按其填制手续和内容的不同，又可以分为一次原始凭证、累计原始凭证和汇总原始凭证三种。

（1）一次原始凭证。一次原始凭证是指在一张原始凭证上只记载一项经济业务，或者同时反映若干项同类型的经济业务，填制手续是一次完成的，已填制的凭证不能再重复使用，这类自制原始凭证称为一次原始凭证。例如，领料单（见表6-1）、借款单（见表6-2）、材料验收入库的收料单、付款收据、费用报销单等都是一次原始凭证。一次原始凭证能反映一笔经济业务的内容，使用方式灵活，但数量较多，核算较麻烦。

表 6-1 领 料 单

领料部门： 年 月 日 发料仓库：

材料类别	名称及规格	计量单位	数量		单位成本	金额	用途
			请领	实领			
合计							

仓库主管： 发料人： 部门负责人： 领料单：

表 6-2　借　款　单

借款部门：		
借款事由：		
借款金额：人民币（大写）		
借款人（签章）		
本部门负责人意见：	会计主管人员审批意见：	付款记录：

（2）累计原始凭证。累计原始凭证是指在一定时期内多次记录发生的同类型经济业务且多次有效的原始凭证。其特点是在一张凭证内可以连续登记相同性质的经济业务，随时结出累计数和结余数，并可以按照费用限额进行费用控制，期末按实际发生额记账。最具有代表性的累计凭证是限额领料单（见表 6-3）。

表 6-3　限额领料单

领料部门：　　　　　　　　　　　　　　　　　　　　　　　编号：
材料编号：　　　　　　　　　　　　　　　　　　　　　　　领用限额：
材料名称：　　　　　　　　　　　　　　　　　　　　　　　计量单位：

日期	请领		实发			退货			限额余额
	数量	领料部门负责人签字	数量	发料人签字	领料人签字	数量	收料人签字	退料人签字	
合计									

生产部门负责人：　　　　　　供应部门负责人：　　　　　　仓库负责人：

（3）汇总原始凭证。汇总原始凭证是指在会计核算工作中，为了简化记账凭证的编制工作，将一定时期内若干份记录同类经济业务的原始凭证汇总编制一张汇总凭证，用于集中反映某项经济业务总括发生情况的会计凭证，如收料凭证汇总表（见表 6-4）、发料凭证汇总表等。

表 6-4　收料凭证汇总表
年　月　日

材料类别 / 材料来源	材料采购	委托加工	自制完工	投资者投入	其他	合计
原料及主要材料						
辅助材料						
外购半成品						
燃料						
合计						

（二）记账凭证

记账凭证是根据审核无误的原始凭证或汇总原始凭证填制的，用来确定经济业务应借、应贷的会计科目和金额，作为登记账簿直接依据的会计凭证。

记账凭证按照其用途，可以分为专用记账凭证和通用记账凭证两大类。

▶ 1. 专用记账凭证

专用记账凭证是指分类反映经济业务的记账凭证，按其反映的经济业务内容，可分为收款凭证、付款凭证和转账凭证。

（1）收款凭证。收款凭证（见表 6-5）是指用于记录库存现金和银行存款收款业务的记账凭证。收款凭证根据有关库存现金和银行存款收入业务的原始凭证编制，据以登记库存现金和银行存款的有关账簿。收款凭证又分为现金收款凭证和银行存款收款凭证。

表 6-5　收 款 凭 证

年　　月　　日

借方科目：　　　　　　　　　　　　　　　　　　　　　　　　　　　　凭证号：

摘要	应贷科目		金额	记账"√"	
	一级科目	二级科目			
					附件　张
合计					

会计主管：　　　　记账：　　　　出纳：　　　　复核：　　　　制证：

（2）付款凭证。付款凭证（见表 6-6）是指用于记录库存现金和银行存款付款业务的记账凭证。付款凭证根据有关库存现金和银行存款支付业务的原始凭证编制的专用凭证，据以登记库存现金和银行存款的有关账簿。付款凭证又分为现金付款凭证和银行存款付款凭证。

表 6-6　付 款 凭 证

年　　月　　日

贷方科目：　　　　　　　　　　　　　　　　　　　　　　　　　　　　凭证号：

摘要	应借科目		金额	记账"√"	
	一级科目	二级科目			
					附件　张
合计					

会计主管：　　　　记账：　　　　出纳：　　　　复核：　　　　制证：

应注意的是，对于库存现金和银行存款之间相互划转的经济业务，为了避免重复记账，只编制付款凭证，不编制收款凭证。即对于从银行提取现金的业务，编制银行存款付款凭证；对于将现金存入银行的业务，编制现金付款凭证。

（3）转账凭证。转账凭证（见表 6-7）是指用于记录不涉及库存现金和银行存款业务的记账凭证，是登记明细账和总账等有关账簿的依据。它是根据有关转账业务（与库存现金和银行存款无关的经济业务）的原始凭证填制的。

表 6-7　转 账 凭 证

年　月　日

凭证号：

摘要	一级科目	二级科目	借方金额	贷方金额	记账"√"	
						附件　张
合计						

会计主管：　　　　　记账：　　　　出纳：　　　　　复核：　　　　　制证：

▶2. 通用记账凭证

通用记账凭证不区分收、付款业务和转账业务，统一使用同一种格式的记账凭证，其格式与转账凭证基本相同，如表 6-8 所示。

表 6-8　通用记账凭证

年　月　日

凭证号：

摘要	一级科目	二级科目	借方金额	贷方金额	记账"√"	
						附件　张
合计						

会计主管：　　　　　记账：　　　　出纳：　　　　　复核：　　　　　制证：

此外，记账凭证按照其编制方法，可以分为复式记账凭证和单式记账凭证两类。把一项经济业务所涉及的有关科目都填制在一张记账凭证上，这种记账凭证称为复式记账凭证。上述所讲到的记账凭证，无论是专用记账凭证还是通用记账凭证，都是复式记账凭证。而把一项经济业务所涉及的有关会计科目，按每一科目分别填制一张记账凭证，这种记账凭证称为单式记账凭证。采用单式记账凭证方法时，若一项经济业务涉及两个会计科目，就要填制两张记账凭证；若一项经济业务涉及多个会计科目，就要填制多张记账凭证。其中，填制借方科目的记账凭证又称借项记账凭证，填制贷方科目的记账凭证又称贷项记账凭证。

拓展阅读

原始凭证与记账凭证的区别

（1）原始凭证一般是由经办人员填制的，而记账凭证一般是由会计人员填制。

（2）原始凭证根据发生和完成的经济业务填制，而记账凭证根据审核无误后的原始凭证填制。

（3）原始凭证仅用于记录、证明经济业务已经发生或完成，而记账凭证要依据会计科目对已经发生或完成的经济业务进行归类、整理。

（4）原始凭证是填制记账凭证的主要依据，而记账凭证是登记账簿的主要依据。

任务二 原始凭证的填制和审核

一、原始凭证的基本内容

原始凭证是用来记录经济业务发生或完成情况的书面证明，由于经济业务千变万化，因此，原始凭证的格式和内容也是多种多样的。但是，无论是哪一种原始凭证，一般都应该具备以下基本内容：①凭证的名称；②填制凭证的日期；③填制凭证单位的名称或者填制人的姓名；④经办人员的签名或者盖章；⑤接受凭证单位的名称；⑥经济业务内容；⑦数量、单价和金额。这些内容称为原始凭证的基本要素。

有些原始凭证除包括上述基本内容外，为满足其他管理工作的需要，还要列入一些补充项目，以更加完整地反映经济业务，例如，与该笔经济业务有关的计划任务、经济合同号码、金额等。

二、原始凭证的填制

原始凭证是经济业务的原始记录，是会计工作的基础，为了保证会计核算资料的真实性、准确性和及时性，原始凭证的填制应遵循一定的要求。

（一）记录真实

原始凭证上记载的经济业务必须与实际情况相符，所填写的日期、业务内容、数量、金额都必须经过严格审核，确保凭证内容真实可靠，不允许有任何弄虚作假的行为。从外单位取得的原始凭证如有遗失，应当取得原开具单位盖有公章的证明，注明原来凭证的号码、金额和内容等，并由经办人员签名后，报经办单位负责人批准后，才能代作原始凭证。如果确实无法取得证明的，如火车票、轮船票、飞机票等凭证，由当事人写出详细情况，由经办单位负责人批准后，代作原始凭证。

（二）内容完整

原始凭证中应该填写的项目都要详尽地填写齐全，不得漏写或省略不填。为明确经济责任，从外单位取得的原始凭证必须盖有填制单位的公章或财务专用章。从个人处取得的原始凭证，必须有填制人员的签名或者盖章。自制原始凭证必须有经办部门负责人或其他指定人的签名或盖章。对外开出的原始凭证，必须加盖本单位公章或财务专用章。

（三）手续完备

单位自制的原始凭证必须附有经办单位领导人或其他指定的人员签名盖章；对外开出的原始凭证必须加盖本单位公章；从外部取得的原始凭证，必须盖有填制单位的公章；从个人处取得的原始凭证，必须有填制人员的签名盖章。公章，是指具有法律效力和特定用途，能够证明单位身份和性质的印鉴，包括业务公章、财务专用章、发票专用章、结算专用章等。

（四）书写规范

填制原始凭证，字迹必须清晰、工整，并符合下列要求。

（1）阿拉伯数字应当逐个填写，不得写作连笔。阿拉伯金额数字前面应当书写货币币种符号或者货币名称简写和币种符号。币种符号与阿拉伯金额数字之间不得留有空白。凡阿拉伯数字前写有币种符号的，数字后面不再写货币单位。

（2）所有以元为单位（其他货币种类为货币基本单位，下同）的阿拉伯数字，除表示单价等情况外，一律填写到角分；无角分的，角位和分位可写"00"，或者符号"—"；有角无分的，分位应当写"0"，不得用符号"—"代替。

（3）汉字大写数字金额如零、壹、贰、叁、肆、伍、陆、柒、捌、玖、拾、佰、仟、万、亿等，一律用正楷或者行书体书写，不得用〇、一、二、三、四、五、六、七、八、九、十等简化字代替，不得任意自造简化字。大写金额数字到元或者角为止的，在"元"或者"角"字之后应当写"整"字或者"正"字，如小写金额￥2 409.50，汉字大写金额应写成"人民币贰仟肆佰零玖元伍角整"；大写金额数字有分的，"分"字后面不写"整"或者"正"字。

（4）大写金额数字前未印有货币名称的，应当加填货币名称，货币名称与大写金额数字之间不得留有空白。

（5）阿拉伯金额数字中间有"0"时，汉字大写金额要写"零"字，如小写金额￥5 609.08，大写金额应写成"人民币伍仟陆佰零玖元零捌分"；阿拉伯金额数字中间连续有几个"0"时，汉字大写金额中可以只写一个"零"字，如小写金额￥1 002.74，大写金额应写成"人民币壹仟零贰元柒角肆分"；阿拉伯金额数字元位是"0"，或者数字中间连续有几个"0"、元位也是"0"，但角位不是"0"时，汉字大写金额可以只写一个"零"字，也可以不写"零"字，如小写金额￥3 680.92，大写金额可写成"人民币叁仟陆佰捌拾元零玖角贰分"，或者写成"人民币叁仟陆佰捌拾元玖角贰分"。

（6）凡填写大写和小写金额的原始凭证，大写与小写的金额必须相符。

（五）连续编号

各种原始凭证要连续编号，以便查考。如果凭证已预先印定编号，如发票、收据、支票，则应按编号连续使用，在写错需要作废时，应加盖"作废"戳记，与存根一起妥善保管，不得撕毁。

（六）不得涂改、刮擦、挖补

原始凭证有错误的，应当由出具单位重开或更正，更正处应当加盖出具单位印章。原始凭证金额有错误的，应当由出具单位重开，不得在原始凭证上更正。各种凭证不得随意涂改、刮擦、挖补，若填写错误，应采用规定的方法予以更正。对于重要的原始凭证，如支票以及各种结算凭证，一律不得涂改。对于预先印有编号的各种凭证，在填写错误后，要加盖"作废"戳记，并单独保管。

（七）填制及时

原始凭证应在经济业务发生或完成时及时填制，并按照规定的程序和手续传递至有关业务部门和会计部门，以便及时办理后续的会计审核和记账工作。

【例 6-1】2017 年 12 月 12 日，路达公司向星海公司售出永久牌工装 196 件，每件售价 5 180 元，增值税税款为 172 597.60 元，价税共计 1 187 877.60 元。销售部门售出产品时，填写增值税专用发票一张，如图 6-2 所示。

××市增值税专用发票

北京市

国家税务局监制

发 票 联

No.×××××××号

开票日期：2017年12月12日

购货单位	名　　称：星海公司 税务登记号：0274797872 地址、电话：××市××街××号 开户行及账号：工商银行×××市分行××支行第0002995519			密码区	（略）		
货物或应税劳务名称	规格型号	单位	数量	单价	金额	税率	税额
永久牌工装		件	196	5180	1015280.00	17%	172597.60
合　计					1015280.00	17%	172597.60
价税合计（大写）	⊗壹佰壹拾捌万柒仟捌佰柒拾柒元陆角整				（小写）￥1187877.60		
销货单位	名　　称：路达公司 税务登记号：0373297879 地址、电话：××市××街××号 5710446 开户行及账号：工商银行××市分行×××支行第0001995518			备注	路达公司 0373297879 发票专用章		

收款人：　　　　复核：　　　　开票人：刘强　　　　销货单位：（章）

第三联 发票联 购货方记账凭证

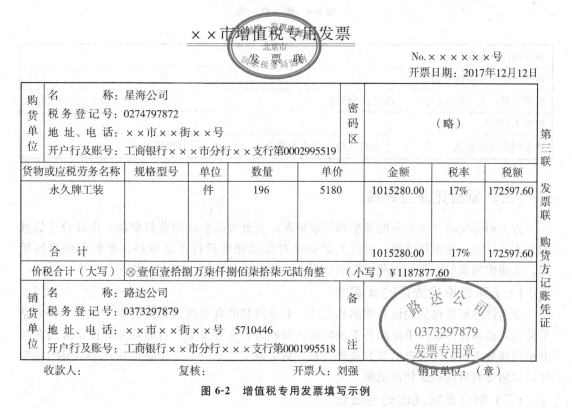

图 6-2　增值税专用发票填写示例

【例 6-2】2017 年 12 月 20 日，华欣公司出纳员开出现金支票向银行提取现金 96 000 元，用于发放工资，由出纳人员填写的现金支票如图 6-3 所示。

中国工商银行

现金支票存根

NO H00328678

附加信息＿＿＿＿＿＿

出票日期 2017 年 12 月 20 日

收款人：	华欣公司
金　额：	￥96 000
用　途：	发工资

单位主管　　会计

本支票付款期限十天

中国工商银行　现金支票　NO H00328678

出票日期　贰零壹柒年壹拾贰月贰拾日　　付款银行名称：澄江支行

收款人：华欣公司　　出票人账号：2755863

人民币 （大写）玖万陆仟元整	千	百	十	万	千	百	十	元	角	分
			￥	9	6	0	0	0	0	0

用途　发工资

上列款项请从

我账户内支付　　　复核　　　记账

出票人签章

贴对单号处	NO：H00328678

图 6-3　现金支票填写示例

【例 6-3】2017 年 12 月 25 日，采购部王东向公司借款 5 600 元采购纺织品，则由王东填写借款单如表 6-9 所示。

表 6-9 借 款 单

2017 年 12 月 25 日

借款部门：采购部		
借款事由：采购纺织品		
借款金额：人民币（大写）　　　　伍仟陆佰元整		￥5 600.00 元
借款人（签章）：王东		
本部门负责人意见：	会计主管人员审批意见：	付款记录：

三、原始凭证的审核

为了如实反映经济业务的发生和完成情况，充分发挥会计的监督职能，保证会计信息的真实、合法、完整和准确，会计人员必须对原始凭证进行严格审核。审核后的原始凭证，才能作为填制记账凭证和记账的依据。原始凭证审核的主要内容如下。

（一）审核原始凭证的真实性

真实性的审核包括凭证日期的真实性、业务内容的真实性、数据的真实性等。外来原始凭证，必须盖有填制单位的公章或填制人员的签名或者盖章；自制原始凭证，必须有经办单位领导人及经办人员的签名或者盖章。对于通用原始凭证，还应审核凭证本身的真实性，以防止假冒的原始凭证记账。

（二）审核原始凭证的合法性

审核原始凭证所记录经济业务是否违反国家法律法规，是否符合有关的批准权限，是否履行了规定的凭证传递程序，是否有贪污、挪用等行为。

（三）审核原始凭证的合理性

审核原始凭证所记录的经济业务是否符合企业生产经营活动的需要，是否符合有关计划和预算等。

（四）审核原始凭证的完整性

审核原始凭证各项要素是否填写齐全，日期是否完整、数字是否清晰、文字是否工整、有关签名或盖章是否齐全、凭证联次是否正确，有无漏项。

（五）审核原始凭证的正确性

审核原始凭证各项金额的计算及填写是否正确，是否符合规定的书写规范。

（六）审核原始凭证的及时性

审核原始凭证的填制日期是否是经济业务发生或完成时候的日期，或者与经济业务发生日期相近。涉及货币资金收付业务的原始凭证，是否有推迟收款或提前付款的记录。审核各种票据是否过期等。

四、审核后的原始凭证的处理

经审核的原始凭证应根据不同的情况分别进行处理。

（1）完全符合要求的原始凭证，应及时据以编制记账凭证。

（2）真实、合法、合理但内容不够完整，填写有误的原始凭证，应退回有关经办人员，由其负责将有关凭证补充完整、更正错误或重开，然后再办理正式会计手续。

（3）不真实、不合法的原始凭证，会计机构和会计人员有权不予接受，并向单位负责人报告。

任 务 三　记账凭证的填制和审核

记账凭证是登记账簿的直接依据，也称分录凭证。由于原始凭证只表明经济业务的具体内容，不能直接反映其对会计要素的影响，不能显示应记的会计科目和记账方向，不能凭其直接入账，因此，编制记账凭证，将原始凭证使用的普通商业语言转化成会计语言是一种质的飞跃。

编制记账凭证其实就是把根据业务内容编制好的会计分录放在专用格式中，再注明时间、编号、附件数量和人员签章，这样一张记账凭证就编制好了，所以编制记账凭证的过程实际就是编制会计分录的过程。

一、记账凭证的基本内容

记账凭证作为登记账簿的依据，因其所反映经济业务的内容不同、各单位规模大小，以及对会计核算繁简程度的要求不同，其格式亦有所不同。为了满足记账的基本要求，记账凭证必须具备以下基本内容：

（1）记账凭证的名称；

（2）填制日期（记账凭证的填制日期与原始凭证的填制日期可能相同也可能不同）；

（3）记账凭证的编号；

（4）经济业务的内容摘要；

（5）应借、应贷的科目（包括总账科目和明细科目）和金额；

（6）记账备注，作为记账备忘或过账对照；

（7）所附原始凭证的张数；

（8）会计主管、记账、出纳、复核、制单等有关人员的签名盖章。

二、记账凭证的填制要求

由于记账凭证的种类不同，其填制的方法也有所差异，因此，会计人员首先应确定使用哪一种记账凭证。收支业务不多的单位，可以使用通用记账凭证。为了便于记账凭证的编号、使用、装订和保管，对于已确定的记账凭证，其种类和格式一般不宜轻易地更换。各种记账凭证应按以下要求填制。

（一）填制依据

记账凭证应该根据审核无误的原始凭证或原始凭证汇总表填制。可以根据每份原始凭证单独填制，也可以根据同类经济业务的多份原始凭证汇总填制，还可以根据原始凭证汇总表填制。需要注意的是，不同类型经济业务的原始凭证，不能混同编制一份记账凭证。

（二）正确确定应使用的记账凭证

采用专用记账凭证的单位，会计人员在接到经审核无误的原始凭证后，应根据经济业务的性质，先确定使用收款凭证、付款凭证还是记账凭证。涉及现金和银行存款之间，以及不同银行存款之间的相互划转业务，只填制付款凭证，避免重复记账。此外，在同一笔经济业务中，既涉及现金（或银行存款）的收付业务，又涉及转账业务时，应同时编制收款（或付款）凭证和转账凭证。例如，职工借款 5 000 元出差，回来报销差旅费 4 000 元，同时退还剩余的差旅费 1 000 元，应编制收款凭证和转账凭证。

（三）摘要

摘要既是对经济业务的简要说明，又是登记账簿的需要。故要求填写时既要简明扼要，又能贴切地说明问题。

（四）连续编号

记账凭证应按月根据业务发生顺序，按自然数 1、2、3…连续编号。一张记账凭证编一个号，不得跳号、重号。具体编号方法视记账凭证的种类不同而不同。

（1）通用记账凭证，可按业务发生的顺序，将所有记账凭证统一编号，即采用顺序编号法。

（2）专用记账凭证，通常采用分类编号法，即按收款凭证、付款凭证和转账凭证分收、付、转三类编号，如"收字第×号""付字第×号""转字第×号"。这种按凭证字号进行分类编号的方法，又称为字号编号法。

（五）应注明记账凭证的附件

凭证的编制是以原始凭证为依据的，因此，原始凭证应作为记账凭证的附件附在记账凭证后面，否则，对记账凭证真实性、正确性的审核就无从说起。例如，采用支票结算方式时，收款人将收到的支票送存开户银行，并进行收入确认的账务处理时，应将银行进账单（回单）、收据或发票等凭证作为附件附在记账凭证的后面；又如，开出支票支付购货运输费时，则运输部门开具的发票、企业开出的支票存根等均应作为记账凭证的附件。只有下列情况的记账凭证可以不附原始凭证：更正错账的记账凭证和期末结账的记账凭证。

（六）记账凭证的复合和检查

各种记账凭证都必须有会计主管人员或其指定专人审核签名盖章后，方能作为记账的依据。其中，收款凭证必须经审核签字后，才能交出纳人员办理收、付款业务。对于已办妥收、付款业务的收、付款凭证及其所附的所有原始凭证，必须当即加盖"收讫""付讫"戳记，以防重复收付，并由出纳人员在收、付款的记账凭证上签字和盖章。

（七）正确使用和编制会计科目

正确使用和编制会计科目，是编制记账凭证的最基本也是最重要的内容。有关会计科目的内容已在模块三做过介绍，此处不再重复。

三、记账凭证的填制

填制记账凭证时，除按照凭证格式及填写要求填写外，主要问题就是编制会计分录。下面以长城公司 2017 年 12 月所发生的部分经济业务为例，说明记账凭证的填制。

【例 6-4】长城公司采用专用记账凭证。2017 年 12 月发生部分经济业务如下：

（1）12 月 2 日，收到黄河公司追加投资，其中，收到银行存款 5 000 000 元，固定资产 1 000 000 元。

(2) 12 月 6 日，赊购商品 18 500 元。

(3) 12 月 10 日，从银行提取现金 1 000 元，以备日常开支。

(4) 12 月 12 日，李经理出差预支现金 1 000 元。

(5) 12 月 20 日，收到上月销货款 35 000 元，已存入银行。

解析： 根据上述业务的原始凭证资料，填制记账凭证如下。

业务(1)是一笔复合业务，应编制一笔复合会计分录。在填制专用记账凭证时，应分别填制一张收款凭证和转账凭证，如表 6-10 和表 6-11 所示。

表 6-10 收 款 凭 证

总第 1 号

借方科目：银行存款　　　　　　　2017 年 12 月 2 日　　　　　　　收字第 1 号

摘要	贷方科目		记账	金额
	总账科目	明细科目		
收到追加投资	实收资本	黄河公司	√	5 000 000
合计				¥5 000 000

附件 1 张

会计主管：张三　　　记账：李四　　　审核：王五　　　出纳：陈六　　　制单：李四

表 6-11 转 账 凭 证

总第 2 号

2017 年 12 月 2 日　　　　　　　转字第 1 号

摘要	总账科目	明细科目	记账	借方金额	贷方金额
收到追加投资	固定资产		√	1 000 000	
收到追加投资	实收资本	黄河公司	√		1 000 000
合计				¥1 000 000	¥1 000 000

附件 2 张

会计主管：张三　　　记账：李四　　　审核：王五　　　出纳：陈六　　　制单：李四

业务(2)是一笔转账业务，应编制一张转账凭证，如表 6-12 所示。

表 6-12 转 账 凭 证

总第 3 号

2017 年 12 月 6 日　　　　　　　转字第 2 号

摘要	总账科目	明细科目	记账	借方金额	贷方金额
赊购商品	库存商品		√	18 500	
赊购商品	应付账款		√		18 500
合计				¥18 500	¥18 500

附件 2 张

会计主管：张三　　　记账：李四　　　审核：王五　　　出纳：陈六　　　制单：李四

业务(3)是一笔银行存款与现金互相划转的业务，应编制一张银行存款付款凭证，如表 6-13 所示。

表 6-13　付 款 凭 证

总第 4 号

贷方科目：银行存款　　　　　　　2017 年 12 月 10 日　　　　　　　付字第 1 号

摘要	借方科目		记账	金额	附件2张
	总账科目	明细科目			
提现	库存现金		√	1 000	
合计				￥1 000	

会计主管：张三　　　记账：李四　　　审核：王五　　　出纳：陈六　　　制单：李四

业务(4)是一笔付款业务，应填制一张付款凭证，如表 6-14 所示。

表 6-14　付 款 凭 证

总第 5 号

贷方科目：库存现金　　　　　　　2017 年 12 月 12 日　　　　　　　付字第 2 号

摘要	借方科目		记账	金额	附件1张
	总账科目	明细科目			
预支差旅费	其他应收款	李经理	√	1 000	
合计				￥1 000	

会计主管：张三　　　记账：李四　　　审核：王五　　　出纳：陈六　　　制单：李四

业务(5)，应编制一张银行存款的收款凭证，如表 6-15 所示。

表 6-15　收 款 凭 证

总第 6 号

借方科目：银行存款　　　　　　　2017 年 12 月 2 日　　　　　　　收字第 2 号

摘要	贷方科目		记账	金额	附件1张
	总账科目	明细科目			
收到上月货款	应收账款		√	35 000	
合计				￥35 000	

会计主管：张三　　　记账：李四　　　审核：王五　　　出纳：陈六　　　制单：李四

四、记账凭证的审核

记账凭证是根据审核无误的原始凭证填制的,是登记账簿的依据。为了保证账簿记录的准确性,记账前必须对已编制的记账凭证由专人进行认真、严格的审核,审核的主要内容如下。

(1) 按原始凭证审核的要求,对所附的原始凭证进行复核。

(2) 记账凭证所附的原始凭证是否齐全,是否同所附原始凭证内容相符,金额是否一致等。对一些需要单独保管的原始凭证和文件,应在凭证上加注说明。

(3) 凭证中会计科目使用是否准确,应借、应贷的金额是否一致,账户的对应关系是否清晰;核算的内容是否符合会计制度的规定等。

(4) 记账凭证所需要填写的项目是否齐全,有关人员是否都已签章等。

在记账凭证的审核中,如发现错误,应及时查明原因,根据不同的错误情况,按规定的方法进行更正或重新填制。其中,如果是因为原始凭证错误引起的记账凭证错误,凡是尚未登记账簿的,应责成经办人退回原填制单位或填制人更正或补填,记账凭证的制证人员一般应根据更正或补填的原始凭证重新填制记账凭证,或采用画线更正法进行更正;凡是已经登记入账的,则不抽出原来的原始凭证,而是责成经办人另外补填原始凭证,按补填正确的原始凭证,选用正确的错账更正方法进行更正。

如果是记账凭证本身填制错误,凡是尚未登记入账的,应责成制证人员重新填制;对于已经登记入账的记账凭证,则应按规定的方法进行错账更正。

任 务 四　会计凭证的传递和保管

一、会计凭证的传递

会计凭证的传递是指从会计凭证的取得或填制时起至归档保管过程中,在单位内部有关部门和人员之间的传送程序。会计凭证的传递,应当满足内部控制制度的要求,使传递程序合理有效,同时尽量节约传递时间,减少传递的工作量。各单位应根据具体情况确定每一种会计凭证的传递程序和方法。

会计凭证的传递包括传递程序和传递时间。各单位应根据经济业务特点、内部机构设置、人员分工和管理要求,具体规定各种凭证的传递程序;根据有关部门和经办人员办理业务的情况,确定凭证的传递时间。在制定合理的凭证传递程序和时间时,通常考虑以下几点。

(1) 根据经济业务的特点、业务内部的机构设置和人员分工情况,以及管理上的要求等,具体规定各种凭证的联数和传递程序,使有关部门既能按规定手续处理业务,又能利用凭证资料掌握情况,提供数据,协调一致。

(2) 根据有关部门和人员办理业务的必要手续时间,确定凭证的传递时间,时间过紧会影响业务手续的完成,时间过松则影响工作效率。

(3) 通过调查研究和协商来制定会计凭证的传递程序和传递时间。

二、会计凭证的保管

会计凭证的保管是指会计凭证记账后的整理、装订、归档和存查工作。会计凭证作为记账的依据,是重要的会计档案和经济资料。本单位以及其他有关单位会由于各种原因需要查阅会计凭证,特别是发生贪污、盗窃、违法乱纪行为时,会计凭证还是依法处理的有效证据。因此,任何单位在完成经济业务手续和记账后,必须将会计凭证按规定的立卷归档制度形成会计档案资料,妥善保管,防止丢失,不得任意销毁,以便日后随时查阅。

会计凭证的保管要求包括以下几个方面。

(1)会计凭证应定期装订成册,防止散失。会计部门在依据会计凭证记账以后,应定期(每天、每旬或每月)对各种会计凭证进行分类整理,将各种记账凭证按照编号,连同所附的原始凭证一起加具封面和封底,装订成册,并在装订线上加贴封签,由装订人员在装订线封签处签名或盖章。

(2)会计凭证封面应注明单位名称、凭证种类、凭证张数、起止号数、年度、月份、会计主管人员和装订人员等有关事项,会计主管人员和保管人员应在封面上签章。

(3)会计凭证装订成册后应加贴封条,防止抽换凭证。原始凭证不得外借,其他单位如有特殊原因确实需要使用时,经本单位会计机构负责人(会计主管人员)批准,可以复印使用。向外单位提供的原始凭证复印件,应在专设的登记簿上登记,并由提供人员和收取人员共同签名、盖章。

(4)原始凭证较多时,可单独装订,但应在凭证封面上注明所属记账凭证的日期、编号和种类,同时应在所属的记账凭证上注明"附件另订"及原始凭证的名称和编号,以便查阅。对各种重要的原始凭证,如押金收据、提货单等,以及各种需要随时查阅和退回的单据,应另编目录,单独保管,并在有关的记账凭证和原始凭证上分别注明日期和编号。

(5)每年装订成册的会计凭证,在年度终了时可暂由单位会计机构保管一年,期满后应移交本单位档案机构统一保管;未设立档案机构的,应当在会计机构内部指定专人保管。出纳人员不得兼管会计档案。

(6)会计凭证的保管期限一般为15年。保管期未满,任何人都不得随意销毁会计凭证。按规定销毁会计凭证时,必须开列清单,报经批准后,由档案部门和会计部门共同派人员监销。在销毁会计凭证前,监督销毁人员应认真清点核对,销毁后,在销毁清册上签名或盖章,并将监销情况报本单位负责人。

拓展阅读

犯罪嫌疑人王某,49岁,南京某建筑工程总公司路桥工程公司(以下简称路桥公司)会计兼出纳。犯罪嫌疑人马某,50岁,路桥公司副经理。犯罪嫌疑人陈某,36岁,路桥公司办公室主任。

2009年6月21日下午2时许,南京市纪委找犯罪嫌疑人王某、马某到总公司办公室谈话。在谈话中,王某交代了路桥公司私设小金库的事实,并让其妻从家中送来了他制作的记载小金库账目来源及大致去向的U盘,以及存放小金库资金的银行卡。纪委当即追问小金库的明细账目,王某按照事先串通好的,向纪委谎称账目已被销毁。谈话结束后,陈某、马某、王某随即聚在一起商量,陈某提出账册不能留要处理掉,马某、王某均表同意，于是连夜由驾驶员孙某（已取保候审）开车带上述人员到王某家中取得小金库账目的原始凭证后，由陈某、孙某将凭证拿到外地烧毁。

上述销毁的是两处市政重点工程的小金库明细账，在1年多的时间内，仅这两项工程，路桥公司通过向总公司虚报预付工程款的手段，多次提取现金达465.2万元。其中，用于业务招待费达100余万元；业务餐费达40余万元；项目部奖金、加班费达134余万元；有关人员奖金、加班费达37余万元；交通、通信费达24余万元。

一、分歧意见

本案所涉及的故意销毁会计凭证罪是刑法修正案所增设的罪种，犯罪嫌疑人故意销毁的小金库账目是否构成故意销毁会计凭证罪，有关专家对此有三种意见。

第一种意见：三名犯罪嫌疑人的行为不构成故意销毁会计凭证罪。这种意见认为，路桥公司的小金库资金是通过虚报工程款的方式套取的，即通过非法手段获得的，其本身就是违法的，它不属于故意销毁会计凭证罪所规定的"依法应当保存的会计凭证"。对小金库的资金是否必须做账并保存，不应做扩大化的解释，因此三名犯罪嫌疑人不构成故意销毁会计凭证罪。

第二种意见：三名犯罪嫌疑人的行为构成帮助毁灭证据罪，是一种妨害司法犯罪。这种意见也同意第一种意见中犯罪嫌疑人的行为不构成故意销毁会计凭证罪的分析，他们认为犯罪嫌疑人故意烧毁会计凭证的行为无疑是在毁灭证据，阻碍司法机关对相关受贿案件和其他犯罪嫌疑人的查处，从而侵犯了司法机关正常的刑事案件查处活动，应构成帮助毁灭证据罪。

第三种意见：三名犯罪嫌疑人的行为构成故意销毁会计凭证罪。这种意见认为小金库资金的性质仍是公款，路桥公司是在对外业务过程中支配、使用该款项的，也就是说公款仍在公用，理应将该款项的有关会计凭证依法保存，所以犯罪嫌疑人销毁的会计凭证理应属于"依法应当保存的会计凭证"。本案犯罪嫌疑人销毁了400多万元的原始会计凭证，情节严重，构成故意销毁会计凭证罪。

二、笔者意见

笔者同意第三种意见，即该案中小金库的会计凭证属于"依法应当保存的会计凭证"，犯罪嫌疑人故意销毁小金库会计凭证的行为情节严重，构成故意销毁会计凭证罪，理由如下。

故意销毁会计凭证罪是指负有保存会计资料义务的人员，故意销毁依法应当保存的会计凭证、会计账簿、财务会计报告，情节严重的行为。《刑法修正案（一）》将隐匿、故意销毁会计凭证、会计账簿、财务会计报告罪放到了《刑法》第三章第三节妨害对公司、企业的管理秩序罪中，表明该罪侵犯的客体是国家对公司、企业的管理秩序。法律要求设立规范的公司、企业会计账目，并依法予以保存的目的在于准确反映公司、企业的经营状况，以备随时查核，并依法予以监督。"小金库"的设立隐匿了公司、企业的部分经营项目与资金往来，以此规避国家对其正常审核与监督，为法律所禁止。但"小金库"账目的会计资料与公司、企业其他应当依法保存的会计资料一样，记载了公司、企业特定时期的部分经营、活动情况，都是应当依法保存的。销毁这些会计资料，就是销毁企业这部分经营活动情况的书面记载，从而规避有关部门对此依法进行的监督检查。因此，这种行为正是《刑法修正案》特别立法所打击的对象。

　　本案中销毁的原始凭证所反映的款项性质为公款，路桥公司的小金库是犯罪嫌疑人通过虚增工程款的方式，套取本单位的资金而设立的，其性质归根到底仍是公款。作为国有公司下属机构的路桥公司是在对外业务过程中支配、使用该款项的，也就是说公款仍在公用，只不过是路桥公司在超越职权范围之外掌控该部分公款，形式上的违法不能掩盖其公款公用的性质。透过小金库本身的违法外表，这部分公款仍应受到有效地监管，路桥公司理应将该部分公款的有关会计凭证依法保存。这些会计凭证属于"依法应当保存的会计凭证"，而不能仅考虑该款项是通过不正当手段获得的，就认为它不是法律上所说的依法应当保存的会计资料。

　　本案中，犯罪嫌疑人销毁的是 400 多万元的原始会计记账凭证，而原始凭证最能清楚地反映一个单位资金的进出、走向情况。犯罪嫌疑人通过将小金库资金账目凭证销毁的方式，来掩盖其对内乱发奖金，对外大肆请客送礼，造成国有资金大量流失，非法获取建筑工程等违法犯罪行为，较之销毁一般的会计资料行为，无疑性质更为恶劣，社会危害性也更大。如果说销毁普通的会计资料行为尚且构成犯罪，而销毁小金库账目原始凭证的行为却仅仅因为小金库本身的违法性而导致不能定罪，于情于理都说不通，这无疑是在鼓励犯罪分子放心大胆地挥霍、侵吞国家财产，从而为各种职务犯罪大开方便之门。

　　因此，犯罪嫌疑人的行为无论从法理分析还是其严重的社会危害性方面分析，都属于《刑法》所要重点打击的对象，其行为构成故意销毁会计凭证罪。

　　注：该案起诉到法院后，法院一审对三名犯罪嫌疑人均判处有期徒刑两年，缓期两年执行，罚金三万元。三名犯罪嫌疑人未提起上诉。

　　资料来源：百度知道.

模块小结

　　本模块主要阐述原始凭证、记账凭证的填制和审核，以及会计凭证的传递和保管。

　　会计凭证是记录交易或事项、明确经济责任的书面文件，是登记账簿的依据。填制和审核会计凭证，是会计工作的开始，也是对交易或事项进行日常监督的重要环节。

　　会计凭证按其填制的程序和作用，可分为外来原始凭证和自制原始凭证两大类。

　　原始凭证按其来源不同，可分为外来原始凭证和自制原始凭证，按其填制方法的不同，分为一次凭证、累计凭证和汇总原始凭证。原始凭证是记账的原始资料和最重要的依据，具有直接的法律效力。

　　记账凭证是根据审核无误的原始凭证或原始凭证汇总表编制的，用于确定会计分录，是登记账簿的直接依据。记账凭证按其记录的经济业务与现金和银行存款的收付关系分为收款凭证、付款凭证和转账凭证。记账凭证按使用范围不同分为专用记账凭证和通用记账凭证。

　　会计凭证的传递和保管是指从会计凭证的取得或填制时起至归档保管的过程中，在单位内部有关部门和人员之间的传递程序。单位应根据具体情况制定每一种凭证的传递程序和时间，并且对会计凭证进行装订和保管。

思考与练习

一、思考题

1. 什么叫会计凭证？它具有哪些作用？

2. 什么叫原始凭证？原始凭证按照其来源可分为哪几种？按照其填制方法又可分为哪几种？

3. 什么叫记账凭证？记账凭证按照其来源可分为哪几种？

4. 什么叫一次凭证？什么叫累计凭证？两者的填制方法有何不同？

5. 原始凭证汇总表的编制依据是什么？具有什么作用？

6. 原始凭证的填制应遵循哪些要求？如何进行审核？

7. 收款凭证、付款凭证和转账凭证的填制有何不同？

8. 记账凭证的填制应遵循哪些具体要求？审核时应注意哪些方面？

9. 什么叫会计凭证的保管？会计凭证的保管有哪些具体要求？

二、单项选择题

1. 下列各项中，不属于原始凭证基本内容的是（ ）。

A. 填制日期　　　　B. 经济业务内容　　C. 应借应贷科目　　D. 有关人员签章

2. 领料汇总表属于（ ）。

A. 一次凭证　　　　B. 累计凭证　　　　C. 单式凭证　　　　D. 汇总原始凭证

3. 下列各项中，属于外来原始凭证的是（ ）。

A. 入库单　　　　　　　　　　　　B. 领料单

C. 银行收账通知单　　　　　　　　D. 出库单

4. 对原始凭证发生的错误，正确的更正方法是（ ）。

A. 通过涂改、刮擦、挖补等办法进行更正

B. 由本单位会计人员代为更正

C. 金额发生错误的，可由出具单位在原凭证上更正

D. 金额发生错误的，应当由出具单位重开

5. 记账凭证按其所反映的经济内容不同，可以分为（ ）。

A. 单式凭证和复式凭证　　　　　　B. 收款凭证、付款凭证和转账凭证

C. 通用凭证和专用凭证　　　　　　D. 一次凭证、累计凭证和汇兑凭证

6. 企业购进原材料 60 000 元，款项未付。该笔经济业务应编制的记账凭证是（ ）。

A. 收款凭证　　　　B. 付款凭证　　　　C. 转账凭证　　　　D. 以上均可

7. 下列科目中，可能是收款凭证贷方科目的是（ ）。

A. 制造费用　　　　B. 管理费用　　　　C. 应收账款　　　　D. 坏账准备

8. 将会计凭证分为原始凭证和记账凭证的依据是（ ）

A. 填制时间　　　　　　　　　　　B. 取得来源

C. 填制的程序和用途　　　　　　　D. 反映的经济内容

9. 下列表示方法中，正确的是（ ）。

A. ￥508.00　　　　　　　　　　　B. ￥　86.00

C. 人民币伍拾陆元捌角伍分整　　　D. 人民币　柒拾陆元整

10. 下列记账凭证中，可以不附原始凭证的是（　　）。

A. 更正错误的记账凭证　　　　　　B. 从银行提取现金的记账凭证

C. 以现金发放工资的记账凭证　　　D. 职工临时性借款的记账凭证

11. 下列记账凭证中，可以不附原始凭证的是（　　）。

A. 所有收款凭证　　　　　　　　　B. 所有付款凭证

C. 所有转账凭证　　　　　　　　　D. 用于结账的记账凭证

12. 关于会计凭证的传递与保管，以下说法中不正确的是（　　）。

A. 科学合理的传递程序应能保证会计凭证在传递过程中的安全、及时、准确和完整

B. 要建立会计凭证交接的签收制度

C. 原始凭证不得外借，也不得复制

D. 会计凭证记账完毕后，应当按分类和编号顺序保管

13. 某单位购入设备一台，价款 100 万元，用银行存款支付 60 万元，另 40 万元则签发了商业汇票。对于这一项经济业务，单位应编制的记账凭证为（　　）。

A. 一张转账凭证　　　　　　　　　B. 一张收款凭证

C. 一张付款凭证　　　　　　　　　D. 一张转账凭证和一张付款凭证

三、多项选择题

1. 原始凭证的审核内容包括（　　）。

A. 有关数量、单价、金额是否正确无误

B. 是否符合有关的计划和预算

C. 记录的经济业务的发生时间

D. 有无违反财经制度的行为

2. 下列科目中，可能成为付款凭证借方科目的有（　　）。

A. 库存现金　　　　B. 银行存款　　　　C. 应付账款　　　　D. 应交税费

3. 转账凭证属于（　　）。

A. 记账凭证　　　　B. 专用记账凭证　　　C. 会计凭证　　　　D. 复式记账凭证

4. 涉及现金与银行存款相互转化的业务应编制的记账凭证有（　　）。

A. 现金收款凭证　　　　　　　　　B. 现金付款凭证

C. 银行存款收款凭证　　　　　　　D. 银行存款付款凭证

5. 下列说法中，正确的是（　　）。

A. 已经登记入账的记账凭证，在当年内发现填写错误时，直接用蓝字重新填写一张正确的记账凭证即可

B. 发现以前年度记账凭证有错误的，可以用红字填写一张与原内容相同的记账凭证，再用蓝字重新填写一张正确的记账凭证

C. 如果记账凭证中会计科目没有错误只是金额错误，也可以将正确数字与错误数字之间的差额，另填制一张调整的记账凭证，调增金额用蓝字，调减金额用红字

D. 发现以前年度记账凭证有错误的，应当用蓝字填制一张更正的记账凭证

6. 下列各项中，属于外来原始凭证的有（　　）。

A. 本单位开具的销售发票　　　　　B. 供货单位开具的发票

C. 职工出差取得的飞机票和火车票　D. 银行收付款通知单

7. 会计凭证的保管应做到( )。

A. 定期归档以便查阅　　　　　　B. 查阅会计凭证要有手续

C. 由企业自行销毁　　　　　　　D. 保证会计凭证的安全和完整

8. 在原始凭证上书写阿拉伯数字，正确的是( )。

A. 金额数字一律填写到角、分

B. 无角分的，角位和分位可写"00"或者符号"—"

C. 有角无分的，分位应当写"0"

D. 有角无分的分位可以用符号"—"代替

9. 下列说法中，正确的是( )。

A. 记账凭证上的日期指的是经济业务发生的日期

B. 对于涉及"库存现金"和"银行存款"之间的经济业务，一般只编制收款凭证

C. 出纳人员不能直接依据有关收款、付款业务的原始凭证办理收款、付款业务

D. 出纳人员必须根据经会计主管或其指定人员审核无误的收款、付款凭证办理收款、付款业务

10. 王明出差回来，报销差旅费 1 000 元，原预借 1 500 元，交回剩余现金 500 元，这笔业务应该编制的记账凭证有( )。

A. 付款凭证　　　B. 收款凭证　　　C. 转账凭证　　　D. 原始凭证

四、判断题

1. 所有的记账凭证都必须附有原始凭证，否则不能作为记账依据。( )

2. 原始凭证原则上不能外借，其他单位如有特殊原因确实需要使用时，经本单位会计机构负责人、会计主管人员批准，可以外借。( )

3. 原始凭证是会计核算的原始资料和重要依据，是登记会计账簿的直接依据。( )

4. 记账凭证填制完经济业务事项后，如有空行，应当自金额栏最后一笔金额数字下的空行处至合计数上的空行处画线注销。( )

5. 对于真实、合理、合法但内容不够完善、填写有错误的原始凭证，会计机构和会计人员不予以接受。( )

6. 自制原始凭证都是一次凭证，外来原始凭证绝大多数是一次凭证。( )

7. 会计凭证上填写的"人民币"字样或符号"￥"与汉字大写金额数字或阿拉伯金额数字之间应留有空白。( )

8. 发现从外单位取得的原始凭证遗失时，应取得原签发单位盖有公章的证明，并注明原始凭证的号码、金额、内容等，由经办单位会计机构负责人审核签章后，才能代作原始凭证。( )

9. 发现以前年度记账凭证有错误，不必用红字冲销，直接用蓝字填制一张更正的记账。( )

10. 将记账凭证分为收款凭证、付款凭证、转账凭证的依据是凭证填制的手续和凭证的来源。( )

五、业务题

1. 华晨公司 2017 年 12 月份发生的有关材料收、发业务如下(不考虑增值税因素)。

(1) 12 月 5 日，向红旗公司赊购生产用主要材料，如表 6-16 所示，材料已验收入库。

表 6-16　向红旗公司赊购生产用主要材料　　　　　　单位：千克

产品名称 材料名称	甲产品	乙产品
A 材料	1 000	50
B 材料	400	110

（2）12 月 10 日，制造产品领用材料如表 6-17 所示。

表 6-17　制造产品领用材料表　　　　　　单位：千克

产品名称 材料名称	甲产品	乙产品
A 材料	450	210
B 材料	100	200

（3）12 月 12 日，收到东方公司追加投资的一批材料，如表 6-18 所示，已验收入库。

表 6-18　东方公司追加投资的材料表

材料名称	数量	总价/元
A 材料	2 000 千克	103 000
燃料	100 吨	105 000

（4）12 月 15 日，向临海公司购进一批材料，如表 6-19 所示。材料已验收入库，货款已付讫。

表 6-19　向临海公司购进的材料表

材料名称	数量/千克	单价/元
B 材料	220	110
辅助材料	1 000	2

（5）12 月 19 日，车间部门制造产品领用材料如表 6-20 所示。

表 6-20　车间部门制造产品领用材料表　　　　　　单位：千克

产品名称 材料名称	甲产品	乙产品
A 材料	500	400
B 材料	100	150
辅助材料	300	—
燃料	4 000（甲、乙产品共同耗用）	

注：假定燃料成本由两种产品平均负担。

要求：根据上述资料，编制收料凭证汇总表（见表 6-21）和发料凭证汇总表（表 6-22）。

表 6-21 收料凭证汇总表

2017 年 12 月 31 日

材料类别 材料来源	材料采购		投资者投入		合计		
	数量	金额	数量	金额	数量	金额	单价
A 材料							
B 材料							
辅助材料							
燃料							
合计							

表 6-22 发料凭证汇总表

2017 年 12 月 31 日　　　　　　　　　　　　　　　单位：千克

会计科目	领料部门	原材料		辅助材料	燃料	合计
		A 材料	B 材料			
生产成本	甲产品					
	乙产品					
	小计					
制造费用	甲产品					
	乙产品					
	小计					
合计						

2. 世嘉公司投资 140 000 元创立娇娇摄影社，该摄影社于 2017 年 5 月 1 日成立开业，5 月份发生下列经济业务：

(1) 5 月 1 日，向广达公司赊购照相器材 85 000 元。

(2) 5 月 2 日，用库存现金购买感光材料一批 4 600 元。

(3) 5 月 3 日，摄影收入现金 1 600 元。

(4) 5 月 6 日，为大丰公司摄影，收入 23 000 元，账款暂欠。

(5) 5 月 7 日，大丰公司交来票据一张，面值 23 000 元，以偿还其本月 6 日欠款。

(6) 5 月 10 日，摄影收入现金 1 200 元。

(7) 5 月 14 日，开出支票，偿付广达公司欠款 25 000 元。

(8) 5 月 16 日，支付当月房屋租金费用 4 000 元。

(9) 5 月 17 日，摄影收入现金 1 000 元。

(10) 5 月 19 日，向银行借入半年期借款 30 000 元。

(11) 5 月 21 日，开出支票，支付电视广告费 5 000 元。

(12) 5 月 23 日，摄影收入现金 1 500 元。

(13) 5 月 30 日，用银行存款支付水电费 1 800 元，员工工资 8 000 元。

要求：不考虑增值税，根据上述资料，编制通用记账凭证和专用记账凭证。

模块七
会计账簿

学习目标

1. 了解会计账簿的概念、会计账簿的格式和会计账簿的种类；
2. 熟悉会计账簿设置原则和对账方法；
3. 掌握会计账簿的登记方法，能够使用不同的更正方法对不同的错账进行更正。

情景导入

　　小王是大学会计专业的应届毕业生，在参加人才招聘会时看到房地产企业的工资薪酬比较高，于是想去应聘房地产企业会计职位的工作。小王坐下来，面试官问了小王一个问题，"房地产企业会涉及原材料的一些问题，水泥这种原材料应该在做账的时候登记到什么账簿呢？"请问同学们，你们知道吗？

　　旺旺集团的财务人员将公司本月发生的全部经济业务记录到会计凭证之中，这些会计凭证反映的经济业务是单一、分散的，如何将这些会计凭证进一步集中、归集，这就是将会计凭证中的信息整理到会计账簿中的过程了。

任务一　设置和登记会计账簿的意义和要求

　　任何企业在建立之初都会面临建账的问题，什么是建账呢？建账，就是根据会计法律规定、企业所属行业的要求和将来可能发生的经济业务，设置所需要的账簿，记录和反映企业发生的经济业务信息。这看似一个非常简单的问题，但从建账过程可以看出会计人员的业务水平和对企业经营活动的熟悉程度，所以建账之前必须要了解关于账簿的一些问题。

一、会计账簿的概念

　　根据经济业务填制会计凭证，然后根据会计凭证登记账簿，叫作记账。记账要使用一定的账簿，所谓账簿，就是指以会计凭证为依据，连续、全面、系统地记录和反映企业单位经济业务的会计簿籍，它由一定格式且相互联系的账页所组成，是记录会计信息的载体。设置和登记账簿是会计循环中必不可少的步骤，任何企业单位都必须设置会计账簿。

二、设置会计账簿的意义

填制会计凭证后之所以还要设置和登记账簿，是由于两者虽然都是用来记录经济业务，但两者的作用不同。在会计核算中，对每一项经济业务，都必须取得和填制会计凭证，因而会计凭证数量很多又很分散，而且每张凭证只能记载个别经济业务的内容，所提供的资料是零星的，不能全面、连续、系统地反映和监督一个经济单位在一定时期内某一类和全部经济业务活动的情况，且不便于日后查阅。因此，为了给经济管理提供系统的会计核算资料，各单位都必须在凭证的基础上设置和运用登记账簿的方法，把分散在会计凭证上的大量核算资料加以集中和归类整理，生成有用的会计信息，从而为编制会计报表、进行会计分析，以及审计提供主要依据。

▶ 1. 通过账簿的设置和登记，记载、储存会计信息

将会计凭证所记录的经济业务计入有关账簿，可以全面反映会计主体在一定时期内所发生的各项资金运动，储存所需要的各项会计信息。

▶ 2. 通过账簿的设置和登记，分类、汇总会计信息

账簿由不同的相互关联的账户所构成，通过账簿记录，一方面可以分门别类地反映各项会计信息，提供一定时期内经济活动的详细情况；另一方面可以通过发生额、余额计算，提供各方面所需要的总括会计信息，反映财务状况及经营成果。

▶ 3. 通过账簿的设置和登记，检查、校正会计信息

账簿记录是会计凭证信息的进一步整理。

▶ 4. 通过账簿的设置和登记，编表、输出会计信息

为了反映一定日期的财务状况及一定时期的经营成果，应定期进行结账工作，进行有关账簿之间的核对，计算本期发生额和余额，据以编制会计报表，向有关各方提供所需要的会计信息。

三、设置和登记会计账簿的要求

在实际工作中，设置和登记会计账簿都必须按照一定的要求来进行。

▶ 1. 准确完整

登记会计账簿时，应当将会计凭证日期、编号、业务内容摘要、金额和其他有关资料逐项计入账内，做到数字准确、摘要清楚、登记及时、字迹工整。每一项会计事项，不仅要计入有关的总账，还要计入该总账所属的明细账。账簿记录中的日期应该填写记账凭证上的日期，以自制的原始凭证，如收料单、领料单等作为记账依据的，账簿记录中的日期应按有关自制凭证上的日期填列。登记账簿要及时，但《会计基础工作规范》未对各种账簿的登记间隔做统一规定。一般来说，这要看本单位所采用的具体会计核算形式而定。

▶ 2. 注明记账符号

登记完毕后，要在记账凭证上签名或者盖章，并注明已经登账的符号，表示已经记

账。在记账凭证上设有专门的栏目用于注明记账的符号，以免发生重记或漏记。

▶ 3. 文字和数字必须整洁清晰，准确无误

在登记书写时，不要滥造简化字，不得使用同音异义字，不得写怪字体；摘要文字紧靠左线；数字要写在金额栏内，不得越格错位、参差不齐；文字、数字字体大小适中，紧靠下线书写，上面要留有适当空距，一般应占格宽的1/2，以备按规定的方法改错。记录金额时，如为没有角分的整数，应分别在角分栏内写上"0"，不得省略不写或以"一"号代替。阿拉伯数字一般可自左向右适当倾斜，以使账簿记录整齐、清晰。为防止字迹模糊，墨迹未干时不要翻动账页；夏天记账时，可在手臂下垫一块软质布或纸板等，以防汗浸。

▶ 4. 正常记账使用蓝黑墨水

登记账簿要用蓝黑墨水或者碳素墨水书写，不得使用圆珠笔（银行的复写账簿除外）或者铅笔书写。在会计的记账书写中，数字的颜色是重要的信息之一，它同数字和文字一起传达出会计信息。如同数字和文字错误会表达错误的信息，书写墨水的颜色用错了，其导致的概念混乱也不亚于数字和文字错误。

▶ 5. 特殊记账使用红墨水

下列情况使用红色墨水记账是会计工作的惯例：①按照红字冲账的记账凭证，冲销错误记录；②在不设借贷等栏的多栏式账页中，登记减少数；③在三栏式账户的余额栏前，如未印明余额方向的，在余额栏内登记负数余额；④根据国家统一会计制度的规定可以用红字登记的其他会计记录。

财政部会计司编辑的《会计制度补充规定及问题解答（第一辑）》中，在介绍"应交税费——应交增值税"明细账户的设置方法时，对使用红色墨水登记的情况做了一系列较为详尽的说明：在"进项税额"专栏中用红字登记退回所购货物应冲销的进项税额；在"已交税金"专栏中用红字登记退回多交的增值税税额；在"销项税额"专栏中用红字登记退回销售货物应冲销的销项税额，以及在"出口退税"专栏中用红字登记出口货物办理退税后发生退货或者退关而补交已退的税款。

▶ 6. 顺序连续登记

各种账簿按页次顺序连续登记，不得跳行、隔页，更不得随便更换账页和撤出账页，作废的账页也要留在账簿中，如果发生跳行、隔页，应当将空行、空页画线注销，或者注明"此行空白""此页空白"字样，并由记账人员签名或者盖章。这对防范账簿登记中可能出现的漏洞是十分必要的措施。

▶ 7. 结出余额

凡需要结出余额的账户，结出余额后，应当在"借或贷"等栏内写明"借"或者"贷"等字样。没有余额的账户，应当在"借或贷"等栏内写"平"字，并在余额栏内用"0"表示。现金日记账和银行存款日记账必须逐日结出余额。一般来说，对于没有余额的账户，在余额栏内标注的"0"应当放在"元"位。

▶ 8. 过次承前

每一账页登记完毕结转下页时，应当结出本页合计数及余额，写在本页最后一行和下页第一行有关栏内，并在摘要栏内注明"过次页"和"承前页"字样；也可以将本页合计数及金额只写在下页第一行有关栏内，并在摘要栏内注明"承前页"字样。也就是说，"过次页"

和"承前页"的方法有两种：一是在本页最后一行内结出发生额合计数及余额，然后过次页并在次页第一行承前页；二是只在次页第一行承前页写出发生额合计数及余额，不在上页最后一行结出发生额合计数及余额后过次页。

▶ 9. 登记发生错误时，必须按规定方法更正

发现差错必须根据差错的具体情况采用画线更正、红字更正、补充登记等方法更正。严禁刮、擦、挖、补，或使用化学药物清除字迹。

▶ 10. 定期打印

《会计基础工作规范》第61条对实行会计电算化的单位提出了打印上的要求："实行会计电算化的单位，总账和明细账应当定期打印"，"发生收款和付款业务的，在输入收款凭证和付款凭证的当天必须打印出现金日记账和银行存款日记账，并与库存现金核对无误"。这是因为在以机器或其他磁性介质储存的状态下，各种资料或数据的直观性不强，而且信息处理的过程不明，不便于进行某些会计操作和进行内部或外部审计，对会计信息的安全和完整也不利。

【例7-1】下列各项中，符合登记会计账簿基本要求的有(   )。

A. 文字和数字的书写应占格距的1/3

B. 不得使用圆珠笔书写

C. 应连续登记，不得跳行、隔页

D. 无余额的账户，在"借或贷"栏内写"平"

解析：BCD。

【例7-2】登记账簿时，错误的做法是(   )。

A. 文字和数字的书写占格距的1/2

B. 发生的空行、空页一定要补充书写

C. 用红字冲销错误记录

D. 在发生的空页上注明"此页空白"

解析：B。小企业一般应该设置以下四种账簿：①现金日记账，一般企业只设一本现金日记账。但如有外币，则应就不同的币种分设现金日记账。②银行存款日记账，一般应根据每个银行账号单独设立一本账。如果企业只有一个基本账户，则只设一本银行存款日记账。现金日记账和银行存款日记账均应使用订本账。根据单位业务量大小可以选择购买100页的或200页的。③总分类账，一般企业只设一本总分类账。通常使用订本账，根据单位业务量大小可以选择购买100页的或200页的。这一本总分类账包含企业所设置的全部账户的总括信息。④明细分类账，应采用活页账，账页格式通常有三栏式、多栏式和数量金额式。其中，存货类的明细账要用数量金额式的账页；收入、费用、成本类的明细账要用多栏式的账页；其他的基本全用三栏式账页。应交增值税的明细账单有账页。业务简单且很少的企业可以把所有的明细账户设在一本明细账上；业务多的企业可根据需要分别就资产、权益、损益类分三本明细账；也可单独就存货、往来账项各设一本，此处没有硬性规定，完全视企业管理需要来设。

拓展阅读

财务软件建账

财务软件建账是指财务软件正式投入使用之前所做的初始设置。在建账之前，会计科

目还没有设立，前期各科目的余额和发生额也无法输入，所以建账是账务软件正式使用之前必经的首要步骤。

一、数据收集

系统初始化需要收集手工账中的会计科目和各科目的余额，如从年度中间开始建账还需要收集各科目的累计发生额、年初余额。所以需预先从手工账中整理出各级科目的名称、层次、余额、发生额。在此要注意，应完整地收集最底层明细科目的余额、发生额，避免遗漏，以保证初始化时输入数据的准确、顺利。

二、编码设置

账务软件中广泛应用代码，在此主要介绍科目代码的设置。建账时要将收集到的会计科目加入账务软件，建立账务软件的会计科目体系。在电算化账务软件中，除了像手工账务一样要使用会计科目外，还要为每一个会计科目加入一个编码。会计科目编码通常用阿拉伯数字编制，采用分段组合编码的方式，即从左到右分成数段，每一段设有固定的位数表示不同层次的会计科目，如第一段表示总账科目，第二段表示二级明细科目，第三段表示三级明细科目。

三、数据输入

完成编码设置后，即可将各科目余额输入系统。账务软件在一月份启用时只需输入上年余额即可，上年余额既是年初余额又是一月份的期初余额。如账务软件在其他月份启用，除需要输入启用月份余额外，还必须输入年初余额和一月到启用账务软件之前各月的累计发生额，这是为会计报表所准备的数据，如不输入累计发生额，由于会计数据缺乏连续性，在以后的查询及报表中如需要全年累计发生额，系统将无法提供正确的数据。在实际操作中，大部分账务软件都提供了简化操作的方法，即只需输入最底层明细科目的年初余额和累计发生额，期初余额和各上级科目的年初余额、累计发生额、期初余额则由计算机自动汇总。如果设立了辅助核算项目，各辅助核算项目的年初余额和累计发生额也需在初始化时输入。余额输入完成后，计算机能检测余额是否平衡。

四、记账凭证类型最好只设一种通用格式

查账是会计人员日常工作的一个重要部分，在手工操作时使用分类记账凭证来处理会计业务，分别装订整理记账凭证，以便于凭证的管理和方便查账。会计人员可以按常见分类方法将记账凭证分为收款凭证、付款凭证和转账凭证，也可根据单位的实际情况设定凭证类型。应当指出的是，记账凭证分类不是一个必选项目，可以只用一种通用记账凭证格式，即转账凭证。事实上，实际电算化后，查账可以完全通过计算机来快速实现，计算机的最显著的特点就是速度快，恰好弥补了手工查账的缺陷。再者，设置了凭证类型，增加了一个输入项目，会影响凭证的输入速度。又因各类凭证要各自独立编号，凭证整理和保管更为烦琐。财务软件提供记账凭证类型设置功能更多的是为了适应会计人员手工记账时的习惯。所以，无须理会软件中财务记账凭证类型设置项。

五、初始化工作应注意的其他问题

完成以上操作后，即可进入日常的账务处理，如输入、修改、审核、打印记账凭证、查账、打印输入账簿等工作。但系统初始化时还应注意以下问题。

（1）新增操作员要注意自行输入密码。系统会预设一个操作员，通常取名为 SYSTEM 或 MANAGER，这也是系统中权限最高的系统管理员，正式启用系统时应将该用户名更改为系统管理员，并设置密码。如需要上机操作的会计有多名，则应增加操作员，并为每个用户确定相应的权限，新增加的操作员的密码须由新增操作员自行设置，以便分清责任。

（2）要充分利用自动转账功能。自动转账功能设置虽不是一个必选项，但利用自动转账功能无疑能提供极大的便利。在单位的会计业务中，常有固定对应关系的记账凭证，且其数据来源于已输入系统的记账凭证，如每月均需结转的损益类科目，在月末所有收入、成本费用凭证输入、登记入账后，须汇总结转至类似本年利润一类的科目，自动转账凭证能自动汇总。

总之，财务软件系统初始化是一项很重要的工作，把握初始化的关键，高质量地做好初始化工作，这样才能最大限度地发挥财务软件的作用。

任 务 二　会计账簿的设置和登记

一、会计账簿的基本内容

为了全面、连续、系统地核算企业、事业等单位的资金运动，每个单位都必须设置会计账簿。但一个单位的账簿如何设置、设置哪些账簿、采用哪种账页格式，既要考虑国家统一会计制度的规定，又要符合单位的具体特点，以满足单位进行会计核算和管理的需要。

在实际工作中，各单位均应按照会计核算的基本要求和会计规范的有关规定，结合本单位经济业务的特点和经营管理的需要，设置必要的账簿，并认真做好记账工作。账簿的形式和格式多种多样，但均应具备下列主要内容。

（1）封面，主要标明账簿的名称，如总分类账簿、现金日记账、银行存款日记账。

（2）扉页，标明会计账簿的使用信息，如科目索引、账簿启用和经管人员一览表等。

（3）账页，是用来记录经济业务事项的载体，其格式根据反映经济业务内容的不同而有所不同，但其内容应当包括：①账户的名称，及其科目、二级或明细科目；②登记账簿的日期栏；③记账凭证的种类和号数栏；④摘要栏，所记录经济业务内容的简要说明；⑤金额栏，记录经济业务的增减变动和余额；⑥总页次和分户页次栏。

二、会计账簿的启用

账簿启用登记表的内容包括启用日期、账簿页数、记账人员和会计机构负责人、会计主管人员姓名，并加盖名章和单位公章。

启用订本式账簿应当从第一页开始到最后一页按顺序编定页数，不得跳页、缺号。

使用活页式账页应当按账户顺序编号，并须定期装订成册；装订后再按实际使用的账页顺序编定页码，另加目录，记明每个账户的名称和页次，如表7-1所示。

表 7-1 账簿启用及经营人员一览表

机构名称			单位盖章						
账簿名称									
账簿编号									
账簿页数									
启用日期									
经管人员	负责人		主管会计		复核		记账		
	姓名	盖章	姓名	盖章	姓名	盖章	姓名	盖章	
接交记录	经管人员			接管			交出		
	职别		姓名	年	月	日	盖章	年	月	日	盖章
备注											

三、会计账簿的种类

会计账簿的种类很多,不同种类的会计账簿可以提供不同的信息,满足不同的需要。在实际工作中,通常按照以下方法进行分类。

(一)按用途分类

▶ 1. 序时账簿

序时账簿又称日记账,是按照经济业务发生或完成时间的先后顺序逐日逐笔进行登记的账簿。序时账簿是会计部门按照收到会计凭证号码的先后顺序进行登记的。在会计工作发展的早期,就要求必须将每天发生的经济业务逐日登记,以便记录当天业务发生的金额,因而习惯地称序时账簿为日记账。序时账簿按其记录内容的不同,又分为普通日记账和特种日记账两种。普通日记账是将企业每天发生的所有经济业务,不论其性质如何,按其先后顺序,编成会计分录计入账簿;特种日记账是按经济业务性质单独设置的账簿,它只把特定项目按经济业务顺序计入账簿,反映其详细情况,如库存现金日记账和银行存款日记账。特种日记账的设置,应根据业务特点和管理需要而定,特别是对于那些发生频繁,且需严加控制的项目,应予以设置。

▶ 2. 分类账簿

分类账簿且对全部经济业务事项按照会计要素的具体类别而设置的分类账户进行登记的账簿。分类账簿按其提供核算指标的详细程度不同,又分为总分类账和明细分类账。总分类账,简称总账,是根据总分类科目开设账户,用来登记全部经济业务,进行总分类核算,提供总括核算资料的分类账簿。明细分类账,简称明细账,是根据明细分类科目开设账户,用来登记某一类经济业务,进行明细分类核算,提供明细核算资料的分类账簿。

▶ 3. 备查账簿

备查账簿又称辅助账簿，是对某些在序时账簿和分类账簿等主要账簿中都不予登记或登记不够详细的经济业务事项进行补充登记时使用的账簿。它可以对某些经济业务的内容提供必要的参考资料。备查账簿的设置应视实际需要而定，并非一定要设置，而且没有固定格式，如租入固定资产登记簿、代销商品登记簿等。

拓展阅读

不同格式明细分类账适用的情况汇总如下。

三栏式：适用于只进行金额核算的账户，如应收账款、应付账款等往来结算账户，以及实收资本、盈余公积等账户。

多栏式：适用于收入、成本、费用类科目的明细核算。

数量金额式：适用于既要进行金额核算又要进行数量核算的账户，如原材料、库存商品、周转材料等存货明细账户。

横线登记式：适用于材料采购、应收票据和一次性备用金业务的明细核算。

(二) 按账页格式分类

▶ 1. 两栏式账簿

两栏式账簿，即只有借方和贷方两个基本金额的账簿，各种收入、费用类账户都可以采用两栏式账簿。

▶ 2. 三栏式账簿

三栏式账簿，即设有借方、贷方和余额三个基本栏目的账簿，如日记账、总分类账、资本、债权、债务明细账等。

▶ 3. 多栏式账簿

多栏式账簿，即在账簿的两个基本栏目及借方和贷方需要分设若干专栏的账簿，如收入明细账、费用明细账等。

▶ 4. 数量金额式账簿

数量金额式账簿，即借方、贷方和金额三个栏目内都分设数量、单价和金额三小栏，借以反映财产物资的实物数量和价值量，如原材料、库存商品、产成品等明细账通常采用数量金额式账簿。

▶ 5. 横线登记式账簿

横线登记式账簿，即在同一张账页的同一行，记录某一项经济业务从发生到结束的相关内容。

(三) 按外形特征分类

▶ 1. 订本式账簿

订本式账簿，简称订本账，是在启用前将编有顺序页码的一定数量的账页装订成册的账簿。这种账簿，一般适用于重要的和具有统驭性的总分类账、现金日记账和银行存款日记账。

优点：可以避免账页散失，防止账页被抽换，比较安全。

缺点：同一账簿在同一时间只能由一人登记，不便于会计人员分工协作记账，也不便于计算机打印记账。

特种日记账，如库存现金日记账、银行存款日记账和总分类账必须采用订本账的形式。

▶ 2.活页式账簿

活页式账簿，简称活页账，是将一定数量的账页置于活页夹内，可根据记账内容的变化而随时增加或减少部分账页的账簿。活页账一般适用于明细分类账。

优点：可以根据实际需要增添账页，不会浪费账页，使用灵活，并且便于同时分工记账。

缺点：账页容易散失和被抽换。

各种明细分类账可采用活页账的形式。

▶ 3.卡片式账簿

卡片式账簿，简称卡片账，是将一定数量的卡片式账页存放于专设的卡片箱中，账页可以根据需要随时增添的账簿。卡片式账簿一般适用于低值易耗品、固定资产等的明细核算。在我国一般只对固定资产明细账采用卡片式账簿的形式。

拓展阅读

怎样选择账簿？

不同企业单位所需用的账簿是不尽相同的。但不管账簿的格式如何，从其所起的作用来看，大致可分为四类：序时账簿、分类账簿、序时与分类相结合的联合账簿、备查账簿。序时账簿是指现金、银行存款日记账和转账日记账；分类账簿包括总分类账簿和明细分类账簿；联合账簿是指既是序时记录又分类记录，既是日记账又是总账的账簿，如日记总账；备查账簿是记录非本企业资产或其他重要事项的账簿。

一个企业究竟应设计和使用何种账簿，要视企业规模大小、经济业务的繁简、会计人员的分工、采用的核算形式，以及记账的机械化程度等因素而定。但是为了加强货币资金的管理，无论在哪种情况下，都要设置现金和银行存款日记账这种序时账簿，只是在多栏特种日记账核算形式下，要将库存现金日记账和银行存款日记账都分割为专栏的收入日记账和支出日记账两本。在采用记账凭证核算形式、汇总记账凭证核算形式、科目汇总表核算形式，以及多栏式日记账核算形式时，则应设计一本总分类账簿和多本明细分类账簿。而在采用日记总账核算形式时，则只设计一本既序时记录又分类记录的日记总账账簿和必要的明细分类账簿。不同单位和不同的核算形式可设置的账簿体系如表7-2所示。

表7-2　不同单位和不同的核算形式可设置的账簿体系

单位特点	应采用的核算形式	可设置的账簿体系
小规模企业 （小规模纳税人）	记账凭证核算形式	现金、银行存款日记账；固定资产、材料、费用、明细账；总账
	日记总账核算形式	序时账同上；日记总账；固定资产、材料明细账
大中型企业单位 （一般纳税人）	科目汇总表核算形式，汇总记账凭证核算形式	序时账同上；固定资产、材料、应收（付）账款、其他应收应付款、长（短）期投资、实收资本、生产成本、费用等明细账；总账（购货簿、销货簿）

续表

单位特点	应采用的核算形式	可设置的账簿体系
收付款业务多、转账业务少的大中型企业	多栏式日记账核算形式	四本多栏式日记账；明细分类账同上；总账（购货簿、销货簿）
收付款业务多、转账业务亦多的大中型企业	多栏式日记账兼汇总转账凭证核算形式	四本多栏式日记账；其他账簿同上
大中型企业，但转账业务较少	科目汇总表兼转账日记账核算形式	序时账簿；必要的明细账、转账日记账；总账

四、会计账簿的登记方法

（一）日记账的格式和登记方法

为了加强对货币资金的管理，各单位都应当设置库存现金日记账和银行存款日记账。

▶ 1. 库存现金日记账

库存现金日记账也称现金日记账，其格式有三栏式和多栏式两种。三栏式日记账（见表7-3）的金额是三栏；多栏式日记账（见表7-4），即将收入栏和支出栏分别按照对方科目设置若干专栏。

无论采用三栏式还是多栏式现金日记账，都必须使用订本账。

表 7-3　库存现金日记账（三栏式）

年		凭证		摘要	对方科目	收入	支出	结余
年	月	字	号					

表 7-4　库存现金日记账（多栏式）

年		凭证编号	摘要	收入（贷记下列科目）			支出（借记下列科目）			余额
月	日					收入合计			支出合计	

库存现金日记账由出纳人员根据与库存现金收付有关的记账凭证，按时间顺序逐日逐笔进行登记，并逐日结出余额。

对于从银行提取库存现金的业务，由于规定只填银行存款的付款凭证，不填制库存现金收款凭证，因此，从银行提取库存现金的收入数应根据银行存款付款凭证登记。

【例7-3】月初，某企业库存现金账户余额为3 000元，当月1日发生以下经济业务。

（1）12月1日，收回员工出差借款（现金收款凭证1号），会计分录如下：

借：库存现金　　　　　　　　　　　　　　　　　　　　　　500

　　贷：其他应收款　　　　　　　　　　　　　　　　　　　　　500

（2）12月1日，现金付招待费100元（现金付款凭证1号），会计分录如下：

借：管理费用　　　　　　　　　　　　　　　　　　　　　　100

　　贷：库存现金　　　　　　　　　　　　　　　　　　　　　100

（3）12月1日，从银行取现金1 000元（银行存款付款凭证1号），会计分录如下：

借：库存现金　　　　　　　　　　　　　　　　　　　　　1 000

　　贷：银行存款　　　　　　　　　　　　　　　　　　　　1 000

根据以上资料登记库存现金日记账，如表7-5所示。

表7-5　某企业库存现金日记账

2017年		凭证号	摘要	对方科目	收入	支出	结余
月	日						
12	01		期初余额				3 000
	01	现收1	收回欠款	其他应收款	500		3 500
	01	现付1	付招待费	管理费用		100	3 400
	01	银付1	提现	银行存款	1 000		4 400

▶ 2. 银行存款日记账

银行存款日记账（见表7-6）的格式和登记方法与现金日记账相同。不管是三栏式还是多栏式，都应在适当位置增加一栏"结算凭证"，以便记账时标明每笔业务的结算凭证及编号，便于与银行核对账目。

表7-6　银行存款日记账（三栏式）

年		凭证		摘要	结算凭证		对方科目	收入	支出	结余
年	月	字	号		种类	号数				

银行存款日记账通常也是由出纳人员根据审核后的收款凭证和付款凭证，逐日逐笔按照经济业务发生的先后顺序进行登记。

对库存现金存入银行的业务，由于只填制库存现金付款凭证，不填制银行存款收款凭证，因此，这种业务的存款收入数应根据有关库存现金付款凭证登记。

【例 7-4】 某企业 12 月期初银行存款账户余额为 9 000 元,当月 1 日发生以下经济业务。

(1) 12 月 1 日,收回货款存银行(银行收款凭证 1 号),会计分录如下:

借:银行存款   5 000

  贷:应收账款   5 000

(2) 12 月 1 日,银行存款支付办公费 3 000 元(银行付款凭证 2 号),会计分录如下:

借:管理费用   3 000

  贷:银行存款   3 000

(3) 12 月 1 日将现金存银行 1 000 元(现金付款凭证 2 号),会计分录如下:

借:银行存款   1 000

  贷:库存现金   1 000

根据以上资料登记银行存款日记账,如表 7-7 所示。

表 7-7　某企业银行存款日记账(三栏式)

2017 年		凭证号	摘要	对方科目	收入	支出	结余
月	日						
12	01		期初余额				9 000
	01	银收 1	收回货款	应收账款	5 000		14 000
	01	银付 2	付办公费	管理费用		3 000	11 000
	01	现付 2	存现	库存现金	1 000		12 000

【例 7-5】 出纳人员可以登记和保管的账簿有( )。

A. 现金日记账   B. 银行存款日记账

C. 现金总账   D. 银行存款总账

解析: A、B。

【例 7-6】 现金日记账的账簿形式应该是( )

A. 三栏式活页账簿   B. 多栏式活页账簿

C. 多栏式订本序时账簿   D. 三栏式订本序时账簿

解析: D。

【例 7-7】 关于银行存款日记账的登记方法,下列说法中正确的有( )。

A. 由会计负责登记   B. 按时间先后顺序逐日逐笔进行登记

C. 每日结出存款余额   D. 月终计算出全月收入、支出的合计数

解析: B、C、D。

【例 7-8】 现金日记账和银行存款日记账( )。

A. 一般采用订本式账簿和三栏式账页

B. 由出纳人员登记

C. 根据审核后的收款记账凭证和付款记账凭证登记

D. 逐日逐笔序时登记

解析: A、B、C、D。

【例 7-9】现金日记账的登记依据有( )。

A. 银行存款收款凭证　　　　　　　　B. 现金收款凭证

C. 现金付款凭证　　　　　　　　　　D. 银行存款付款凭证

解析：B、C、D。

【例 7-10】银行存款日记账的登记依据有( )。

A. 银行存款收支的原始凭证　　　　　B. 银行存款收款凭证

C. 银行存款付款凭证　　　　　　　　D. 现金付款凭证

解析：B、C、D。

(二) 总分类账的格式和登记方法

▶ 1. 总分类账的格式

总分类账的账页格式有三栏式和多栏式两种。其中，最常用的格式为三栏式，设置借方、贷方和余额三个基本金额栏目，对方科目可设可不设，如表 7-8 和表 7-9 所示。

所有单位都要设置总分类账，总分类账必须采用订本式账簿。

表 7-8　总分类账(设对方科目三栏式)

会计科目：　　　　　　　　　　　　　　　　　　　　　　　　　总第　页　分第　页

年		凭证		摘要	对方科目	借方	贷方	借或贷	余额
年	月	字	号						

表 7-9　总分类账(不设对方科目三栏式)

会计科目：　　　　　　　　　　　　　　　　　　　　　　　　　总第　页　分第　页

年		凭证		摘要	借方	贷方	借或贷	余额
年	月	字	号					

多栏式总分类账如表 7-10 所示。

表 7-10　总分类账(多栏式)

年		凭证		摘要	发生额	科目		科目		科目		(略)	
年	月	字	号			借	贷	借	贷	借	贷	借	贷

▶ 2. 总分类账的登记方法

总分类账登记的依据和方法，主要取决于所采用的账务处理程序。它可以直接根据记账凭证逐笔登记，也可以通过一定的汇总方式，先把各种记账凭证汇总编制成科目汇总表或汇总记账凭证，再据以登记。

（三）明细分类账的格式和登记方法

▶ 1. 明细分类账的格式

（1）三栏式明细分类账（见表 7-11），适用于只需要进行金额核算的资本、债权、债务结算科目，如"应收账款""应付账款"等科目的明细分类核算。

表 7-11　三栏式明细分类账

年		凭证		摘要	对方科目	借方	贷方	借或贷	余额
年	月	字	号						

（2）多栏式明细分类账，适用于成本费用类科目的明细核算，如"生产成本""管理费用""营业外收入""利润分配"等科目的明细分类核算。

借方多栏式明细分类账（见表 7-12）适用于成本、费用类账户，如"管理费用""生产成本"等账户。

表 7-12　成本、费用明细分类账

年		凭证		摘要	借方（项目）			贷方	余额
年	月	字	号				合计		

贷方多栏式明细分类账（见表 7-13）适用于收入类账户，如"主营业务收入"等账户。

表 7-13　收入明细分类账

年		凭证		摘要	贷方（项目）			借方	余额
年	月	字	号				合计		

借贷方多栏式明细分类账（见表 7-14）适用于"本年利润""利润分配"等财务成果类账户的明细核算。

表 7-14　财务成果类明细分类账

年		凭证		摘要	借方(项目)		贷方(项目)		余额
年	月	字	号			合计		合计	

（3）数量金额式明细分类账（见表 7-15），适用于既要进行金额核算又要进行数量核算的账户，如"原材料""库存商品"等科目的明细分类核算。

表 7-15　数量金额式明细分类账

年		凭证		摘要	借方			贷方			余额		
年	月	字	号		数量	单价	金额	数量	单价	金额	数量	单价	金额

（4）横线登记式明细分类账（见表 7-16），采用横线登记，即将每一相关的业务登记在同一行，从而可依据每一行各个栏目的登记是否齐全来判断该项业务的进展情况。这种明细分类账适用于登记材料采购、在途物资、应收票据和一次性备用金业务。

表 7-16　横线登记式明细分类账

户名	借方						贷方						转销
	年		凭证号数	摘要	十万千百十个元角分		年		凭证号数	摘要	十万千百十个元角分		
	月	日					月	日					

▶ 2. 明细分类账的登记方法

不同类型经济业务的明细分类账可根据管理需要，依据记账凭证、原始凭证或汇总原始凭证逐日逐笔或定期汇总登记。

固定资产、债权、债务等明细账应逐日逐笔登记。

库存商品、原材料、产成品收发明细账，以及收入、费用明细账可以逐笔登记，也可定期汇总登记。

【例7-11】下列各项中，可以采用三栏式明细分类账核算的有（   ）。

A. 原材料　　　　　B. 实收资本　　　　C. 生产成本　　　　D. 应收账款

解析：B、D。

【例7-12】下列做法中，错误的是（   ）。

A. 现金日记账采用三栏式账簿　　　　　B. 库存商品明细账采用数量金额式账簿

C. 生产成本明细账采用三栏式账簿　　　D. 制造费用明细账采用多栏式账簿

解析：C。

【例7-13】下列明细账中，采用多栏式明细账的有（   ）。

A. 生产成本明细账　　　　　　　　　　B. 主营业务收入明细账

C. 制造费用明细账　　　　　　　　　　D. 本年利润明细账

解析：A、B、C。

【例7-14】下列明细账中，采用数量金额式明细账的有（   ）。

A. 实收资本明细账　　　　　　　　　　B. 原材料明细账

C. 库存商品明细账　　　　　　　　　　D. 应付账款明细账

解析：B、C。

【例7-15】下列各项中，必须逐日结出余额的账簿有（   ）。

A. 现金总账　　　　　　　　　　　　　B. 银行存款总账

C. 现金日记账　　　　　　　　　　　　D. 银行存款日记账

解析：C、D。

【例7-16】下列各项中，必须逐日逐笔登记明细账的有（   ）。

A. 原材料　　　　　B. 应收账款　　　　C. 应付账款　　　　D. 管理费用

解析：B、C。

拓展阅读

《企业会计准则》中对会计账簿的更换与保管的要求

1. 账簿的更换

会计账簿的更换通常是在新会计年度建账的时候进行。总账、日记账和多数明细账应该每年更换一次。备查账簿则可以连续使用。

2. 账簿的保管

会计账簿是各单位重要的经济资料，必须建立管理制度，对其妥善保管。会计账簿管理分为平时管理和归档保管两部分。

（1）平时管理。各种会计账簿要分工明确，指定专人管理，账簿经管人员既要负责记账、对账、结账等工作，又要负责保证账簿安全。未经领导和会计负责人或者有关人员批准，非经管人员不能随意翻阅查看会计账簿。会计账簿除需要与外单位核对外，一般不能携带外出，对携带外出的账簿，一般应由经管人员或会计主管人指定专人负责。会计账簿不能随意交与其他人员管理，以保证账簿安全和防止任意涂改账簿等问题发生。

（2）归档保管。年度终了更换并启用新账后，对更换下来的旧账要整理装订，造册归档。归档前旧账的整理工作包括：检查和补齐应办的手续，如改错盖章、注销空行及空页、结转余额等；活页账应撤出未使用的空白账页，再装订成册，并注明各账页号数。

活页账一般按账户分类装订成册，一个账户装订成一册或数册；某些账户账页较少，也可以合并装订成一册。装订时应检查账簿扉页的内容是否填写齐全，装订后应由经办人员及装订人员、会计主管人员在封口处签名或盖章。旧账装订完毕应编制目录和编写移交清单，然后按期移交档案部门保管。

各种会计账簿同会计凭证和会计报表一样，都是非常重要的经济档案，都必须按照制度统一规定的保存年限妥善保管好，不得丢失以及任意销毁。

根据《会计档案管理办法》的相关规定，总分类账、明细分类账、辅助账、日记账均应该保存 15 年。其中，库存现金日记账、银行存款日记账则要保存 25 年，涉外和对私改造账簿应该永久保存。保管期满后，应该按照规定的审批程序报经批准后才可以销毁。

任务三 错账更正

采购人员小王预借出差旅费，财务部付给现金 400 元，这项经济业务涉及"其他应收款"账户，该账户是资金占用性质账户。预付差旅费借记"其他应收款"账户，但在填写记账凭证时，误将金额填为 500 元，这时候记账出现了差错，会计人员应如何更正这笔错账呢？

一、错账的查找方法

实际的记账过程中，会产生重复记账、漏记、数字颠倒、数字错位、数字错误、科目记错、借贷方向记反等，从而影响会计信息的准确性。发生记账错误时，首要先进行错账查找，错账查找的方法主要有以下几种。

（一）尾数法

对于发生的只有角、分差错的，可以只检查小数部分，这样可以提高查找错误的效率。

（二）除2法

除 2 法是指差数除以 2 来查找错账的方法。当记账时借方金额错计入贷方（或者相反）时，出现错账的差数就表现为错误的 2 倍，因此将此差数用 2 去除，得出的商就应该是反向的正确的金额。例如，应计入"固定资产"科目借方的 5 000 元误计入贷方，则该科目的期末余额将小于总分类科目期末余额 10 000 元，被 2 除的商 5 000 元即为借贷方向反向的金额。同理，如果借方总额大于贷方 800 元，即应查找有无 400 元的贷方金额误计入借方。

（三）除9法

除 9 法是指以差数除以 9 来查找错数的方法，适用于以下三种情况。

▶ 1. 将数字写大

例如，将 30 写成 300，错误数字大于正确数字 9 倍，可将差数除以 9 得出的商为正确的数字，商乘以 10 后所得的积为错误数字。即将差数 270（300－30）除以 9 以后，所得的商 30 为正确数字，30 乘以 10(即 300)为错误数字。

▶ 2. 将数字写小

例如，将 500 写成 50，错误数字小于正确数字 9 倍，可将差数除以 9 得出的商即为写错的数字，商乘以 10 即为正确的数字。即将差数 450(500－50)除以 9，商 50 即为错数，扩大 10 倍后可得出正确的数字 500。

▶ 3. 邻数颠倒

可将差数除以 9，得出的商连续加 11，直到找出颠倒的数字为止。

【例 7-17】某会计人员记账时将应该计入"管理费用——办公费"科目借方 4 000 元误计入贷方。会计人员在查找该项错账时，应采用什么方法？

解析：应该采用除 2 法。将应计入"管理费用——办公费"科目借方金额计入贷方时，出现错账的差数表现为错误的 2 倍，因此采用除 2 法。

二、错账的更正方法

(一) 画线更正法

在结账前发现账簿记录有文字或数字错误，而记账凭证没有错误，此时应采用画线更正法。

更正时，应在错误的文字或数字上面画一条红线注销，但必须使原有的笔迹仍可辨认清楚，然后在上方空白处用蓝字填写正确的文字和数字，并在更正处盖记账人员、会计机构负责人(会计主管人员)名章，以明确责任，如图 7-1 所示。

最高存量：　　　　**原材料明细账**　　　　账号　页数　总页数

量低存量：

明细科目　A　材料

类别______　储存处所______　规格______　计量单位　千克　编号______

2017 年		凭证号数	摘要	收入			发出			结存		
月	日			数量	单位	金额(十万千百十元角分)	数量	单位	金额(十万千百十元角分)	数量	单位	金额(十万千百十元角分)
12			承前页							152	10	1 5 2 0 0 0
12	10	转 1	购料	1345 ~~1435~~	10	1 3 4 5 0 0 0 ~~1 4 3 5 0 0 0~~			李×	1492 ~~1592~~	10	1 4 8 1 0 0 0 ~~1 5 8 1 0 0 0~~

图 7-1　画线更正法示例

对于错误数字必须全部用红线注销，不能只划销整个数中的个别位数。对于文字错误，可只划去错误的部分。

【例 7-18】

1. 出现数字错误。如应将 7 980.00 改为 7 890.00。

错误的更正方法：89(盖章)　　　　正确的更正方法：7890.00(盖章)

~~7980.00~~　　　　~~7980.00~~

2. 出现文字错误，如应将"收回贷款"改为"收回货款"。

货（盖章）

收回<del>贷</del>款

（二）红字更正法

红字更正法适用于以下两种情形：①记账后发现记账凭证中的应借、应贷会计科目有错误所引起的记账错误；②记账后发现记账凭证和账簿记录中应借、应贷会计科目无误，只是所记金额大于应记金额所引起的记账错误。

▶ 1. 记账凭证中，会计科目发生错误

例如，科目名称写错或借贷方向写错，更正时，应先用红字填写一张与错误的记账凭证内容相同的红字记账凭证，然后据此用红字计入账内，并在摘要栏注明"冲销×月×日×号凭证错账"以示注销。

同时，用蓝字再编写一张正确的记账凭证，据此用蓝字计入账内，并在摘要栏注明"订正×月×日×号凭证错账"。

【例7-19】4月6日，企业购入材料5 000元，货款尚未支付。

错误记录：记账凭证写错账户名称并已登记入账。

借：原材料 5 000

  贷：应收账款 5 000

原材料		应收账款	
5 000			5 000

更正：（1）编制红字记账凭证并计入账内。

借：原材料 5 000（红字）

  贷：应收账款 5 000（红字）

注意：摘要栏是"冲销4月6日×号凭证错账"。

原材料		应收账款	
5 000			5 000
5 000			5 000

（2）用蓝字编制正确记账凭证并登记入账：

借：原材料 5 000

  贷：应付账款 5 000

注意：摘要栏是"订正4月6日×号凭证错账"。

原材料		应收账款		应付账款	
5 000			5 000		
5 000			5 000		
5 000					5 000
5 000					5 000

▶ 2. 记账凭证中，科目无误，金额多记

记账凭证中的会计科目正确无误，只是错记的金额大于正确的金额，即发生数额多记了。

更正时，按多记金额用红字编制一张与原记账凭证应借、应贷科目完全相同的记账凭证，然后据此用红字计入账内，在摘要栏注明"冲销×月×日×号凭证多记金额"。

【例7-20】企业提取本月固定资产折旧费3 800元，编制记账凭证时误记为38 000元。

错误记账凭证和错账为：

借：管理费用　　　　　　　　　　　　　　　　　　　　　　　　　　38 000
　　贷：累计折旧　　　　　　　　　　　　　　　　　　　　　　　　　38 000

管理费用		累计折旧	
38 000			38 000

更正： 将多记金额用红字编制记账凭证，并计入账内。

借：管理费用　　　　　　　　　　　　　　　　　　　　　　　34 200（红字）
　　贷：累计折旧　　　　　　　　　　　　　　　　　　　　　34 200（红字）

注意：摘要栏是"冲销×月×日×号凭证错账"。

管理费用		累计折旧	
38 000			38 000
34 200			34 200
3 800			3 800

（三）补充登记法

记账后发现记账凭证和账簿记录中应借、应贷会计科目无误，只是所记金额小于应记金额时，此时应采用补充登记法。

进行更正时，将少记金额用蓝字编制一张与原记账凭证应借、应贷科目完全相同的记账凭证，然后用蓝字计入账内，并在摘要栏注明"补记×月×日×号凭证少记金额"。

【例7-21】甲公司为生产A产品领用材料8 400元。

错误凭证：

借：生产成本　　　　　　　　　　　　　　　　　　　　　　　　　　4 800
　　贷：原材料　　　　　　　　　　　　　　　　　　　　　　　　　　4 800

生产成本		原材料	
4 800			4 800

更正： 将少记金额编制记账凭证并过入账内。

借：生产成本　　　　　　　　　　　　　　　　　　　　　　　　　　3 600
　　贷：原材料　　　　　　　　　　　　　　　　　　　　　　　　　　3 600

注意：摘要栏是"补记×月×日×号凭证少记金额"。

生产成本		原材料	
4 800		4 800	
3 600		3 600	
8 400		8 400	

【例 7-22】更正错账时，画线更正法的适用范围是(   )。

A. 记账凭证上会计科目或记账方向错误，导致账簿记录错误

B. 记账凭证正确，在记账时发生错误，导致账簿记录错误

C. 记账凭证上会计科目或记账方向正确，所记金额大于应记金额，导致账簿记录错误

D. 记账凭证上会计科目或记账方向正确，所记金额小于应记金额，导致账簿记录错误

解析：B。

拓展阅读

错账更正中，不同年份的账目适用的更正方法如表 7-17 所示。

表 7-17 不同年份的账目适用的更正方法

时间	更正方法	适用范围
当年错账	画线更正法	记账凭证没有错误，只是账簿记录发生错误
	红字更正法	记账凭证错误导致账簿错误：①科目、方向等文字错误；②或只是借贷方金额同时多记
	补充登记法	记账凭证错误导致账簿错误，只是借贷方金额同时少记
以前年度错账		如果发现以前年度记账凭证中有错误(指会计科目和金额)并导致账簿登记出现差错，应当用蓝字编制更正的记账凭证

任 务 四 对账和结账

一、对账

(一) 对账的概念

对账就是核对账目，是对账簿记录所进行的核对工作。在会计核算工作中，由于种种原因，难免会发生各种差错和账实不符的现象。对账就是为了保证账簿记录的真实性、完整性和准确性，在记账以后结账之前，定期或不定期地对有关数据进行检查、核对，以便为编制会计报表提供真实、可靠数据资料的重要会计工作。

对账工作一般在月末进行，即在记账之后结账之前进行。

(二) 对账的内容

对账一般可以分为账证核对、账账核对和账实核对。

▶ 1. 账证核对

月终要对账簿记录和会计凭证进行核对，以发现错误之处，并进行更正，这也是保证账账、账实相符的基础。核对账证是否相符的主要方法如下。

（1）核对总账与记账凭证汇总表是否相符。

（2）核对记账凭证汇总表与记账凭证是否相符。

（3）核对明细账与记账凭证及所涉及的支票号码，以及其他结算票据种类等是否相符。

▶ 2. 账账核对

所谓账账核对，是指各种账簿与账簿之间的有关记录相核对，以保证账账相符，具体方法如下。

（1）核对总账资产类科目各种账户与负债、所有者权益类科目各账户的余额合计数是否相符，即

$$总账资产类账户余额 = \sum 总账负债、所有者权益账户余额$$

$$总账各账户借方发生额（或贷方发生额） = \sum 总账各账户贷方发生额（或借方发生额）$$

（2）核对总账各账与所辖明细账户的各项目之和是否相符，即总分类账户与其所属的各个明细分类账户之间本期发生额的合计数应相等；总分类账户与其所属的各个明细分类账户之间的期初、期末余额应相等。

（3）核对会计部门的总账、明细账与有关职能部门的账、卡之间是否相符，即会计部门的有关财产物资的明细分类账的余额应该同财产物资保管部门和使用部门经管的明细记录的余额定期核对相符；各种有关债权、债务明细账的余额应当经常或定期同有关的债务人、债权人核对相符；现金、银行存款日记账余额应该同总分类账有关账户的余额定期核对相符；已缴国库的利润、税金以及其他预算缴款应该同征收机关按照规定的时间核对相符。

▶ 3. 账实核对

账实核对，是指各种财产物资的账面余额与实际数额相核对，主要方法如下。

（1）现金日记账的账面余额与现金实际库存数额每日核对，并填写库存现金核对情况报告单作为记录。发生长、短款时，应即列作"待处理财产损溢"，待查明原因经批准后再进行处理。单位会计主管应经常检查此项工作。

（2）对库存现金进行清查核对时，出纳人员必须在场，不允许以借条、收据充抵现金。要查明库存现金是否超过限额、是否存在坐支问题。

（3）银行存款日记账的账面余额与开户银行对账单核对。每收到一张银行对账单，经管人员应在3日内核对完毕，每月编制一次银行存款余款调节表，会计主管人员每月至少检查一次，并写出书面检查意见。

（4）有价证券账户应与单位实存有价证券（如国库券、重点企业债券、股票或收款票据等）核对相符，每半年至少核对一次。

（5）商品、产品、原材料等明细账的账面余额，应定期与库存数相核对；对其他财产物资账户也要定期核对。年终要进行一次全面的清查。

（6）各种债权、债务类明细账的账面余额要与债权、债务人账面记录核对、清理。核

对、清理结果要及时以书面形式向会计主管人员汇报，并报单位领导人。对于存在的问题应采取措施，积极解决。

（7）出租、租入、出借、借入财产等账簿，除合同期满应进行清结外，至少每半年核对一次，以保证账实相符。

通过上述对账工作，做到账证相符、账账相符和账实相符，使会计核算资料真实、正确、可靠。

（三）对账的技巧

在对账前，会计人员应对供应商提供的对账资料应进行初步审核，不满足条件的对账资料应要求供应商补充完善。首先审核对账手续，是否经过有权人士的签批，其次审核以下内容。

（1）对于只提供余额无明细账目的对账资料，不予对账。供应商必须提供最后一次对账以来的全部账目资料；以前从未进行过对账的，必须提供自双方开始业务往来以后的所有账目资料。对于对方因财务决算审计发函要求核对账面余额的，同样应按照上述原则办理。

（2）对于供应商直接依据其销售部门往来资料而非财务部门账目提供对账资料的，不予对账。

双方核对的账目主要应是财务账目，供应商销售部门账目可能与其财务部门账目不符，对账基数存在问题，会给以后的双方清算带来不必要的麻烦，因为最后清算以双方财务账目为准。

（3）对于多年无业务往来的供应商前来对账，即使经过企业有权人士签批，供应商的对账资料也必须加盖供应商公章（或财务专用章），或者提供加盖公章的介绍信，否则不予对账。

多年无业务往来的供应商，企业不太了解其近年来的情况，可能原有企业已解体、改制，现在对账及以后催款都可能系个人行为，并不代表原企业，可能对账人并不具有索偿权利。

（4）对于对账手续和账目资料齐全的供应商，应及时对账并出具对账单。

（5）有些供应商属于小企业或个体工商户，账目资料并不齐全，很可能缺失以前年度的账目资料，这时应分以下两种情况分别处理。

① 如果今后双方继续合作，那么应就现有资料出具"有保留意见的对账单"，至少对账目齐全的年度不拖拉，以免造成历史遗留问题。所谓"有保留意见的对账单"，就是在对账单上加一个说明段，说明双方对账由于供应商提供账目不全的原因，只就某年某月以来的账目资料进行对账，以前年度的账目并未核对，暂时以某余额为准出具对账单，采购企业保留根据证据进一步调整账目的权利。

② 如果供应商账目不全而双方余额又不符的，这时供应商通常会同意暂时以双方较小的余额为准出具对账单，如果采购企业余额较小，就不必调整应付账款账面余额；如果供应商余额较小，采购企业就要调低应付账款账面余额，凭对账单确认（债务重组）收益，这时必须由供应商在对账单上签字并同时加盖公章。

（6）对于发票丢失又无法确认是采购企业责任的，采购企业不能在对账单上确认该项债务，应要求供应商调减该债权。

（7）采购企业财务部门如果采用手工记账的，最难查找的就是串户错误。对方入账，我方账面上没有入账，很可能是记错账户，但是从手工账上查找串户非常困难，而使用财务软件的，在财务软件上查找串户就非常容易，主要是查有无该金额的发生额。

（8）为方便对账，应要求供应商下次对账时携带本次的对账单或其复印件。

二、结账

（一）结账的概念

结账是一项将账簿记录定期结算清楚的账务工作。在一定时期结束时（如月末、季末或年末），为了编制财务报表，需要进行结账，具体包括月结、季结和年结。结账的内容包括两个方面：一是结清各种损益类账户，并据以计算确定本期利润；二是结出各种资产、负债和所有者权益账户的本期发生额和期末余额。

（二）结账的程序

会计电算化条件下，结账工作可以利用计算机进行。

（1）结账前，必须将本期内所发生的各项经济业务全部登记入账。

（2）结账时，应当结出每个账户的期末余额。需要结出当月发生额的，应当在摘要栏内注明"本月合计"字样，并在下面通栏画单红线。需要结出本年累计发生额的，应当在摘要栏内注明"本年累计"字样，并在下面通栏画单红线；12月末的"本年累计"就是全年累计发生额，全年累计发生额下应当通栏画双红线，年度终了结账时，所有总账账户都应当结出全年发生额和年末余额。

（3）年度终了，要把各账户的余额结转到下一会计年度，并在摘要栏注明"结转下年"字样，在下一会计年度新建有关会计账簿的第一余额栏内填写上年结转的余额，并在摘要栏注明"上年结转"字样。

（三）结账的方法

（1）对不需要按月结计本期发生额的账户，每次记账之后，都要随时结出余额，每月最后一笔余额是月末余额，即月末余额就是本月最后一笔经济业务记录的同一行内余额。月末结账时，只需要在最后一笔经济业务下通栏画单红线，不需要再次结计余额。

（2）库存现金、银行存款日记账和需要按月结计发生额的收入、费用等明细账，每月结账时，需要在最后一笔经济业务下面通栏画单红线，结出本月发生额和月末余额写在红线下面，并在摘要栏内注明"本月合计"字样，再在下面通栏画单红线。

（3）对于需要结计本年累计发生额的明细账户，结账时，应在"本月合计"行下结出自年初起至本月末止的累计发生额，登记在月份发生额下面，在摘要栏内注明"本年累计"字样，并在下面通栏画单红线。12月末的"本年累计"就是全年累计发生额，全年累计发生额下面通栏画双红线。

（4）总账账户平时只需结出月末余额。年终结账时，为了反映全年各项资金运动情况的全貌，核对项目，要将所有总账账户结出全年发生额和年末余额，在摘要栏内注明"本年合计"字样，并在合计数下通栏画双红线。

（5）年度终了结账时，有余额的账户，要将其余额结转到下一会计年度，并在摘要栏内注明"结转下年"字样；在下一会计年度新建有关会计账簿的第一行余额栏内填写上年结转的余额，并在摘要栏内注明"上年结转"字样。结转下年时，既不需要编制记账凭证，也不必将余额再计入本年账户的借方或贷方，使本年有余额的账户的余额变为零，而是使有余额的账户的余额如实反映在账户中，以免混淆有余额账户和无余额的账户的区别。

拓展阅读

对于怎样把有余额的账户余额结转下年，实际工作中有以下两种不规范的方法。

（1）将本账户年末余额，以相反的方向计入最后一笔账下的发生额内，例如某账户年末为借方余额，在结账时，将此项余额填列在贷方发生额栏内（余额如为贷方，则做相反记录），在摘要栏填明"结转下年"字样，在"借或贷"栏内填"平"字并在余额栏的"元"位上填列符号，表示账目已经结平。

（2）在"本年累计"发生额的次行，将年初余额按其同方向计入发生额栏内，并在摘要栏内填明"上年结转"字样；在次行登记年末余额，如为借方余额，填入贷方发生额栏内，反之计入借方，并在摘要栏填明"结转下年"字样。同时，在该行的下端加计借、贷各方的总计数，并在该行摘要栏内填列"总计"两字，在"借或贷"栏内填"平"字，在余额栏的"元"位上填列"0"符号，以示账目已结平。

年度终了结账时，有余额的账户的余额，直接计入新账户余额栏内即可，不需要编制记账凭证，也不必将余额再计入本年账户的借方或贷方（收方或付方），使本年有余额的账户的余额变为零。因为，既然年末是有余额的账户，余额就应当如实地在账户中加以反映，这样更显得清晰、明了。否则，就混淆了有余额的账户和无余额的账户的区别。

对于新的会计年度建账，一般来说，总账、日记账和多数明细账应每年更换一次。但有些财产物资明细账和债权债务明细账，由于材料品种、规格和往来单位较多，如果更换新账，则重抄一遍工作量较大，因此，可以跨年度使用，不必每年更换一次。各种备查簿也可以连续使用。

拓展阅读

对结账程序的规定，在实际工作中要注意以下四点。

1. 结账时应当根据不同的账户记录，分别采用不同的方法

（1）对不需要按月结计本期发生额的账户，如各项应收款明细账和各项财产物资明细账等，每次记账以后，都要随时结出余额，每月最后一笔余额即为月末余额。也就是说，月末余额就是本月最后一笔经济业务记录的同一行内的余额。月末结账时，只需要在最后一笔经济业务记录之下画一单红线，不需要再结计一次余额。

（2）现金、银行存款日记账和需要按月结计发生额的收入、费用等明细账。每月结账时，要在最后一笔经济业务记录下面画单红线，结出本月发生额和余额，在摘要栏内注明"本月合计"字样，在下面再画单红线。

（3）需要结计本年累计发生额的某些明细账户，如产品销售收入、成本明细账等，每月结账时，应在"本月合计"行下结计自年初起至本月末止的累计发生额，登记在月份发生额下面，在摘要栏内注明"本年累计"字样，并在下面再画单红线。12月末的"本年累计"就是全年累计发生额，全年累计发生额下画双红线。

（4）总账账户平时只需结计月末余额。年终结账时，为了反映全年各项资产、负债及所有者权益增减变动的全貌，便于核对账目，要将所有总账账户结计全年发生额和年末余额，在摘要栏内注明"本年合计"字样，并在合计数下画双红线。采用棋盘式总账和科目汇总表代替总账的单位，年终结账，应当汇编一张全年合计的科目汇总表和棋盘式总账。

（5）需要结计本月发生额的某些账户，如果本月只发生一笔经济业务，由于这笔记录的金额就是本月发生额，结账时，只要在此行记录下画单红线，表示与下月的发生额分开就可以了，不需另结出"本月合计"数。

2. 结账如何画线

结账画线的目的是突出本月合计数及月末余额，表示本会计期的会计记录已经截止或结束，并将本期与下期的记录明显分开。根据《会计基础工作规范》规定，月结画单线，年结画双线。画线时，应画通栏红线，不应只在本账页中的金额部分画线。

3. 账户余额的填写方法

每月结账时，应将月末余额写在本月最后一笔经济业务记录的同一行内。但在现金日记账、银行存款日记账和其他需要按月结计发生额的账户，如各种成本、费用、收入的明细账等，每月结账时，还应将月末余额与本月发生额写在同一行内，在摘要栏注明"本月合计"字样。这样做，账户记录中的月初余额加减本期发生额等于月末余额，便于账户记录的稽核。需要结计本年累计发生额的某些明细账户，每月结账时，"本月合计"行已有余额的，"本年累计"行就不必再写余额了。

4. 能否用红字结账

账簿记录中使用的红字具有特定的含义，表示蓝字金额的减少或负数余额。因此，结账时，如果出现负数余额，可以用红字在余额栏登记，但如果余额栏前印有余额的方向（如借或贷），则应用蓝黑墨水书写，而不得使用红色墨水。

年度终了，要把各账户的余额结转到下一会计年度，并在摘要栏注明"结转下年"字样；在下一会计年度新建有关会计账簿的第一余额栏内填写上年结转的余额，并在摘要栏注明"上年结转"字样。

模块小结

依法设置会计账簿是单位进行会计核算最基本的要求。账簿是由具有一定格式而又连接在一起的账页组成的，是用来分类、连续地记录和反映经济业务的簿籍。账簿是会计信息形成的重要环节，也是编制会计报表的重要依据。

会计账簿按照不同的分类标准可分为不同的类别。单位设置账簿，必须结合会计对象的特点、符合经济管理的需要、坚持统一性和灵活性相结合。

实际的记账过程中，会发生重复记账、漏记、数字颠倒、数字错位、数字错误、科目记错、借贷方向记反等错误，从而影响会计信息的准确性。企业的会计人员不仅要会查找错账，还要会更正错账。查找错账的方法主要有差数法、尾数法、除2法、除9法；更正错账的方法主要有画线更正法、红字更正法、补充登记法。

会计人员要做好对账工作，它是保证会计账簿记录质量的重要程序。对账包括账证核对、账账核对、账实核对。在会计期末，会计人员应按规定进行结账。

思考与练习

一、思考题

1. 会计账簿的概念是什么？

2. 为什么要设置会计账簿？

3. 登记会计账簿的要求是什么？

4. 会计账簿的基本构成要素包括哪些？

5. 简述明细分类账的格式及适用的范围。

6. 分类账是如何进行分类的？简述总分类账的格式。

7. 会计记账规则有哪些？

8. 错账查找方法有哪些？

9. 更正错账有哪几种方法？它们各自适用的条件是什么？

10. 什么是对账？对账的内容包括什么？

11. 结账的程序是什么？

二、单项选择题

1. 下列关于会计账簿更换与保管的做法中，不正确的是（　　）。

A. 会计账簿的更换通常在新会计年度建账时进行

B. 为明确会计人员责任，登记某种账簿的人员不必对该账簿的保管负责，应由保管会计档案的人员负责

C. 每日登记账簿，注意书写整齐清洁，不得涂污，避免账页破损，保持账本完整

D. 按有关规定使用账簿，账簿不得外借

2. 下列关于画线更正法的表述中，错误的是（　　）。

A. 在结账前发现账簿记录有文字或数字错误，而记账凭证没有错误，可以采用画线更正法

B. 画线更正法又称红线更正法

C. 对于错误的数字，可更正其中的错误数字

D. 对于文字错误，可只划去错误的部分

3. 某会计人员在审核记账凭证时，发现误将 8 000 元写成 800 元，尚未入账，一般应采用（　　）改正。

A. 重新编制记账凭证 　　　　　　　B. 红字更正法

C. 补充登记法 　　　　　　　　　　D. 冲账法

4. 对于邻数颠倒的情况，适用的错账查找方法是（　　）。

A. 差数法 　　　　　　　　　　　　B. 尾数法

C. 除 9 法 　　　　　　　　　　　　D. 除 2 法

5. 账账核对不包括（　　）。

A. 总分类账簿之间的核对

B. 总分类账簿与所属明细分类账簿之间的核对

C. 总分类账簿与备查账簿之间的核对

D. 总分类账簿与序时账簿之间的核对

6. 下列关于对账的表述，不正确的是(　　　)。

A. 对账工作一般在月末进行，即在记账之后结账之前进行

B. 对账的内容包括账证核对、账账核对、账实核对、证表核对

C. 账证核对是指账簿记录与原始凭证、记账凭证的核对

D. 账实核对是指各项财产物资、债权债务等账面余额与实有数额之间的核对

7. 下列既可以作为登记总账依据，又可以作为登记明细账依据的是(　　　)。

A. 记账凭证　　　　　B. 汇总记账凭证　　　C. 原始凭证　　　　　D. 科目汇总表

8. 下列各项中，不可以用红色墨水记账的是(　　　)。

A. 冲销错误记录

B. 在不设借贷等栏的多栏式账页中，登记减少数

C. 在三栏式账户的余额栏前，印明余额方向的，在余额栏内登记负数余额

D. 在三栏式账户的余额栏前，未印明余额方向的，在余额栏内登记负数余额

9. 三栏式现金日记账为了清晰地反映与现金业务相关的账户对应关系，应在"摘要"栏后设(　　　)栏。

A. 记账凭证的日期　　　　　　　　　　B. 记账凭证的编号

C. 对方科目　　　　　　　　　　　　　D. 收入、支出和余额

10. 下列关于总分类账与明细分类账关系的表述中，不正确的是(　　　)。

A. 总分类账与明细分类账所反映的经济业务是相同的

B. 总分类账与明细分类账所反映的经济业务的详细程度是相同的

C. 登记总分类账与登记明细分类账的原始依据是相同的

D. 总分类账对所属明细分类账起着统驭控制作用，明细分类账对有关总分类账起着补充说明作用

11. 下列关于现金日记账格式的表述中，错误的是(　　　)。

A. 现金日记账的格式有三栏式和多栏式两种

B. 多栏式现金日记账可以使用活页账

C. 三栏式现金日记账的账页格式一般采用"收入""支出"和"结余"三栏式

D. 多栏式现金日记账是在三栏式现金日记账的基础上发展起来的

12. 下列各项中，(　　　)适用借方贷方多栏式明细账的账页格式。

A. 制造费用　　　　　B. 管理费用　　　　　C. 预收账款　　　　　D. 本年利润

13. 固定资产明细账一般采用(　　　)。

A. 活页式　　　　　　B. 订本式　　　　　　C. 多栏式　　　　　　D. 卡片式

14. 下列关于会计账簿的说法，不正确的是(　　　)。

A. 备查账簿是指对某些在序时账簿和分类账簿中未能记载或记载不全的经济业务进行补充登记的账簿

B. 数量金额式账簿的借方、贷方和余额三个栏目内，都分设数量、单价和金额三小栏

C. 账簿按用途不同，分为序时账簿、分类账簿和备查账簿

D. 账簿按外形特征不同，分为两栏式账簿、三栏式账簿、多栏式账簿、数量金额式账簿和横线登记式账簿

15. ( )是指在账簿的借方和贷方按需要分设若干专栏的账簿。

A. 两栏式账簿   B. 三栏式账簿

C. 多栏式账簿   D. 数量金额式账簿

16. 下列各项中,( )作为记录经济业务事项的载体。

A. 封面   B. 扉页

C. 账页   D. 账簿名称

17. 财务报表中,各个项目的数字的直接来源是( )。

A. 原始凭证   B. 记账凭证

C. 日记账   D. 账簿记录

三、多项选择题

1. 下列关于会计账簿更换的叙述中,正确的有( )。

A. 新账簿建立登记完毕,要进行账账核对,并要与上年度财务报表的所有数据资料完全核对一致

B. 在建立新账前,要对原有各种账簿的账户进行结账,注明"结转下年余额"

C. 建立新账时,在新账簿扉页要填写单位名称、开始启用日期、起止页数、账户目录等,并由记账人员签章

D. 固定资产明细账或租入固定资产登记簿等备查账簿可以跨年度使用,不必每年更换一次

2. 下列结账方法中,正确的有( )。

A. 现金、银行存款日记账,每月要结出本月发生额和余额,在摘要栏内注明"本月合计"字样,并在下面通栏画单红线

B. 需要结计本年累计发生额的明细账,每月结账时,应在"本月合计"行下结出自年初起至本月末的累计发生额

C. 总账账户平时只需结出月末余额。年终结账时,将所有总账账户结出全年发生额和年末余额,在摘要栏内注明"本年合计"字样,并在合计数下通栏画双红线

D. 年度终了时,对有余额的账户,要将其余额结转下年,并在摘要栏注明"结转下年"字样

3. 对账的主要内容包括( )。

A. 账证核对   B. 账账核对   C. 账实核对   D. 证表核对

4. 下列关于现金日记账具体登记方法的表述中,正确的有( )。

A. 日期栏是指记账凭证的日期,应与现金实际收、付日期一致

B. 凭证栏是指登记入账的收、付款凭证种类和编号

C. 对方科目栏是指现金收入的来源科目或支出的用途科目

D. 收入、支出栏是指现金实际收、付的金额

5. 下列关于银行存款日记账登记方法的表述中,正确的有( )。

A. 由会计负责登记

B. 按时间先后顺序逐日逐笔进行登记

C. 每日结出存款余额

D. 月终计算出全月收入、支出的合计数

6. 下列关于账簿启用的表述中，正确的有（　　　）。

A. 启用订本式账簿应当从第一页到最后一页顺序编定页数

B. 订本账不得跳页、缺号

C. 使用活页式账簿应当按账户顺序编号，并须定期装订成册

D. 使用活页式账簿，装订后再按实际使用的账页顺序编定页码，另加目录以便于记明每个账户的名称和页次

7. 下列各项中，不正确的有（　　　）。

A. 日记账必须采用三栏式

B. 总账最常用的格式为三栏式

C. 三栏式明细分类账适用于成本费用类科目的明细核算

D. 银行存款日记账应按企业在银行开立的账户和币种分别设置，每个银行账户设置一本日记账

8. 会计账簿按用途的不同，可以分为（　　　）。

A. 分类账簿　　　　　　　　　　　B. 活页账

C. 备查账簿　　　　　　　　　　　D. 数量金额式账簿

9. 下列关于会计账簿登记要求的表述中，正确的有（　　　）。

A. 登记会计账簿时做到数字准确、摘要清楚、登记及时、字迹工整

B. 账簿中书写的文字和数字上面要留有适当空格，一般应占格距的 2/3

C. 记账时，必须按页次顺序连续登记，不得隔页、跳行

D. 只有冲销错账的时候才可以用红色墨水记账

10. 下列关于会计账簿的表述中，正确的有（　　　）。

A. 账簿序时、分类地记载经济业务，是在各个具体的账户中完成的

B. 账簿只是一个外在形式，账户才是它的实质内容，账簿与账户的关系是形式和内容的关系

C. 会计账簿是对全部经济业务事项按照会计要素的具体类别而设置的分类账户进行登记的账簿

D. 账簿的基本内容包括封面、扉页、账页、会计分录

四、判断题

1. 尾数法是指对于发生的差错只查找末位数，以提高差错效率的方法。这种方法适用于借贷方金额末位数一致，其他位数不一致的情况。（　　　）

2. 会计部门各种财产物资明细分类账的期末余额与财产物资保管或使用部门有关明细账的期末余额核对属于账实核对。（　　　）

3. 库存现金日记账的账页格式均为三栏式，而且必须使用订本账。（　　　）

4. 银行存款日记账格式与现金日记账相同，即可以采用三栏式，也可以采用多栏式，但必须都使用订本账。（　　　）

5. 使用活页式账簿时，应当按账户顺序编号，不需要定期装订成册。（　　　）

6. 各单位在更换旧账簿、启用新账簿时，应当填制账簿启用表。（　　　）

7. 在明细账的核算中，只需要进行金额核算的，必须使用三栏式账页格式。（　　　）

8. 制造费用明细分类账，应选用数量金额式账页格式。（　　　）

9. 账簿中的每一个账页就是账户的具体存在形式和载体，账簿序时、分类地记载经济业务是在各个具体的账户中完成的。账簿与账户的关系是形式和内容的关系。（　　）

10. 序时账簿又称为日记账，是按照经济业务发生时间的先后顺序逐日逐笔进行登记的账簿。（　　）

11. 原始凭证是登记明细分类账的依据，记账凭证是登记总分类账的依据。（　　）

五、业务题

1. 甲公司会计人员在结账前进行对账时，发现企业所做的部分账务处理如下。

（1）按照工程的完工进度结算建造固定资产的工程价款 130 000 元（工程尚未完工），款项以银行存款支付，编制的会计分录如下：

借：固定资产　　　　　　　　　　　　　　　　　　　　130 000
　　贷：库存现金　　　　　　　　　　　　　　　　　　　　　130 000

（2）公司发生业务招待费 330 000 元，编制的会计分录如下：

借：财务费用　　　　　　　　　　　　　　　　　　　　330 000
　　贷：银行存款　　　　　　　　　　　　　　　　　　　　　330 000

（3）用银行存款支付上个月计提的办公人员福利费 39 000 元，编制的会计分录如下：

借：销售费用　　　　　　　　　　　　　　　　　　　　39 000
　　贷：银行存款　　　　　　　　　　　　　　　　　　　　　39 000

（4）计提车间生产用固定资产折旧 19 000 元，编制的会计分录如下：

借：管理费用　　　　　　　　　　　　　　　　　　　　19 000
　　贷：累计折旧　　　　　　　　　　　　　　　　　　　　　19 000

（5）以银行存款支付工人工资 300 000 元（已计入应付职工薪酬），编制的会计分录如下：

借：管理费用　　　　　　　　　　　　　　　　　　　　30 000
　　贷：银行存款　　　　　　　　　　　　　　　　　　　　　30 000

企业原账务处理均有错误，请写出正确分录。

2. 更正以下错账：某企业计提固定资产折旧，在编制记账凭证时误将应属于管理费用的行政部门用固定资产折旧 5 500 元计入制造费用，并已登记入账。

模块八
账务处理程序

学习目标

1. 了解账务处理程序、记账凭证账务处理程序、汇总记账凭证账务处理程序、科目汇总表账务处理程序、多栏式日记账账务处理程序，以及日记总账账务处理程序的概念；

2. 熟悉账务处理程序的种类，掌握记账凭证账务处理程序、汇总记账凭证账务处理程序、科目汇总表账务处理程序、多栏式日记账账务处理程序的一般步骤；

3. 掌握各种不同账务处理程序之间的区别。

情景导入

某搬家公司的简介如下：打开我们的网站就意味着合作的开始，本公司将为您提供最优质、最专业、最安全的全方位服务，为您的物品保驾护航！本公司主要承接居民搬家的业务。公司虽然在起步阶段，但服务一流。目前拥有各种车辆50多部，各种技术员工70多人。

思考： 根据以上信息基本可以断定这个搬家公司是小规模企业，作为会计的小刘如果到这家公司做财务，应该选择哪一种账务处理程序呢？应该按照怎样的账务处理流程处理？

任务一　账务处理程序概述

一、账务处理程序的概念和意义

账务处理程序也称会计核算组织程序或会计核算形式，是指会计凭证、会计账簿、会计报表相结合的方式，包括会计凭证和账簿的种类、格式，会计凭证与账簿之间的联系方法，由原始凭证到编制记账凭证、登记明细分类账和总分类账、编制会计报表的工作程序和方法等。

科学、合理地选择适用于本单位的账务处理程序具有以下重要意义，有利于会计工作程序的规范化，确定合理的凭证、账簿与报表之间的联系方式，保证会计信息加工过程的严密性，提高会计信息的质量；有利于保证会计记录的完整性、正确性，通过凭证、账簿及报表之间的牵制作用，增强会计信息的可靠性；有利于减少不必要的会计核算环节，通过井然有序的账务处理程序，提高会计工作效率，保证会计信息的及时性。

【例 8-1】下列关于会计核算组织程序表述中，正确的是（　　　）。

A. 账务处理程序，是会计凭证、会计账簿、会计报表、财产清查相结合的方式

B. 账务处理程序，又称会计核算组织程序或会计核算形式

C. 同一个企业可以同时采用几种不同的账务处理程序

D. 不同的会计主体所采用的会计凭证、会计账簿和会计报表的种类及格式是相同的

解析：B。选项 A，账务处理程序，又称会计核算组织程序或会计核算形式，是指会计凭证、会计账簿、财务报表相结合的方式；选项 C，同一企业只能采用一种账务处理程序；选项 D，不同的会计主体所采用的会计凭证、会计账簿和会计报表的种类及格式是不同的。

二、账务处理程序的种类

会计账务处理程序有多种形式，各单位应采用何种账务处理程序，由各单位自主选用或设计。现代社会生活中，我国各经济单位通常采用的主要账务处理程序有记账凭证账务处理程序、汇总记账凭证账务处理程序、科目汇总表账务处理程序、多栏式日记账账务处理程序和日记总账账务处理程序。各账务处理程序的区别主要在于登记总分类账的程序和方法不同。

（一）记账凭证账务处理程序

记账凭证账务处理程序是指对发生的经济业务事项，都要根据原始凭证或汇总原始凭证编制记账凭证，然后直接根据记账凭证逐笔登记总分类账的一种账务处理程序。

（二）汇总记账凭证账务处理程序

汇总记账凭证账务处理程序是根据原始凭证或汇总原始凭证编制记账凭证，定期根据记账凭证分类编制汇总收款凭证、汇总付款凭证和汇总转账凭证，再根据汇总记账凭证登记总分类账的一种账务处理程序。

（三）科目汇总表账务处理程序

科目汇总表账务处理程序又称记账凭证汇总表账务处理程序，是根据记账凭证定期编制科目汇总表，再根据科目汇总表登记总分类账的一种账务处理程序。

（四）多栏式日记账账务处理程序

多栏式日记账账务处理程序是指根据多栏式库存现金日记账、多栏式银行存款日记账和转账凭证登记总分类账的一种账务处理程序。

（五）日记总账账务处理程序

日记总账账务处理程序是指根据记账凭证逐笔登记日记总账的一种账务处理程序。

三、会计电算化账务处理程序的具体操作步骤

账务处理系统又称总账系统,是会计核算的核心,其他业务系统往往需要读取账务系统的数据进行核算,而且要将处理结果汇总生成凭证送账务系统统一处理。许多单位的会计电算化工作往往都是从账务处理系统开始的。

(一)账务处理系统的基本任务

(1)力求实现会计循环的自动化,但从原始凭证到记账凭证的确认还不能全部实现自动化。

(2)实现会计信息的多元分类,即不仅实现对总账、日记账和明细账管理,还能实现对往来、部门、项目、数量、单价、外汇及汇率的管理。

(3)实现数据的高度共享。

(二)账务处理系统的主要特点

▶ 1. 遵循世界通用的复式记账原则

计算机账务处理系统简化了会计循环,消除了手工会计信息处理的许多技术环节,对会计人员的技术要求只在于从原始凭证到记账凭证的编制和确认。

▶ 2. 记账凭证是数据处理的起点

手工账务一般是从处理原始凭证开始,而计算机账务系统一般不直接处理原始凭证,无论采用前台或后台工作方式,一般都需要由人工编制记账凭证输入系统,并以此为起点开始数据处理。

▶ 3. 部分凭证可以由机器自动生成

手工系统中所有的记账凭证都要人工制作,而计算机账务处理系统中的部分记账凭证可以由系统自动生成,实现所谓的自动转账。

(1)计算机账务处理系统对于待摊、预提、摊销、损益结转等每月固定的转账凭证可由机器自动生成。

(2)电算化系统中的其他子系统都可以自动生成记账凭证并传递给账务处理系统。

(3)由电子商务产生的电子凭证也可以自动转换为记账凭证,并传递给账务处理系统。

▶ 4. 计算机账务处理系统的账簿体系有较大的变化

手工系统中严格设置日记账、明细账、总账等相互制约的账簿体系,但在计算机账务处理系统中,不一定存在与之对应的账簿体系。

(1)记账凭证成了第一重要的账簿,它是永久性的会计档案,是赖以生成其他序时账和分类账的基础。

(2)总账一般也是一个重要的账簿,但除了科目总账之外,还应该有部门总账、客户总账、项目总账等,以存储多元分类汇总的数据。

(3)其他序时账和明细分类账在计算机账务处理系统内都不应该是永久性的,只是在查账时才临时生成,至于是否需要打印输出还值得商榷。

▶ 5. 记账规则与记账程序

手工会计规定的记账规则在计算机中有些是不必要的,有些是难以实现的。在计算机

账务处理系统中，记账的内涵已不相同，记账一般只能按一种固定的处理程序，根据记账凭证更新各种总账文件，除了科目总账之外，可能还要更新客户总账、部门总账、项目总账等辅助总账文件。

▶ 6. 内部控制已部分实现程序化

手工条件下行之有效的平行登记、试算平衡、签字盖章等许多控制方法已不再适用，其中相当一部分的控制要由账务处理系统自动实现。会计人员可以不理会数据在计算机内部的处理方法，只要输入凭证正确，由此产生的总账、明细账和日记账绝对不会出现错误。因此，如何保证输入凭证的正确性成了内部控制的关键。

▶ 7. 可以提供定期或实时的财务报表

尽管账务的系统以输出账簿和固定报表为终点，但它仍然是资产负债表等外部报表的主要数据来源。由于账务处理系统实现多元分类并实时更新各种分类汇总信息，所以以此为基础的财务报告得以向内容多元化、形式多样化及定期与实时报告相结合的模式发展。

▶ 8. 查账比手工系统更为方便

在计算机账务处理系统中，只要给出需求条件，就可以即时得到内容详尽、格式美观、本期(月、年)或跨年度的会计信息。

(三) 账务处理系统的基本功能

一般来说，账务处理系统的基本功能应包括系统设置(初始化)、凭证处理、期末处理、出纳管理、辅助核算、账表管理、系统维护等。

(四) 账务处理系统的操作流程

计算机账务处理系统的操作流程为：建立账套和初始设置、启用账套、日常账务处理。其中，日常账务处理中最基本的业务是凭证处理，其流程是填制凭证、凭证审核和凭证记账。此外，考虑到企业一般不能在会计期末及时结账，所以账务处理系统允许本期结账之前输入下一期间的记账凭证，但这些凭证必须在本期结账之后才能审核与记账。

(五) 账务处理系统与其他系统的关系

账务处理系统是会计信息系统的核心，它与其他系统有密切的联系，即除了与其他系统共享编码方案、会计科目、存货分类、存货档案、部门档案等基础数据之外，还与许多系统传递数据。

任务二　记账凭证账务处理程序

▌一、记账凭证账务处理程序的概念及一般步骤

(一) 记账凭证账务处理程序的概念

记账凭证账务处理程序是指对发生的经济业务，先根据原始凭证或汇总原始凭证填制记账凭证，再直接根据记账凭证登记总分类账的一种账务处理程序。

（二）记账凭证账务处理程序的一般步骤

记账凭证账务处理程序的一般步骤如图 8-1 所示。

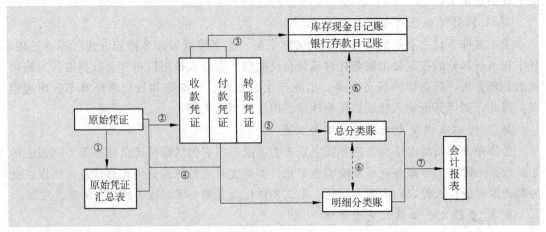

图 8-1　记账凭证账务处理程序的一般步骤

① 根据原始凭证填制原始凭证汇总表；

② 根据原始凭证或原始凭证汇总表，填制收款凭证、付款凭证和转账凭证，也可以填制记账凭证；

③ 根据收款凭证、付款凭证和转账凭证逐笔登记库存现金日记账和银行存款日记账；

④ 根据原始凭证、汇总原始凭证和记账凭证，登记各种明细分类账；

⑤ 根据记账凭证逐笔登记总分类账；

⑥ 期末，将库存现金日记账、银行存款日记账和明细分类账的余额同有关总分类账的余额核对相符；

⑦ 期末，根据总分类账和明细分类账编制会计报表。

【例 8-2】 下列关于记账凭证账务处理程序的表述中，正确的是（　　　）。

A. 只能根据原始凭证编制收款凭证、付款凭证和转账凭证

B. 一般应设置库存现金日记账和银行存款日记账

C. 明细账和总账一样，都是直接根据记账凭证登记

D. 期末根据总分类账、明细分类账、日记账的记录，编制财务报表

解析： B。选项 A，还可以根据原始凭证汇总表编制记账凭证；选项 C，有些明细账也可以直接根据审核无误的原始凭证登记；选项 D，编制报表的依据为总分类账和明细账，不包括日记账。

二、记账凭证账务处理程序的内容

（一）记账凭证账务处理程序的特点

记账凭证账务处理程序的特点是直接根据记账凭证对总分类账进行逐笔登记。

（二）记账凭证账务处理程序的优缺点

记账凭证账务处理程序的优点是简单明了、易于理解，总分类账较详细地记录和反映经济业务的发生情况。缺点是登记总分类账的工作量较大。

（三）记账凭证账务处理程序的适用范围

记账凭证账务处理程序适用于规模较小、经济业务量较少的单位。

【例 8-3】下列关于记账凭证账务处理程序的表述中，正确的有（　　）。

A. 记账程序简单明了

B. 登记总分类账的工作量较大

C. 总分类账可以详细地反映经济业务的发生情况

D. 适用于规模较小、经济业务量较少的单位

解析：A、B、C、D。

拓展阅读

记账凭证账务处理程序下凭证、账簿的设置

在记账凭证账务处理程序下，记账凭证可以采用通用式，也可以采用收款凭证、付款凭证和转账凭证。账簿一般设置库存现金日记账、银行存款日记账、总分类账和明细分类账。

现金日记账、银行存款日记账和总分类账一般均采用三栏式账页，明细分类账可根据管理的需要设置，采用三栏式、数量金额式或多栏式账页。

三、账务处理程序面临的问题

账务处理程序是对于不同会计岗位、不同会计工作的前后衔接关系的一种有机安排，也是会计凭证、会计账簿、会计报表等会计核算专业资料的形成过程，通常也可称为会计核算程序。在账务处理程序的不同阶段形成相应的会计资料，提供相应的会计信息，且这些会计信息存在着内在的必然联系。显然，建立科学、严谨的账务处理程序，在揭示会计信息之间的内在联系（如销售收入与销售成本通常应呈正向变动趋势），改善会计核算工作的同时，也可以加强会计内部监督，这对于提升会计信息质量具有重要意义。

（一）传统的账务处理程序存在的不足

目前，实际工作中可以采用的账务处理程序有多种。按照登记总账的时间和方法的不同，账务处理程序可以分为记账凭证账务处理程序、汇总记账凭证账务处理程序、科目汇总表账务处理程序和日记总账账务处理程序等，本书将这些账务处理程序称为传统的账务处理程序。其中，科目汇总表账务处理程序是大中型企业广泛采用的。

传统的账务处理程序有两大本质特征：一是强调会计工作不同岗位的先后衔接关系；二是强调凭证、账簿、报表的核对相符。很显然，传统的账务处理程序是以账簿为中心的，突出强调了会计的纠错功能。然而，从市场经济的现实情况来看，许多上市公司会计信息严重失真的主要原因并不在于会计工作中的错漏，而在于会计人员主动或被动参与舞弊，即会计造假，传统账务处理程序在防治会计造假方面显得没有针对性。

（二）会计环境的变化对会计的影响

会计目标的实现受到许多因素的影响，这些因素主要指会计所处的具体时空的情况和条件，它们构成了会计环境，包括经济环境、科技环境、法律环境、企业组织环境等。其中，经济环境、科技环境对会计目标的实现起着决定性的制约作用。回顾会计发展与进化的历史过程，每当经济环境、科技环境发生深刻变化时，通常会对会计理论、方法体系等产生重大的冲击，由此带来会计理论、方法体系等的重大变革与创新。

任务三 汇总记账凭证账务处理程序

一般情况下，小企业做账可以先根据每一张原始凭证填制记账凭证并审核，根据填制好的记账凭证来登记账簿，先登记明细账，后登记总账。试想一下，如果企业一个月有几千笔或者几万笔业务，业务效益又很好，按照这种处理流程，是不是每天都有大量的工作？其实在上述过程中某些工作是重复的，能不能简化？如果可以，应该怎样简化呢？

一、汇总记账凭证账务处理程序的概念及一般步骤

（一）汇总记账凭证账务处理程序的概念

汇总记账凭证账务处理程序是指先根据原始凭证或汇总原始凭证填制记账凭证，定期根据记账凭证分类编制汇总收款凭证、汇总付款凭证和汇总转账凭证，再根据汇总记账凭证登记总分类账的一种账务处理程序。

汇总收款凭证是根据库存现金和银行存款的收款凭证，分别按"库存现金"和"银行存款"的借方设置，按对应账户贷方科目进行归类汇总。月末，结算出汇总收款凭证的合计数，分别计入库存现金、银行存款总分类账的借方，以及各对应账户总分类账的贷方。

汇总付款凭证应根据库存现金和银行存款付款凭证，分别按"库存现金"和"银行存款"的贷方设置，按对应借方科目进行归类汇总。月末，结算出汇总付款凭证的合计数，分别计入库存现金和银行存款总分类账的贷方，以及其对应账户总分类账的借方。

汇总转账凭证应根据转账凭证中有关账户的贷方设置，按对应借方科目进行归类汇总。月末，结算出汇总转账凭证的合计数，分别计入该汇总转账凭证所开设的总分类账的贷方，以及各对应账户总分类账的借方。

（二）汇总记账凭证账务处理程序的一般步骤

汇总记账凭证账务处理程序的一般步骤如图8-2所示。

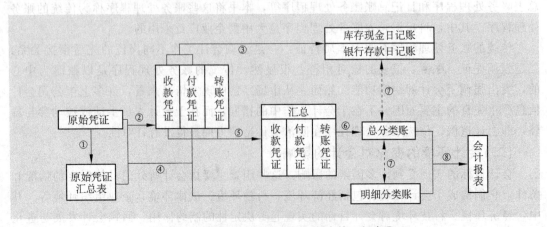

图8-2 汇总记账凭证账务处理程序的一般步骤

① 根据原始凭证填制原始凭证汇总表；

② 根据原始凭证或原始凭证汇总表，填制收款凭证、付款凭证和转账凭证，也可以填制通用记账凭证；

③ 根据收款凭证、付款凭证和转账凭证逐笔登记库存现金日记账和银行存款日记账；

④ 根据原始凭证、原始凭证汇总表和记账凭证，登记各种明细分类账；

⑤ 根据各种记账凭证编制有关汇总记账凭证；

⑥ 根据各种汇总记账凭证登记总分类账；

⑦ 期末，将库存现金日记账、银行存款日记账和明细分类账的余额与有关总分类账的余额核对相符；

⑧ 期末，根据总分类账和明细分类账的记录，编制财务报表。

二、汇总记账凭证的编制方法

汇总记账凭证是指对一段时期内同类记账凭证进行定期汇总而编制的记账凭证。

汇总记账凭证可以分为汇总收款凭证、汇总付款凭证和汇总转账凭证，三种凭证有不同的编制方法。

▶ 1. 汇总收款凭证及其编制方法

汇总收款凭证根据"库存现金"和"银行存款"账户的借方进行编制。

汇总收款凭证是在对各账户对应的贷方分类之后，进行汇总编制。

【例 8-4】收到投资者的投资 60 000 元，存入银行，会计分录如下：

借：银行存款　　　　　　　　　　　　　　　　　　　　　　60 000
　　贷：实收资本　　　　　　　　　　　　　　　　　　　　　　60 000

收到投资者追加的投资 200 000 元，存入银行，会计分录如下：

借：银行存款　　　　　　　　　　　　　　　　　　　　　200 000
　　贷：实收资本　　　　　　　　　　　　　　　　　　　　　200 000

从银行借入短期借款 300 000 元，存入银行，会计分录如下：

借：银行存款　　　　　　　　　　　　　　　　　　　　　300 000
　　贷：短期借款　　　　　　　　　　　　　　　　　　　　　300 000

▶ 2. 汇总付款凭证及其编制方法

汇总付款凭证根据"库存现金"和"银行存款"账户的贷方进行编制。

汇总付款凭证是在对各账户对应的借方分类之后，进行汇总编制。

【例 8-5】以库存现金支付销售产品的运费 500 元。会计分录如下：

借：销售费用　　　　　　　　　　　　　　　　　　　　　　　500
　　贷：库存现金　　　　　　　　　　　　　　　　　　　　　　500

以库存现金支付销售部门的广告费 800 元，会计分录如下：

借：销售费用　　　　　　　　　　　　　　　　　　　　　　　800
　　贷：库存现金　　　　　　　　　　　　　　　　　　　　　　800

以库存现金支付业务招待费 500 元，会计分录如下：

借：管理费用　　　　　　　　　　　　　　　　　　　　　　　500
　　贷：库存现金　　　　　　　　　　　　　　　　　　　　　　500

▶ **3. 汇总转账凭证及其编制方法**

汇总转账凭证通常根据所设置账户的贷方进行编制。

汇总转账凭证是在对所设置账户相对应的借方账户分类之后，进行汇总编制。

【例8-6】某企业各项经济业务会计分录如下：

(1) 借：生产成本　　　　　　　　　　　　　　　　　　　　　10 000

　　　贷：原材料　　　　　　　　　　　　　　　　　　　　　　　10 000

(2) 借：管理费用　　　　　　　　　　　　　　　　　　　　　20 000

　　　贷：原材料　　　　　　　　　　　　　　　　　　　　　　　20 000

(3) 借：管理费用　　　　　　　　　　　　　　　　　　　　　30 000

　　　贷：原材料　　　　　　　　　　　　　　　　　　　　　　　30 000

(4) 借：生产成本　　　　　　　　　　　　　　　　　　　　　40 000

　　　贷：原材料　　　　　　　　　　　　　　　　　　　　　　　40 000

汇总转账凭证，会计分录如下：

借：生产成本　　　　　　　　　　　　　　　　　　　　　　　50 000

　　管理费用　　　　　　　　　　　　　　　　　　　　　　　50 000

　　贷：原材料　　　　　　　　　　　　　　　　　　　　　　100 000

值得注意的是，在编制的过程中，贷方账户必须唯一，借方账户可一个或多个，即转账凭证必须一借一贷或多借一贷。

三、汇总记账凭证账务处理程序的内容

(一) 汇总记账凭证账务处理程序的特点

汇总记账凭证账务处理程序的特点是先根据记账凭证编制汇总记账凭证，再根据汇总记账凭证登记总分类账。

(二) 汇总记账凭证账务处理程序的优缺点

汇总记账凭证账务处理程序的优点是：①记账凭证通过汇总记账凭证汇总后于月末时一次登记总分类账，减少了登记总分类账的工作量；②汇总记账凭证是根据一定时期内全部记账凭证，按照科目对应关系进行归类、汇总编制的，可以清晰地反映科目之间的对应关系；③便于查对和分析账目。缺点是当转账凭证较多时，编制汇总转账凭证的工作量较大，并且按每一贷方账户编制汇总转账凭证，不利于会计核算的日常分工。

(三) 汇总记账凭证账务处理程序的适用范围

汇总记账凭证账务处理程序适用于经营规模大、经济业务较多的单位。

【例8-7】下列关于汇总记账凭证账务处理程序的表述中，正确的有（　　　）。

A. 减少了登记总分类账的工作量

B. 适用于规模大、收付款业务多、转账业务少的单位

C. 不能保持科目之间的对应关系，不便于查对和分析账目，不利于会计核算的日常分工

D. 记账凭证的种类不同、明细账簿的记账依据不同

解析：A、B。选项C，汇总记账凭证账务处理程序能保持科目之间的对应关系，便于查对和分析账目；选项D，对于明细账而言，登记依据都是会计凭证，登记依据是相同的，各账务处理程序登记总账的依据不同，不是明细账。

(四) 记账凭证的设置

汇总记账凭证账务处理程序下，记账凭证的设置有两种类型。

(1) 设置现金收款凭证、现金付款凭证、银行收款凭证、银行付款凭证和转账凭证，据以登记明细分类账。

(2) 设置汇总现金收款凭证、汇总现金付款凭证、汇总银行收款凭证、汇总银行付款凭证和汇总转账凭证，据以登记总分类账。

在此种记账程序中，一般情况下不能编制贷方有多个对应账户的转账凭证，即只能编制一借一贷或多借一贷的记账凭证，而不能相反。

拓展阅读

汇总记账凭证账务处理程序和其他账务处理程序的区别

汇总记账凭证账务处理程序和其他账务处理程序的区别是：汇总记账凭证账务处理程序须设置专用记账凭证即收款凭证、付款凭证和转账凭证，还要设置汇总收款凭证、汇总付款凭证和汇总转账凭证，根据汇总凭证登记总账；其他账务处理程序只设置通用凭证。

任务四 科目汇总表账务处理程序

一、科目汇总表账务处理程序的概念及一般步骤

(一) 科目汇总表账务处理程序的概念

科目汇总表账务处理程序，又称记账凭证汇总表账务处理程序，是指根据记账凭证定期编制科目汇总表(见表8-1和表8-2)，再根据科目汇总表登记总分类账的一种账务处理程序。

表8-1 科目汇总表(一)

年 月 至 月 第 号

会计项目	总账页数	本期发生额(元)		记账凭证起讫号数
		借方	贷方	
合计				

表 8-2   科目汇总表(二)

年   月   至   月

会计项目	账页	自 1 日至 10 日		自 11 日至 20 日		自 21 日至 31 日		本月合计(元)	
		借方	贷方	借方	贷方	借方	贷方	借方	贷方

(二) 科目汇总表账务处理程序的一般步骤

科目汇总表账务处理程序的一般步骤如图 8-3 所示。

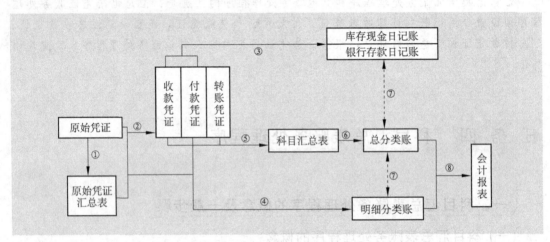

图 8-3   科目汇总表账务处理程序的一般步骤

① 根据原始凭证填制原始凭证汇总表;

② 根据原始凭证或原始凭证汇总表填制收款凭证、付款凭证和转账凭证;

③ 根据收款凭证、付款凭证逐笔登记库存现金日记账和银行存款日记账;

④ 根据原始凭证、原始凭证汇总表和记账凭证,登记各种明细分类账;

⑤ 根据各种记账凭证编制科目汇总表;

⑥ 根据科目汇总表登记总分类账;

⑦ 期末,将库存现金日记账、银行存款日记账和明细分类账的余额同有关总分类账的余额核对相符;

⑧ 期末,根据总分类账和明细分类账的记录,编制财务报表。

二、科目汇总表的编制方法

科目汇总表的编制是科目汇总表核算程序的一项重要工作,它是根据一定时期内的全部记账凭证,按科目作为归类标志进行编制的,其编制过程和方法如下:

(1) 将汇总期内各项经济业务所涉及的会计科目填制在“会计科目”栏。为了便于登记总分类账,会计科目的排列顺序应与总分类账上的会计科目的顺序一致;

（2）根据汇总期内的全部记账凭证，按会计科目分别加总借方发生额和贷方发生额，并将其填列在相应会计科目行的"借方金额"和"贷方金额"栏；

（3）将汇总完毕的所有会计科目的借方发生额和贷方发生额汇总，进行发生额的试算平衡。

【例8-8】某企业各项经济业务会计分录如下：

（1）借：银行存款   30 000

     贷：实收资本   30 000

（2）借：银行存款   60 000

     贷：长期借款   60 000

（3）借：长期借款   8 000

     贷：银行存款   8 000

（4）借：原材料   5 000

     贷：银行存款   5 000

（5）借：应付票据   3 000

     贷：应付账款   3 000

（6）借：利润分配   4 000

     贷：应付股利   4 000

借 银行存款 贷		借 实收资本 贷		借 长期借款 贷		借 原材料 贷	
30 000	8 000		30 000	8 000	60 000	5 000	
60 000	5 000						
90 000	13 000		30 000	8 000	60 000	5 000	

借 应付票据 贷		借 应付账款 贷		借 应付股利 贷		借 利润分配 贷	
3 000			3 000		4 000	4 000	
3 000			3 000		4 000	4 000	

编制科目汇总表，如表8-3所示。

表8-3　科目汇总表

会计科目	本期发生额	
	借方	贷方
银行存款	90 000	13 000
原材料	5 000	
应付票据	3 000	
应付账款		3 000
应付股利		4 000
长期借款	8 000	60 000

续表

会计科目	本期发生额	
	借方	贷方
实收资本		30 000
利润分配	4 000	
合计	110 000	110 000

科目汇总表只反映各个会计科目的借方本期发生额和贷方本期发生额，不反映各个会计科目的对应关系。

拓展阅读

科目汇总表的编制方式

编制科目汇总表时，根据一个企业全部的记账凭证，按相同的会计科目进行归类，分借贷方定期(如 5 天或 10 天)汇总每一会计科目的本期发生额，填写在科目汇总表的借方发生额和贷方发生额栏内，并分别相加，以反映全部会计科目在一定期间的借、贷方发生额。

思考： 根据图 8-4 所示的科目汇总表工作底稿，如何编制科目汇总表？

科目汇总表工作底稿

```
       借    现金    贷              借   银行存款   贷             借  其他应收款  贷
  (11)      40  (5)    1 200      (1)200 000  (3)250 000      (5)1 200   (11)1 500
  (31)100 329  (14)100 329        (1)150 000  (4)  58 500
                                              (6) 490 975
                                              (7) 117 000
                                              (9)  43 000
                                              (13)100 329
      100 369      101 529          350 000   1 059 804        1 200      1 500


      借   物资采购   贷              借    原材料   贷             借   固定资产   贷
  (6)420 000  (7)100 000      (7)100 000  (12)442 000      (1)700 000
  (7)100 000  (8)420 000      (8)420 000                   (4)  58 500
  (10)60 000  (10)60 000      (10)60 000
     580 000     580 000         580 000      442 000          758 500


      借   短期借款   贷              借    应付账款   贷            借   应交税金   贷
  (3)250 000  (2)150 000      (9)43 000  (10)70 200       (6) 70 975
                                                          (7) 17 000
                                                          (10) 10 200
     250 000     150 000         43 000      70 200            98 175
```

图 8-4 科目汇总表工作底稿

三、科目汇总表账务处理程序的内容

（一）科目汇总表账务处理程序的特点

科目汇总表账务处理程序的主要特点是需要定期编制科目汇总表，并据此登记总分类账。

（二）科目汇总表账务处理程序的优缺点

科目汇总表账务处理程序的优点是减轻了登记总分类账的工作量、易于理解、方便学习，并可做到试算平衡。缺点是科目汇总表不能反映各个账户之间的对应关系，不利于对账目进行检查。

（三）科目汇总表账务处理程序的适用范围

科目汇总表账务处理程序适用于经济业务较多的单位。

【例 8-9】 下列关于科目汇总表账务处理程序的表述中，表述正确的有（　　　）。

A. 科目汇总表账务处理程序可以大大减轻登记总账的工作量

B. 科目汇总表能反映账户之间的对应关系

C. 科目汇总表账务处理程序能详细记录经济业务的发生情况

D. 可以对发生额试算平衡，及时发现错误

解析： A、D。选项 B，科目汇总表不能反映账户之间的对应关系；选项 C，科目汇总表账务处理程序不能详细记录经济业务的发生情况。

拓展阅读

记账凭证账务处理程序、汇总记账凭证账务处理程序和科目汇总表账务处理程序的优缺点及适用范围如表 8-4 所示。

表 8-4　三种账务处理程序的优缺点及适用范围

账务处理程序类型	优点	缺点	适用范围
记账凭证账务处理程序	简单明了，总分类账可以较详细地反映经济业务的发生情况	登记总分类账的工作量较大	规模较小、经济业务量较少的单位
汇总记账凭证账务处理程序	减轻了登记总分类账的工作量，便于了解账户之间的对应关系，便于核对账目	不利于日常分工，当转账凭证较多时，编制汇总记账凭证的工作量较大	规模较大、经济业务较多的单位
科目汇总表账务处理程序	减轻了登记总分类账的工作量，起到试算平衡的作用	不能反映账户对应关系，不便于查对账目	经济业务较多的单位

<h1>任务五　多栏式日记账账务处理程序</h1>

一、多栏式日记账账务处理程序的概念及一般步骤

(一) 多栏式日记账账务处理程序的概念

多栏式日记账账务处理程序是指根据多栏式库存现金日记账、多栏式银行存款日记账和转账凭证登记总分类账的一种账务处理程序。

(二) 多栏式日记账账务处理程序的一般步骤

多栏式日记账账务处理程序的一般步骤如图 8-5 所示。

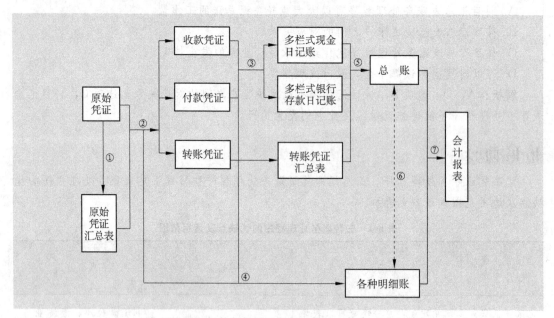

图 8-5　多栏式日记账账务处理程序

① 根据原始凭证填制原始凭证汇总表;

② 根据原始凭证或原始凭证汇总表,编制收款凭证、付款凭证和转账凭证;

③ 根据收款凭证、付款凭证及所附的原始凭证逐笔登记多栏式现金日记账和多栏式银行存款日记账;

④ 根据原始凭证、原始凭证汇总表和记账凭证登记各种明细账;

⑤ 根据多栏式现金日记账、多栏式银行存款日记账和转账凭证(或转账凭证科目汇总表)登记总账;

⑥ 期末,按对账要求将总账与明细分类账相核对;

⑦ 期末,根据总账和明细分类账的记录编制会计报表。

二、多栏式日记账账务处理程序的内容

(一)多栏式日记账账务处理程序的特点

多栏式日记账账务处理程序的特点是根据收款凭证和付款凭证逐日登记,然后根据多栏式现金日记账和多栏式银行存款日记账登记总分类账。

(二)多栏式日记账账务处理程序的优缺点

多栏式日记账账务处理程序的优点是收款凭证、付款凭证通过多栏式日记账进行汇总,再据以登记总分类账,可以减少登记总分类账的工作量;缺点是如果单位经济业务较多,必然会造成日记账栏目过多、账页庞大、容易串行串栏,不便于登记。

(三)适用范围

多栏式日记账账务处理程序适用于生产经营规模大、经济业务量多,但使用会计科目较少的单位。

三、多栏式日记账的登记方法

多栏式日记账的登记方法与三栏式日记账的登记方法基本相同,须根据收款凭证、付款凭证按经济业务发生的先后顺序序时登记。所不同的是,每发生一笔库存现金、银行存款、其他货币资金收付业务(现金内部转换业务除外),均须按现金流量表具体项目进行归类,并登记到项目的项目栏。从这一点来看,多栏式日记账的登记方法同多栏式费用账。

为适应多栏式日记账的登记要求,记账凭证的格式可稍做修改,将"明细科目"栏改为"明细科目或现金流量项目"栏,这样在填制记账凭证时就将库存现金、银行存款、其他货币资金的收付按现金流量表项目进行了适当归类,会计主管在审核收付款凭证时,须根据现金流量表准则规定的项目归类标准审核凭证中项目归类的正确性。出纳人员就直接根据审核后的收、付款凭证上的归类项目登记到多栏式日记账相应栏目。

在这种账务处理程序下,由于现金日记账和银行存款日记账都是按其对应账户设置专栏,起到了汇总收款凭证和汇总付款凭证的作用,在月终就可以直接根据这些日记账的本月收付发生额和各对应账户的发生额登记总分类账。登记时,应根据多栏式日记账"收入合计栏"的本月发生额,分别计入现金、银行存款总分类账的借方,并将收入栏下各对应账户的本月发生额合计数计入有关总分类账户的贷方;同时,根据多栏式日记账"支出合计栏"的本月发生额,分别计入现金、银行存款总分类账户的贷方,并将支出栏下的每个对应账户的本月发生额合计数计入各有关总分类账户的借方。对于现金和银行存款之间的相互划转的业务,因已分别包括在现金日记账和银行存款日记账的收入和支出合计数内,所以无须再根据有关对应账户的专栏登记总分类账,以免重复。对于转账业务,则根据转账凭证科目汇总表或直接根据转账凭证登记总分类账。采用多栏式日记账账务处理程序,可以简化总分类账的登记工作。但是,如果企业经济业务繁杂,则必然会造成日记账栏目过多,账页庞大,不便于登记。所以,该种账务处理程序只适用于企业规模虽大、业务虽多但所用会计科目较少的单位。多栏式明细账是根据经济业务的特点和经营管理的需要,在一张账页上集中反映各有关明细科目或明细项目的核算资料。

拓展阅读

电算化账务处理的特点

以计算机为主要载体的现代信息技术充分应用于会计工作后，对传统会计实务产生了深刻影响：会计信息的处理工具由算盘发展到键盘，会计信息的载体从纸张发展到磁盘文件，会计信息的处理与传输呈现出高度自动化、电子化、无纸化和实时化的特点，并促使以簿记为主的传统会计组织发生根本性改变。与手工会计相比，电算化会计账务处理程序的特点如下。

一、账簿体系虚拟化

账簿，作为存放经分类汇总的会计数据的载体，是一个承前启后、不可缺少的桥梁与纽带。手工会计离开账簿，其会计报表的编制便成了无本之木、无水之鱼。簿籍只是账簿的外表形式，账簿的内容则是账户记录。账户就是对会计数据进行分类、归集而设置的单元。在电算化系统中，会计信息的生成仍然离不开账户这样最基本的存储单元，但账户的存储并不一定要借助于账簿来完成。信息技术的运用，使账户记录与纸介质呈现出分离的趋势，纸介质不再作为账户分类和汇总数据的唯一载体。实践证明，在磁、电、光等介质保存会计数据可靠性得以保证的前提下，人们需要的各种核算资料尽可通过调用这些介质上的数据库文件加以计算和显示，完全不必使用纸张作为账户记录的载体。既然账户记录可以完全与纸张分离，手工会计中关于账簿的定义就不存在了。电算化系统中的账簿实际是"虚"的，所谓"虚"，是指磁盘上一般并不存在账，更不是一个手工账对应一个磁盘文件。账簿上反映的数据不外有两类：一类是发生额；另一类是余额。作为记账对象的发生额数据来自于记账凭证，而作为记账结果的期末(或期初)余额数据则是在账簿被登记之后形成的。所以，账簿记录只不过是记账凭证上账户记录的分类、汇总。由于计算机具有强大、快速的数据处理功能，它对记账凭证库文件的分类、汇总不过是举手之劳。而对于账户余额，只要保证系统初始化时输入的初始余额数据正确无误，以后各个会计期的期末余额也就唾手可得了。因此，电算化系统中的账是凭证库文件及相关数据(主要是各会计账户的期初余额数据)自动地准确无误地派生出来的。理论上说，保留了凭证库文件及相关数据，也就保证了账簿的存在。

二、记账过程虚拟化

电算化系统中的记账过程也是一个虚过程，因为并没有生成实际的账。"记账"就是将前凭证库文件中审核通过的记账凭证做上过账标识或者另外形成一个账后凭证库文件，表明该记账凭证已入账，不允许再对其修改。如果有错误，只能采用类似于手工会计下的红字冲销法，通过输入"更正凭证"予以纠正。所以，在电算化系统中，记账环节完全可以取消，即平时不登记日报账、明细账及总账，只将记账凭证保存在一起，在需要时再采用瞬间成账的做法：根据科目余额库文件的期初余额数据和记账凭证库文件的科目发生额数据，当即形成所需的"账簿"并予以输出。同时，这种瞬间成账的方式也使会计报表瞬间形成成为可能。至于很多会计软件所提供的记账模块功能，主要是为了满足会计人员的习惯，即只有先记账才能查询和打印。

三、证账表数据一致化

在手工会计中，分类账分为总分类账(总账)和明细分类账(明细账)。其登记的原则是平行登记，即把来源于记账凭证的信息计入有关总账账户，同时还要计入该总账所属的有关明细账账户，并通过定期对账来检查和纠正总账或明细账中可能出现的记录错误。这种通过低效率的多重反映和相互稽核来换取数据处理的正确性与可靠性是手工账务处理程序的一个重要特征。然而，对账是设置账簿的产物，如果没有设置账簿，也就无所谓账证、账账、账表之间的核对了。计算机本身是不会发生遗漏、重复及计算错误的，只要会计软件的程序正确且运行正常，账证、账账一定相符；只要报表公式定义正确，账表也一定相符。这样，就使手工会计下的对账环节不复存在了。事实上，计算机对来源于记账凭证中的信息不再重复处理，而分类账也没有必要明确地区分为总账和明细账。当然，这并不排除会计软件中设置类似于总账和明细账的数据存储结构，但这样的总账和明细账之间并不存在统驭与被统驭的关系，其目的只是加快信息检索的速度。

四、账务处理流程一体化

简单地说，手工会计的账务处理流程就是"凭证→账簿→报表"，会计人员的工作重点是在填制凭证以后的阶段，要形成会计报表，必须经过填制凭证、过账、结账、试算平衡、对账等诸多程序。在电算化系统中，整个账务处理流程分为输入、处理、输出三个环节，首先将分散于手工会计各个核算岗位的会计数据统一收集后集中输入计算机，此后的各种数据处理工作都由计算机按照会计软件的要求自动完成，不受人工干预。从输入会计凭证到输出会计报表，一气呵成，一切中间环节都在机内自动处理，而需要的任何中间资料都可以通过系统提供的查询功能得到，真正实现数出一门（都从凭证上来）、数据共享（同时产生所需账表）。整个账务处理流程具有高度的连续性、严密性，呈现一体化趋势，极大地提高了财务报告的时效性。这样，手工会计中非常费时、费力和烦琐的工作，变成了电算化系统中一个简单的指令或动作。过去需要众多人员从事的填制凭证、记账、编表等工作，现在只需要少量的录入人员进行操作就可以了。因此，手工会计中不同账务处理程序的划分已没有必要，可以采用一种统一的账务处理程序，这就为实现电算化系统中账务处理程序的通用化提供了前提。

任 务 六　日记总账账务处理程序

日记总账账务处理程序是指设置日记总账，根据经济业务发生以后所填制的各种记账凭证直接逐笔登记日记总账，并定期编制会计报表的账务处理程序。日记总账账务处理程序在以前只适用于规模小、业务量少、使用会计科目不多的会计主体。但在使用电子计算机进行账务处理的企业，由于账簿的登记等是由计算机完成，很容易克服这种账务处理程序的缺点，因此在一些大中型企业也可以应用这种核算组织程序。

一、日记总账账务处理程序的概念及一般步骤

（一）日记总账账务处理程序的概念

日记总账账务处理程序是指根据记账凭证逐笔登记日记总账的一种账务处理程序。

（二）日记总账账务处理程序的一般步骤

日记总账账务处理程序的一般步骤如图 8-6 所示。

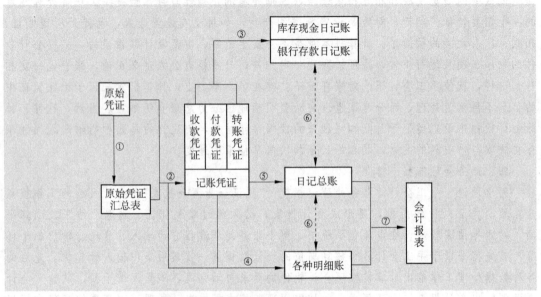

图 8-6　日记总账账务处理程序的一般步骤

① 根据原始凭证填制原始凭证汇总表；

② 根据原始凭证或原始凭证汇总表填制各种记账凭证；

③ 根据收款凭证、付款凭证登记库存现金记账和银行存款日记账；

④ 根据记账凭证和原始凭证或原始凭证汇总表登记各种明细账。

⑤ 根据各种记账凭证逐笔登记日记总账。

⑥ 月末，将日记账和明细账的余额与日记总账的余额相核对；

⑦ 月末，根据日记总账和明细账的资料编制会计报表。

二、日记总账账务处理程序的内容

（一）日记总账账务处理程序的特点

日记总账账务处理程序的主要特点是：设置日记总账，所有经济业务都必须在日记总账中进行登记。日记总账既要根据业务发生的时间顺序登记，又要将所有科目的总分类核算都集中到一张账页上，因此，它既是日记账，又是总账。

（二）日记总账账务处理程序的优缺点

日记总账账务处理程序的优点是核算手续简单、易于操作，且由于日记总账将所有总账科目都集中在一张账页上，并对经济业务的发生序时登记，可以直观地反映各账户之间的对应关系，便于查账。缺点是如果企业的业务复杂，设置会计科目多，则日记总账账页篇幅过大，不便于记账，也不利于会计人员的分工。

（三）日记总账账务处理程序的适用范围

日记总账账务处理程序一般适用于规模小、经济业务较简单，使用会计科目较少的小型企事业单位。

三、日记总账的不同登记方式之间的区别

在根据多栏式现金日记账和银行存款日记账登记总账的情况下，账务处理可有以下两种做法。

（1）由出纳人员根据审核后的收、付款凭证逐日逐笔登记现金和银行存款的收入日记账和支出日记账，每日应将支出日记账当日支出合计数，转计入收入日记账中支出合计栏中，以结算当日账面余额。会计人员应对多栏式现金和银行存款日记账的记录加强检查监督，并负责于月末根据多栏式现金和银行存款日记账各专栏的合计数，分别登记总账有关账户。

（2）另外设置现金和银行存款出纳登记簿，由出纳人员根据审核后的收、付款凭证逐日逐笔登记，以便逐笔掌握库存现金收付情况，及时同银行核对收付款项；然后将收、付款凭证交由会计人员据以逐日汇总登记多栏式现金和银行存款日记账，并于月末根据多栏式日记账登记总账。出纳登记簿与多栏式现金和银行存款日记账要相互核对。

第（1）种做法可以简化核算工作，第（2）种做法可以加强内部牵制。总之，采用多栏式现金和银行存款日记账可以减少收款凭证的汇总编制手续，简化总账登记工作，而且可以清晰地反映账户的对应关系，了解现金和银行存款收付款项的来龙去脉。

拓展阅读

手工账务处理程序和电算化账务处理程序的不同点

手工账务处理程序有四种，但是都避免不了重复转抄与计算的根本弱点，不可避免地会出现人员、环节与差错的增多。

人机系统的账务处理程序有两种方案可取：第一方案，根据目前的经济状况与开发水平，基本上按手工系统的方式进行系统移植；第二方案，即理想化的全自动账务处理程序，具体步骤如下。

（1）会计凭证磁性化（或用条形码）。在规格化的会计凭证上，用磁性墨水书写（或打上条形码），由阅读机识别后将数据输送到中央处理机。

（2）中央处理机内以"资产负债表""利润表""现金流量表"三大财务报表为中心，分别对数据进行处理，同时辅以成本核算模块程序。

（3）由用户定义输出形式与结果，输出设备（显示器、打印机）提供查询与打印。

人机系统的账务处理程序不因企业或成本核算对象的不同而不同，成熟的人机系统应当用同一模式来处理会计业务。成本核算只是其中的一小部分程序，随着计算机技术的发展和成本核算的进一步规范化，可以将不同行业的成本核算程序以软件固化形式拼装在计算机里。这样，从会计凭证到会计报表，一切手工系统的中间过程都不必与使用者见面，而任何要求的输出都能得到满足。

┃ 模块小结 ┃

本模块主要介绍了账务处理的概念、账务处理的分类，以及每种账务处理程序的概念，它们的主要区别在于登记总账的依据和方法不同。详细介绍了记账凭证账务处理程序、汇总记账凭证账务处理程序、科目汇总表账务处理程序、多栏式日记账账务

处理程序、日记总账账务处理程序的概念、一般步骤，以及各类账务处理程序的特点、优缺点和适用范围。

思考与练习

一、思考题

1. 账务处理程序的概念是什么？

2. 账务处理程序的意义是什么？

3. 账务处理程序有哪几类？每一类分别是什么？

4. 简述记账凭证账务处理程序。

5. 简述科目汇总表账务处理程序。

6. 简述科目汇总表账务处理程序的优缺点及适用范围。

二、单项选择题

1. 以下各项中，属于科目汇总表账务处理程序缺点的是（　　）。

A. 不便于理解

B. 增加了登记总分类账的工作量

C. 不便于检查核对账目

D. 不便于进行试算平衡

2. 汇总记账凭证账务处理程序与科目汇总表账务处理程序的相同点是（　　）。

A. 登记总账的依据相同　　　　　　　B. 记账凭证的汇总方法相同

C. 保持了账户间的对应关系　　　　　D. 简化了登记总分类账的工作量

3. 采用科目汇总表账务处理程序时，月末不应将（　　）余额与有关总分类账的余额进行核对。

A. 现金日记账　　　　　　　　　　　B. 银行存款日记账

C. 科目汇总表　　　　　　　　　　　D. 明细分类账

4. 汇总记账凭证账务处理程序和科目汇总表账务处理程序的主要不同点是（　　）。

A. 登记日记账的依据不同　　　　　　B. 编制记账凭证的依据不同

C. 登记总分类账的依据不同　　　　　D. 编制汇总记账凭证的依据不同

5. 科目汇总表的汇总范围是（　　）。

A. 全部科目的借、贷方发生额和余额

B. 全部科目的借、贷方余额

C. 全部科目的借、贷方发生额

D. 总账科目的借、贷方发生额和余额

6. 以下各项中，属于汇总记账凭证账务处理程序主要缺点的是（　　）。

A. 登记总账的工作量较大

B. 当转账凭证较多时，编制汇总转账凭证的工作量较大

C. 不便于体现账户间的对应关系

D. 不便于进行账目的核对

7. 下列各项中，不属于汇总记账凭证账务处理程序步骤的是( )。

A. 根据原始凭证、原始凭证汇总表编制记账凭证

B. 根据各种记账凭证编制有关汇总记账凭证

C. 根据记账凭证逐笔登记总分类账

D. 根据各汇总记账凭证登记总分类账

8. 记账凭证账务处理程序一般适用于( )。

A. 规模较大，经济业务比较复杂的企业

B. 规模较大，但经济业务比较简单的企业

C. 规模较小，经济业务量较少的企业

D. 规模不大，但经济业务量较多的企业

9. 下列各项中，属于记账凭证账务处理程序主要缺点的是( )。

A. 不能体现账户的对应关系　　　　B. 不便于会计合理分工

C. 方法不易掌握　　　　　　　　　D. 登记总分类账的工作量较大

10. 下列各项中，不属于记账凭证账务处理程序步骤的是( )。

A. 根据原始凭证或原始凭证汇总表填制记账凭证

B. 根据原始凭证或原始凭证汇总表、记账凭证登记明细分类账

C. 根据明细分类账和总分类账编制会计报表

D. 根据记账凭证登记汇总记账凭证和总分类账

11. 记账凭证账务处理程序下，不能作为登记明细分类账依据的是( )。

A. 原始凭证　　　B. 汇总原始凭证　　　C. 记账凭证　　　D. 记账凭证汇总表

12. 在各种不同的账务处理程序中，不能作为登记总分类账依据的是( )。

A. 记账凭证　　　　　　　　　　　B. 汇总记账凭证

C. 汇总原始凭证　　　　　　　　　D. 科目汇总表

13. ( )是指会计凭证和会计账簿的种类、格式，会计凭证与账簿之间的联系方法。

A. 凭证组织　　　B. 账簿组织　　　C. 记账程序　　　D. 报表组织

14. 下列各项中，属于选择总分类账登记方法的依据的是( )。

A. 账簿体系　　　　　　　　　　　B. 会计凭证的类别

C. 会计科目的设置　　　　　　　　D. 会计核算形式

三、多项选择题

1. 以下关于科目汇总表账务处理程序的优缺点与适用范围的表述中，正确的有( )。

A. 将记账凭证通过科目汇总表汇总后登记总分类账，大大减轻了登记总账的工作量

B. 通过编制科目汇总表，可以对发生额进行试算平衡，从而及时发现错误，保证记账工作质量

C. 科目汇总表能反映账户之间的对应关系，有利于根据账簿记录检查和分析交易或事项的来龙去脉，便于查对账目

D. 适用于业务量多的大、中型企业

2. 下列各项中，不属于科目汇总表账务处理程序优点的有( )。

A. 便于反映各账户间的对应关系　　B. 便于进行试算平衡

C. 便于检查核对账目　　　　　　　D. 简化登记总账的工作量

3. 各种账务处理程序的相同之处是（　　　）。

A. 根据原始凭证编制原始凭证汇总表

B. 根据原始凭证、原始凭证汇总表和记账凭证，登记各种明细分类账

C. 根据收款凭证和付款凭证登记现金、银行存款日记账

D. 根据总账和明细账编制财务报表

4. 在科目汇总表账务处理程序下，月末应将（　　　）与总分类账进行核对。

A. 现金日记账　　　　　　　　　　B. 明细分类账

C. 银行存款日记账　　　　　　　　D. 备查账

5. 下列关于汇总记账凭证账务处理程序的说法中，错误的有（　　　）。

A. 登记总账的工作量大

B. 不能体现账户之间的对应关系

C. 明细分类账与总分类账无法核对

D. 当转账凭证较多时，汇总转账凭证的编制工作量较大

6. 汇总记账凭证一般分为（　　　）。

A. 汇总收款凭证　　　　　　　　　B. 汇总付款凭证

C. 原始凭证汇总表　　　　　　　　D. 汇总转账凭证

7. 为了便于编制汇总转账凭证，要求所有的转账凭证应按（　　　）的对应关系来编制。

A. 一借一贷　　　　　　　　　　　B. 一借多贷

C. 一贷多借　　　　　　　　　　　D. 多借多贷

8. 下列关于记账凭证账务处理程序的表述中，正确的有（　　　）。

A. 记账凭证账务处理程序简单明了，易于理解

B. 总分类账可以较详细地反映经济业务的发生情况

C. 登记总分类账的工作量较大

D. 适用于规模较小、经济业务量较小的单位

9. 在不同的账务处理程序下，登记总账的依据可以有（　　　）。

A. 记账凭证　　　　　　　　　　　B. 汇总记账凭证

C. 科目汇总表　　　　　　　　　　D. 汇总原始凭证

10. 下列各项中，属于科学、合理地选择适用于本单位的账务处理程序的意义有（　　　）。

A. 有利于规范会计工作　　　　　　B. 有利于增强会计信息可靠性

C. 有利于提高会计信息的质量　　　D. 有利于保证会计信息的及时性

四、判断题

1. 汇总记账凭证账务处理程序和科目汇总表账务处理程序都有利于简化总账的登记工作。（　　　）

2. 汇总记账凭证账务处理程序和科目汇总表账务处理程序都适用于经济业务较多的单位。（　　　）

3. 在不同的账务处理程序下，财务报表的编制依据不同。（　　　）

4. 汇总记账凭证账务处理程序既能保持账户的对应关系，又能减轻登记总分类账的工作量。（　　　）

5. 汇总收款凭证是按贷方科目设置，按借方科目归类，定期汇总编制的。（　　　）

6. 记账凭证账务处理程序是最基本的账务处理程序,其他账务处理程序都是在此基础上发展形成的,其优点就是登记账簿的工作量小。(　　)

7. 采用记账凭证账务处理程序时,总分类账根据经审核的记账凭证直接逐笔登记。(　　)

8. 在不同的账务处理程序中,登记总分类账的依据相同。(　　)

9. 账务处理程序,又称会计核算组织程序或会计核算形式,是指会计凭证、会计账簿、财务报表相结合的方式,包括账簿组织和记账程序。(　　)

9 模块九
财产清查

情景导入

中顺公司的经理赵某，将企业正在使用的一台扫描设备借给朋友使用，未办理任何手续。年底，公司审计部门人员在年终清查时发现盘亏一台扫描设备，原值为15万元，已提折旧5万元，净值为10万元。经查，属赵经理所为。于是，派人向借方追索，但借方声称，该设备已意外浸水毁损不能使用。当问及赵经理对此事的处理意见时，赵某建议按正常报废处理。

思考： 这种情况下，盘亏的设备按照正常报废处理是否符合会计制度要求？企业应该如何预防和正确处理财产的缺失？

任务一 账产清查概述

一、财产清查的概念

财产清查是指通过对财产物资及现金的实地盘点和对银行存款、债权债务的核对，查明各项财产物资、货币资金和债权债务的实存数和账存数是否相符的一种会计核算方法。从理论上讲，企业的会计工作若是全面、连续、系统地进行，财产的增减变化和结存情况均能如实反映在账簿中，通过恰当的物资管理，能够保证账簿记录和实物、款项的一致。但是，在实际工作中，由于种种复杂的现实情况，许多原因都会导致账簿记录的结存数与各项财产的实存数发生差异，即账实不符。概括起来，导致账实不符的原因主要有以下两方面。

（一）客观原因

客观原因是指自然的客观原因和财产物资本身的物理性质、技术水平等原因引起的账实不符。

（1）自然灾害。不以人的意志为转移的自然界的力量引起的灾害所导致的财产物资的非正常损失，例如，恶劣气候、雷电、地震、洪水等造成的财产物资损害。

（2）财产物资在保管过程中发生的自然损溢。例如，有些财产物资会因为风干、吸潮、挥发等原因造成数量差错。

（3）技术原因。有些财产物资在加工时，由于机械操作、切割等工艺技术原因，造成加工过程中的数量消耗，引起短缺。

（二）主观原因

主观原因是指由于企业员工或相关人员在工作中的失误、失职，或由于不法分子的贪污盗窃等外来原因引起的账实不符。

（1）收发差错。财产物资在入库出库等收发过程中，由于计量或检验不准，造成多收多计量或少收少计量的错误。

（2）记账错误。登账过程中出现错漏、重复或者计算上的错误，造成账簿登记数字不准，引起账实不符。

（3）保管不善。保管环境不佳或保管人员失职等造成的财产物资残损、变质、短缺。

（4）贪污盗窃。由于不法分子的贪污盗窃、营私舞弊等直接侵占企业财产物资所发生的损失。

以上各种造成账实不符的原因，有的是可以避免的，有的是不可避免的，它们使得各项财产物资的账存数额与实存数额发生差异。为了掌握各项财产物资的真实情况，保证会计资料的准确可靠，有必要进行财产清查工作。

二、财产清查的意义

财产清查是为了核算和监督账簿记录的真实性和财产保管适用的合理性而进行的，其对于保证会计核算资料的真实和可靠，保护企业财产的安全与完整，充分挖掘财产物资潜力和促进企业健全制度等方面有着重要意义。

（一）保证账实相符，保证会计核算资料的真实和完整

通过财产清查，可以确定各项财产物资的实存数，将实存数与账面结存数进行对比，可以揭示各项财产物资的溢缺情况，及时调整账面记录，保证账簿记录真实完整，从而为经济管理提供可靠的数据资料。

（二）加强物资管理，保护财产安全

通过财产清查，可以及时发现各项财产物资的损溢情况，对发现的问题追查原因，即可查明各项财产的收发和保管制度的执行情况，采取措施，堵塞漏洞。通过财产清查可以及时发现贪污盗窃、违法乱纪的行为，从而从管理上切实保证各项财产物资的安全和完整。

（三）充分利用资金，挖掘财产物资的潜力

财产清查，既是对现有财产物资实存数的核实，也是对各项财产物资利用情况的一次审查。对呆滞、积压的物资可以及时采取措施，盘活资金，也可以根据现有库存情况及时调整采购计划，避免新的库存积压，加速资金周转，充分挖掘财产物资的利用潜力，提高企业经济效益。

（四）促进企业建立健全规章制度

对于在财产清查中发现的财产物资的损溢，查明原因，及时处理。通过财产清查，可以发现资金结算、财务核算、财产验收、仓库保管等方面存在的问题，结合清查结果完善岗位责任，采取有针对性的改善措施，促进企业各项制度的建立健全，有效防范类似情况再次发生。

三、财产清查的种类

财产清查一般可以按照清查的范围、清查的时间和清查的执行单位三种主要分类方法进行分类。

（一）按照清查的范围划分

按照清查的对象和范围划分，财产清查可以分为全面清查和局部清查。

▶ **1. 全面清查**

全面清查是指对本单位全部财产、物资和往来款项等进行全面的盘点和查询。原则上讲，全面清查的范围应包括资产、负债和所有者权益的所有有关项目。全面清查的内容多、范围广、投入的人力物力多，难以经常进行，一般用于年终结算前的清查。除此以外，在某些特殊情况下，例如，单位撤销、合并、改变隶属关系前、清产核资前、单位主要负责人调离工作岗位前，为了明确经济责任或者核定资产，也须进行全面清查。

▶ **2. 局部清查**

局部清查是指根据需要对本单位部分财产物资和往来款项进行盘点与核对。局部清查的内容少、范围小、专业性强，相对全面清查而言，可以根据需要频繁进行。局部清查的主要对象是流动性较大又易于损坏的财产物资，如现金、原材料、在产品和库存商品等。清查频度可根据财产物资的不同情况而定，一般来说，现金应做到每日清点，日清月结；银行存款应每月同银行核对一次；原材料、在产品和库存商品，每年度应清查一次，每月有计划地重点抽查；贵重的财产物资，应每月清查盘点一次；债务债权应在每年度内至少核对一次。

（二）按照清查的时间划分

按照清查的时间划分，财产清查可以分为定期清查和不定期的清查。

▶ **1. 定期清查**

定期清查是根据本单位管理制度的规定或预先计划安排的时间对财产物资进行清查。定期清查的对象和范围不定，可以是全面清查也可以是局部清查。定期清查的目的除了及时发现账实不符、调整错误外，还要核实损益，保证会计报表的真实完整。因此，定期清查一般在年度、半年度、季度或月度结账时进行。

▶ **2. 不定期清查**

不定期清查是指事先没有规定清查时间，根据本单位实际情况进行的随机、临时性的

清查。不定期清查根据工作需要，可随时进行。例如，保管人员发生变动时，为了明确经济责任，对其经管的财产进行清查；企业进行兼并、破产或转移所有权时，为摸清企业的家底对企业的财产进行清查；发生自然灾害或贪污盗窃时，为查清损失情况，对受损的财产物资进行清查；上级或财政、税收、审计等部门对本单位会计或相关业务进行审查时，为了验证单位会计资料的可靠性，根据审查的要求和范围对财产物资进行清查等。

（三）按照清查的执行单位划分

按照清查的执行单位划分，财产清查可分为内部清查和外部清查。

▶ 1. 内部清查

内部清查是指由单位自行组织对本单位的财产物资所进行的清查，也称为自查。

▶ 2. 外部清查

外部清查是指由本单位以外的有关部门或人员根据国家法律或制度的规定所进行的财产清查。

任务二 账产清查的程序和方法

一、财产清查的程序

财产清查是一项复杂又细致的工作，涉及面广，所需人力物力较多，为达到清查目的，应在财产清查前认真做好准备工作。不同目的的财产清查，所采用的具体方法也不同，就其一般程序来说，主要包括以下三个步骤。

（一）建立财产清查组织

财产清查工作应由专门人员组成清查小组并经授权后予以进行。清查小组一般由会计部门、总务部门、管理及使用部门人员组成，人员配置时应注意相互监督和控制。清查工作前，制订财产清查计划，明确清查对象范围，确定工作进度、方式方法和人员配备。清查工作中，合理安排财产清查工作分工、进度、人员，及时掌握清查工作进度。清查工作结束后，由清查小组写出财产清查工作的书面报告，对发生的盘盈和盘亏提出处理意见。

（二）做好业务准备工作

进行财产清查前，各业务部门和检查部门应主动做好相关业务准备，这是顺利进行财产清查的前提条件。

会计部门须将有关会计账簿登记完整并结出余额，将总分类账与各所属明细分类账核对清楚，为账实核对做好账簿资料准备。财产物资保管及使用部门则应将截至财产清查时的各项财产物资的明细账登记齐全，结出各账户余额。财产物资的保管（使用）人员应将其保管（使用）的各类财产物资进行必要的整理，有序放置，对存货、在产品、产成品等财产物资，做好实物卡片的登记，标明品名、规格、计量单位和结存数量等信息，为实物盘点做好准备。财产清查小组应组织有关部门准备好计量器具，印制好各种清查登记表册。

（三）实施财产清查

在做好财产清查准备工作后，清查小组即可根据清查对象的特点及清查目的，采用相应的清查方法实施财产清查。清查时先清查数量，与有关账簿记录核对，随后确认质量。在盘点财产物资时，保管（使用）人员必须在场。清查结束后，财产物资有短缺、毁损或溢余的，应查明原因，分别处理。属于正常损耗的，应当按照程序进行转销；属于非正常损耗的，应当责成相关责任人员承担损失，同时对相应内部控制制度进行评估和改进。

二、财产清查的方法

（一）实物清查方法

实物清查包括对原材料、半成品、在产品、库存商品及固定资产等财产物资的清查。盘点时，实物的保管人员必须在场，以明确经济责任。对实物财产的清查，一方面要从数量上核对账存数和实存数是否相符，另一方面要查明是否有损坏、变质等情况。不同实物财产的形态、体积、重量及存放方式不同，需要采取不同的清查方法。

▶ 1. 实地盘点法

实地盘点法是在实物财产清查中较多使用的一种方法。通过逐一点数、过磅、量尺等计量方法来确定实物财产的实有数。这种方法适用范围较广泛，一般机器设备、自成包装单位的原材料、库存商品等实物的清查均采用该法。

▶ 2. 技术推算法

对于大量成堆、难以清点的实物财产，可以采取量方、计尺等技术推算的方法进行推算实有数。这种方法适用于散装、成堆堆放的货物，如大量堆放的化肥、饲料等。

▶ 3. 抽样盘存法

对于成件堆放但有完整包装的实物财产，可以按大件清点，必要时可以抽查清点。对数量众多，但重量和体积比较规整均衡的实物财产，可抽取一定数量的样品，以样品对全部实物资产的实有数进行估算确定。

（二）实物财产的清查顺序

财产清查中，应按照实物财产的不同性质合理采用恰当的清查方法，但不管采用哪种清查方法，实物财产的清查顺序一般都按下列步骤进行。

（1）采用恰当的清查方法对实物财产进行盘点，盘点结果如实登记在盘存单上，并由盘点人员和实物保管人员共同签章确认。

盘存单是清查结束时，盘点人员根据财产物资的盘点记录填制的表单，是财产清查结束后调账、对账或处理盘盈盘亏的凭据，如表9-1所示。需要注意的是，盘存单虽然反映了企业现有的各项财产物资的实有数，但不是原始凭证，不能够据此调整相关账簿账面数字。

表 9-1 盘 存 单

单位名称：　　　　　　　　　　　盘存时间：　　　　　　　　　　编号：
财产类别：　　　　　　　　　　　存放地点：

序号	名称	规格型号	计量单位	实存数量	单价	金额	备注

盘点人：　　　　　　　　　　　　保管人：

（2）清查结束，将盘存单中所记录的实存数与账存数相核对，若发现某些财产物资与相关账簿记录不符，应填制实存账存对比表，确定财产物资盘盈或盘亏的数额。

实存账存对比表是用来反映实物盘点结果与账面结存不相符的表格，如表 9-2 所示。实存账存对比表是财产清查的重要报表，是调整账面记录的原始凭证，也是分析盘亏原因、明确经济责任的重要依据。

表 9-2 实存账存对比表

单位名称： 　　　　　　　　　　　　　　　　　　　　　　　　　　　　年 月 日

序号	规格	名称	计量单位	单价	实际结存		账面结存		对比结果				备注
									盘盈		盘亏		
					数量	金额	数量	金额	数量	金额	数量	金额	

主管人员： 　　　　　　　　　会计： 　　　　　　　　　制表：

（三）存货的盘存制度

财产清查的方法主要是将财产物资的实存数与账存数一一核实并比较异同，对于存货的清查也是如此。日常会计核算中，确定存货的账面结存数的具体方式有两种：永续盘存制和实地盘存制。这两种制度的主要区别在于采用不同的方法来确定存货的数量。

▶ 1. 永续盘存制

永续盘存制又称账面盘存制，指企业对各项存货的收入或发出的数量和金额，都必须根据原始凭证和记账凭证在有关存货明细账中进行连续登记，并随时结出账面余额的一种盘存制度。在永续盘存制下，存货的明细分类账能随时反映存货的结存数量和发出数量，其计算公式如下：

$$期末账面结存数＝期初账面结存数＋本期收入数－本期发出数$$

期末结存存货成本＝期初结存存货成本＋本期收入存货成本－本期发出存货成本

上述公式中，有关存货成本，除本期发出存货成本外，期初和本期收入存货成本均根据有关存货明细账的记录确定。而本期发出存货成本则根据发出的存货数量和存货单位成本确定。其中，发出的存货单位成本可以以先进先出法、加权平均法、个别计价法等方式确定，企业可根据自身实际情况择一使用。下面以月末一次加权平均法为例，说明永续盘存制下存货结存情况。

【例 9-1】中顺公司 2017 年 7 月 A 材料的购、销、存情况如下。

（1）7 月 1 日，上月结存，500 吨，单价 20 元/吨。

（2）7 月 5 日，领用 200 吨。

（3）7 月 10 日，购入 300 吨，单价 22 元/吨。

（4）7 月 15 日，领用 100 吨。

（5）7 月 20 日，购入 200 吨，单价 25 元/吨。

（6）7 月 25 日，领用 300 吨。

根据以上情况及取得的会计凭证，填制 A 材料明细账，如表 9-3 所示。

在月末一次加权平均法下，本月发出的存货，平时只登记数量，不计算单价和金额，月末按一次计算的加权平均单价计算期末存货成本和本期发出存货成本。

表 9-3 材料明细账（永续盘存制）

材料名称：A 材料　　　　　　　　计量单位：吨　　　　　　　　金额单位：元

2017 年		凭证	摘要	收入			发出			结存		
月	日	字号		数量	单价	金额	数量	单价	金额	数量	单价	金额
7	1	略	月初结存							500	20	10 000
	5		领用				200			300		
	10		购入	300	22	6 600				600		
	15		领用				100			500		
	20		购入	200	25	5 000				700		
	25		领用				300			400	21	8 400
	31		月计	500		11 000	600	21	12 600	400	21	8 400

$$加权平均单位成本 = \frac{期初存货成本 + 本期入库存货成本}{期初存货数量 + 本期入库存货数量} = \frac{10\,000 + 11\,000}{500 + 500} = 21(元/吨)$$

本月发出存货成本 = 600 × 21 = 12 600(元)

期末账面结存数 = 期初账面结存数 + 本期收入数 − 本期发出数

$$= 500 + 500 - 600 = 400(吨)$$

期末结存存货成本 = 期初结存存货成本 + 本期收入存货成本 − 本期发出存货成本

$$= 10\,000 + 11\,000 - 12\,600 = 8\,400(元)$$

采用永续盘存制，存货的增减变化均根据会计凭证逐笔登记在各明细账中，可以随时反映存货的收入、发出和结存情况，有利于加强对存货的管理。但采用这种盘存制度，要求对每一品种的存货都要开设一个明细账，存货的明细分类核算工作量比较大。

▶ **2. 实地盘存制**

实地盘存制是指企业对各项财产物资，只在账簿中登记其收入数，不登记其发出数，期末通过对实物的实地盘点来确定财产物资的结余数，然后倒挤出本期发出数的盘存制度。其计算公式如下：

本期发出数 = 期初结存数 + 本期收入数 − 期末实存数

本期发出存货成本 = 期初结存存货成本 + 本期收入存货成本 − 期末结存存货成本

现以加权平均法为例，说明在实地盘存制下本期存货变化情况。

【例 9-2】 中顺公司 2017 年 9 月 B 材料的购、销、存情况如下。

(1) 9 月 1 日，上月结存，300 吨，单价 20 元/吨；

(2) 9 月 15 日，购进 100 吨，单价 22 元/吨；

(3) 9 月 25 日，购进 200 吨，单价 25 元/吨。

(4) 9 月 30 日，期末实地盘点结存 110 吨。

根据以上情况，填制 B 材料明细账，如表 9-4 所示。

按照实地盘存制的规定，在有关账簿中登记存货的增加数，不登记存货的减少数。到期末通过实地盘点，根据实存数来倒挤出发出数，并完成账面记录。

表 9-4 材料明细账（实地盘存制）

材料名称：B材料　　　　　　　　　　　　计量单位：吨　　　　　　　　　　金额单位：元

2017年		凭证字号	摘要	收入			发出			结存		
月	日			数量	单价	金额	数量	单价	金额	数量	单价	金额
9	1	略	月初结存							300	20	6 000
	15		购入	100	22	2 200						
	25		购入	200	25	5 000						
	30		月计	300		7 200	490	22	10 780	110	22	2 420

本期发出数＝期初结存数＋本期收入数－期末实存数＝300＋300－110＝490（吨）

加权平均单位成本＝$\dfrac{6\ 000＋7\ 200}{300＋300}$＝22（元/吨）

期末结存存货成本＝110×22＝2 420（元）

本期发出存货成本＝期初结存存货成本＋本期收入存货成本－期末结存存货成本
　　　　　　　　＝6 000＋7 200－2 420＝10 780（元）

采用实地盘存制，平时不反映存货的已销或已耗数量，无须逐日结计结存数，核算工作相对简单。虽然简便易行，但实地盘存制手续不严密，削弱了对存货的控制和监督，容易掩盖管理中的问题，甚至给不法之徒可乘之机，影响成本计算的准确性。

相较而言，永续盘存制手续严密，会计账簿起到了实际控制存货收、付、存的作用，加上有原始凭证为依据，容易追查差错的来龙去脉，在保护存货安全完整等方面具有明显的优越性。除特殊情况外，企业一般都应采用永续盘存制。价值低、交易频繁的存货或者损耗大、数量不稳定的鲜活存货可以采用实地盘存制。但不管是永续盘存制还是实地盘存制，都需要通过定期的财产清查，以明确存货的账面结存数和实际结存数，确定账实是否相符。

（四）货币资金的清查

货币资金的清查包括对库存现金的清查、对银行存款的清查和其他货币资金的清查。

▶ **1. 对库存现金的清查**

对库存现金的清查采用实地盘点的方法进行。通过盘点确定库存现金的实存数，并与现金日记账的账面余额核对，以查明库存现金是否账实相符。在进行现金清查前，出纳人员应将全部有关现金的收、付款凭证登记入账，结出库存现金余额。盘点时，为了明确经济责任，一般由盘点人员和出纳人员共同进行。

库存现金清查的主要检查要点如下。

（1）逐一清点现金，查明实有数，与现金日记账余额核对，查明账实是否相符。如发现盘盈、盘亏，会同出纳人员核实并查明原因。

（2）查明有无违反库存现金管理制度的情况，如库存现金是否超过核定限额，有无"白条"抵库情况，有无未经批准而坐支库存现金等现象。

（3）盘点后，编制库存现金盘点报告表，并由盘点人员和出纳员共同签章。库存现金盘点报告表既是账存实存对比表，也是据以调整账簿记录的重要原始凭证，后续亦凭此表分析差异原因，明确经济责任，如表9-5所示。

表9-5　库存现金盘点报告表

单位名称：　　　　　　　　　　　　　　　　　　　　　　　　　　　年　月　日

币别	实存金额	账存金额	对比结果		备注
			盘盈	盘亏	

盘点人（签章）：　　　　　　　　　　　　出纳员（签章）：

库存现金的清查通常应采取突击抽查的方法，以增强其有效性。对存放在不同地点的现金备用金，应同时盘点。上述对库存现金的清查方法，也适用于对各种有价证券的清查。

▶ 2. 银行存款的清查

银行存款的清查不同于库存现金，无法采用实地盘点的办法。银行存款的清查采取核对法进行，即逐笔核对本单位的银行存款日记账与开户银行定期转来的对账单，以查明账实是否相符。在与银行对账之前，应先检查本单位的银行存款日记账的正确性和完整性。收到银行送来的对账单后，将银行存款日记账与银行对账单逐笔勾对。通过核对，往往会发现两者不相符的情况。

银行存款的清查主要围绕银行存款日记账与银行对账单之间的不符展开，主要检查要点如下。

（1）查明不符是否因为记账差错导致。可能是单方或是双方出现错记、漏记或串户记账，针对这种不正常现象应予以及时查清更正。

（2）查明不符是否因为存在未达账项导致。未达账项是指企业与银行之间对于同一项业务，由于双方凭证传递时间上的差异，一方取得结算凭证已登记入账，另一方尚未取得结算凭证尚未登记入账的款项。一般来说，未达账项主要有以下四种情况：①银行已收，企业未收；②银行已付，企业未付；③企业已收，银行未收；④企业已付，银行未付。

为消除未达账项的影响，企业应根据核对后发现的未达账项，编制银行存款余额调节表。

银行存款余额调节表的编制方法是：视同未达账项均已经发生，企业和银行双方都在各自金额的基础上加（减）对方已记账、自己尚未记账的未达账项。调节后，如果双方余额相等，表明记账正确。否则，表明存在记账差错，应进一步查明原因并进行更正。

【例9-3】中顺公司2017年8月31日银行存款日记账余额为84 500元，收到银行转来对账单余额为86 600元。经逐笔核对，发现无记账差错，但有下列未达账项：

（1）企业于月末存入银行的转账支票75 000元，银行尚未入账，企业已入账。

（2）企业于月末开出转账支票30 000元支付购料款，企业已记账，对方企业尚未到银行办理手续。

（3）企业委托银行代收销货款48 000元，银行已收到并入账，但企业尚未收到银行收款通知，并未入账。

（4）银行代企业支付电费 900 元，银行已入账，企业尚未收到银行付款通知，尚未入账。

根据上述资料，编制银行存款余额调节表，如表 9-6 所示。

表 9-6　银行存款余额调节表

2017 年 8 月 31 日　　　　　　　　　　　　　　　　单位：元

项目	金额	项目	金额
银行对账单余额	86 600	企业银行存款日记账余额	84 500
加：企业已收、银行未收	75 000	加：银行已收、企业未收	48 000
减：企业已付、银行未付	30 000	减：银行已付、企业未付	900
调节后存款余额	131 600	调节后存款余额	131 600

例 9-3 中，双方调节后的余额相等，说明双方记账无误。经过调节后的存款余额表明了企业当时可以动用的银行存款实有数额。需要注意的是，银行存款余额调节表只是对账的工具，不是原始凭证，企业不能以此作为调节单位账簿的依据，所有银行已入账而企业未入账的未达账项只能在收到银行转来的收、付款凭证时才能登记入账。

（五）往来款项的清查

往来款项主要包括应收款、应付款和暂收款、暂付款等。对往来款项的清查一般采用函询法进行。清查前，将本企业的往来账款核对清楚，确认相关账目账簿正确完整。清查时，编制往来款项对账单询证函。通过电函、信函寄发或派人送交等方式，请各经济往来单位进行核对。往来款项对账单的格式和内容如图 9-1 所示。

询　证　函

××单位：

截至××年××月××日，本公司与贵单位的业务往来款项有下列各项，为了核实账目，特函请查证，是否相符，请在回执联中注明后盖章寄回。对贵公司的合作深表谢意。

××单位（盖章）

××年××月××日

请沿虚线裁开，将以下回联单寄回

往来款项对账单（回单联）

单位：　　　　　　　　地址：　　　　　　　　编号：

会计科目	截止日期	经济事项摘要	账面余额

图 9-1　往来款项对账单

函询核对使用的往来款项对账单一般为一式两联，其中一联作为回单，对方单位如核对相符，应在回单联上盖章后退回。如经核对有不符之处，对方应在回联单上注明并退回。发出单位在收到回单后，应根据核对结果编制往来款项清查报告单，对错误的账目及时查明原因，并依据程序加以更正，对该收回的账款，及时催收，积极处理呆账赖账。往来款项清查报告单的格式和内容如表9-7所示。

表 9-7　往来款项清查报告单

总分类账户名称：　　　　　　　　　　　年　月　日

明细分类账户		清查结果		不符的原因分析					备注
名称	账面余额	相符	不符	未达账项	拖付款项	争执款项	无法收回	其他	

清查人员（签章）：　　　　　　　　　　　　　　　　　　经管人员（签章）：

任务三　财产清查结果的处理

一、财产清查结果的处理

财产清查后，若发现财产物资的实存数与账存数一致，即为账实相符；若实存数大于账存数，即为盘盈；若实存数小于账存数，即为盘亏。在清查中发现的盘盈、盘亏或者毁损，必须认真查明原因，明确责任，按照有关规定对清查结果进行处理。

从程序上来说，财产清查结果的处理一般分为两个步骤：第一步，清查人员将清查结果以书面材料上报相关部门，提出处理意见；第二步，根据相关部门的审批意见，做出财产清查结果的处理。也就是说，财产清查结果一定须经相关部门审批批准后，方能处理。

所以，配合财产清查结果处理的审批程序，账务处理上亦分两步进行：第一步，根据实存账存对比表等清查中的原始凭证，将财产清查中发现的盘盈、盘亏或毁损数，通过一个暂记账户"待处理财产损溢"来处理，通过这个账户登记有关账簿，以调整有关账面记录，实现账实相符；第二步，审批之后，根据批准意见，对差异进行结转，从"待处理财产损溢"账户转入有关账户。

二、账户设置

为了核算和监督财产物资的盘盈数、盘亏数及其处理的情况，需要设置"待处理财产损溢"账户。"待处理财产损溢"账户属于双重性质的账户，借方登记各项财产发生的盘亏数和经过批准后盘盈的转销数，贷方登记各项财产发生的盘盈数和经过批准后盘亏的转销数，期末没有余额。该账户还应设置"待处理固定资产损溢"和"待处理流动资产损溢"两个明细账户。

待处理财产损益

① 尚未处理的各种财产的净损失 ② 批准处理的各种财产的净溢余	①尚未处理的各种财产的净溢余 ②批准处理的各种财产的净损失
期末无余额	

企业在清查过程中发现的各种财产损溢，应及时查明原因，分清责任，提出处理意见。实物财产和货币资金清查出现盘盈或盘亏时，可用"待处理财产损溢"账户核算，而债权债务的盈亏则不在该账户中核算。所有经清查的财产损溢均应经批准后于会计期末前处理完毕。对期末尚未完成批准手续的待处理财产损溢，应先行按照有关规定处理，并在财务报表附注中做出说明。如果其后批准处理的金额与已先行处理的金额不一致，应按其差额调整财务报表相关项目的年初数。

三、库存现金清查结果的处理

库存现金清查过程中发现的盈亏，根据库存现金盘点报告表以及相关批准文件进行处理，通过"待处理财产损溢——待处理流动资产损溢"账户进行核算。

▶ 1. 库存现金盘盈的账务处理

清查中，发现现金长款（盘盈），以库存现金实存数为准，根据库存现金盘点报告表，增加库存现金账户的记录，借记"库存现金"账户，贷记"待处理财产损溢——待处理流动资产损溢"账户。

经相关授权部门批准后，根据审查意见，做出财产清查结果的处理。如果现金长款属于应支付给有关人员或其他单位的，计入"其他应付款"账户；属于无法查明原因的现金长款，计入"营业外收入"账户。

【例9-4】中顺公司在2017年10月30日财产清查中发现库存现金盘盈300元，经查属于应付海天公司的款项。请进行批准前和批准后的账务处理。

批准前，会计分录如下：

借：库存现金   300
    贷：待处理财产损溢——待处理流动资产损溢   300

批准后：

借：待处理财产损溢——待处理流动资产损溢   300
    贷：其他应付款——海天公司   300

如果上述盘盈无法查明原因，则批准前的账务处理与上述一致，批准后，会计分录如下：

借：待处理财产损溢——待处理流动资产损溢   300
    贷：营业外收入   300

▶ 2. 库存现金盘亏的账务处理

清查中，发现现金短款（盘亏），将库存现金盘亏资料上报有关部门，根据"库存现金盘点报告表"，减少库存现金账户的记录，借记"待处理财产损溢——待处理流动资产损溢"账户，贷记"库存现金"账户。

根据批准后的审查意见，做出财产清查结果的处理。如果现金短款属于应向有关人员或其他单位收回的，计入"其他应收款"账户；属于无法查明原因的现金短款，计入"管理费用"账户。

【例 9-5】中顺公司在 2017 年 11 月 30 日财产清查中发现现金短款 280 元。经查属于出纳员陈红的工作疏忽导致，报相关部门审批后，处理意见为短款由责任人赔偿。请进行批准前和批准后的账务处理。

批准前，会计分录如下：

借：待处理财产损溢——待处理流动资产损溢　　　　　　　　　　　　　　280

　　贷：库存现金　　　　　　　　　　　　　　　　　　　　　　　　　　280

批准后：

借：其他应收款——陈红　　　　　　　　　　　　　　　　　　　　　　280

　　贷：待处理财产损溢——待处理流动资产损溢　　　　　　　　　　　　280

如果上述盘亏无法查明原因，批准前的账务处理与上述一致，批准后，会计分录如下：

借：管理费用　　　　　　　　　　　　　　　　　　　　　　　　　　　280

　　贷：待处理财产损溢——待处理流动资产损溢　　　　　　　　　　　　280

四、存货清查结果的处理

清查中发现的存货盘盈、盘亏或毁损，应查明原因，确定是由于收发计量造成的，还是由于核算不准确造成，或是其他原因，应根据实存账存对比表等资料的盈亏数据及时调整存货账面数。存货盘盈、盘亏通过"待处理财产损溢——待处理流动资产损溢"账户进行核算。存货包括各类材料、在产品、半成品、产成品、包装物、低值易耗品等，下面以原材料的清查为例进行说明。

▶ **1. 存货盘盈的账务处理**

发现存货盘盈，根据盘存单和实存账存对比表调整账面记录，借记"原材料"账户，贷记"待处理财产损溢——待处理流动资产损溢"账户。

报经有关部门批准后，存货的盘盈冲减管理费用，即贷记"管理费用"账户。

【例 9-6】中顺公司在 2017 年 6 月的年中财产清查中发现，甲材料盘盈 200 千克，该材料单价为 30 元/千克。经查明，该项盘盈是因为计量仪器计量不准而形成的正常溢余，经批准冲减管理费用。请进行批准前和批准后的账务处理。

批准前，会计分录如下：

借：原材料——甲材料　　　　　　　　　　　　　　　　　　　　　　6 000

　　贷：待处理财产损溢——待处理流动资产损溢　　　　　　　　　　　6 000

批准后，会计分录如下：

借：待处理财产损溢——待处理流动资产损溢　　　　　　　　　　　　6 000

　　贷：管理费用　　　　　　　　　　　　　　　　　　　　　　　　　6 000

▶ **2. 存货盘亏的账务处理**

发现存货盘亏，批准前先根据相关资料调整账面记录，借记"待处理财产损溢——待处理流动资产损溢"账户，贷记"原材料"账户。

盘亏上报相关部门，得到批准后的审查意见，做出财产清查结果的账务处理。

（1）盘亏若为定额内的自然损耗，经批准后转作管理费用，计入"管理费用"账户；

（2）盘亏若为计量、收发或管理不善等人为原因造成的存货短缺或毁损，有残料价值、可以收回的保险赔偿或过失人的赔偿的，将其计入"其他应收款"账户，扣除以上部分后，最后将净损失计入"管理费用"账户；

（3）盘亏若是由于自然灾害或意外事故等原因造成的，先扣除残料价值和可以收回的保险赔偿，将其计入"其他应收款"账户，再将净损失转作营业外支出，计入"营业外支出"账户。

需要特别注意的是，因管理不善造成货物被盗、丢失、霉烂变质，以及因违反法律法规造成货物被依法没收、销毁的情形被称为货物的非正常损失。非正常损失的购进货物和非正常损失的在产品、产成品所耗用的购进货物的增值税进项税额按照《中华人民共和国增值税暂行条例》的规定，不准予以从销项税额中抵扣。因此，如果盘亏的存货属于非正常损失，其进项税额不予抵扣，若已抵扣，则应将其作为"应交税费——应交增值税（进项税额转出）"处理。

【例 9-7】中顺公司在 2017 年年末财产清查时发现盘亏乙材料 20 吨，单位成本为 100 元/吨。增值税税率为 17%。经查明，该盘亏材料属于定额内合理的损耗。请进行批准前和批准后的账务处理。

批准前，会计分录如下：

借：待处理财产损溢——待处理流动资产损溢   2 000
    贷：原材料   2 000

批准后，会计分录如下：

借：管理费用   2 000
    贷：待处理财产损溢——待处理流动资产损溢   2 000

假设经查明，盘亏的乙材料是由于材料保管员王平的过失所致，按规定由其个人赔偿 1 500 元，其余损失由企业负担。批准后，会计分录如下：

借：其他应收款——王平   1 500
   管理费用   840
    贷：待处理财产损溢——待处理流动资产损溢   2 000
        应交税费——应交增值税（进项税额转出）   340

五、固定资产清查结果的处理

固定资产的盘盈，不再计入当期损益，而是作为前期差错，计入"以前年度损益调整"账户。根据盘盈确定的固定资产原值借记"固定资产"账户，贷记"累计折旧"账户，将两者的差额贷记"以前年度损益调整"账户。

固定资产的盘亏，通过"待处理财产损溢——待处理固定资产损溢"账户核算。在盘亏未获授权批准前，根据实存账存对比表等清查资料，按固定资产账面净值借记"待处理财产损溢——待处理固定资产损溢"账户，按其账面已提折旧借记"累计折旧"账户。按其账面原始价值贷记"固定资产"账户。经查明批准处理后，将盘亏的固定资产净值计入"营业外支出"账户。

【例 9-8】中顺公司在财产清查中发现盘亏机器设备一台，账面原值 50 000 元，已提折旧 30 000 元。后将盘亏情况上报，经审核批准，可将损失转作营业外支出处理。请进行批准前和批准后的账务处理。

批准前，会计分录如下：

借：待处理财产损溢——待处理固定资产损溢   20 000

      累计折旧   30 000

    贷：固定资产   50 000

批准后，会计分录如下：

借：营业外支出   20 000

    贷：待处理财产损溢——待处理固定资产损溢   20 000

六、应收、应付款项清查结果的处理

企业在财产清查过程中查明的有关应收、应付款项的处理，不需要通过"待处理财产损溢"账户进行核算，而是在原有账面记录基础上，经批准确认后，直接转账冲销。对于无法收回的应收款项，在计提坏账准备的企业，冲减坏账准备金；对于无法支付的应付款项，经批准后，转作营业外收入。

【例 9-9】中顺公司在财产清查中发现一笔长期无法支付的应付账款 9 800 元，经查实对方单位已注销，经批准做销账处理，会计分录如下：

借：应付账款   9 800

    贷：营业外收入   9 800

拓展阅读

清算与清查大不同

清查与清算一字之差，其中含义却大不相同。

清算，是终结现存的法律关系，处理剩余财产，使之主体资格归于消灭的程序。公司清算的目的在于为公司的终止提供合理依据。一家公司的终止涉及众多利益主体的切身利益，因此，只有在对公司清算后，才能合理处置、分配相关权利义务，公司才能最终终止。公司清算的范围多为公司的出资、资产、债权、债务的审查。

清查是一种常见的为了验证账实是否相符的会计核算方法。公司存续期间或者终止的情况下，均有可能使用清查手段来验证会计记录的准确性和保证财产物资的安全。

简单地说，当清算与清查产生联系时，清算是目的，而清查是达到目的的一种手段。

模块小结

财产清查是指通过对财产物资及现金的实地盘点和对银行存款、债权、债务的核对，来查明各项财产物资、货币资金和债权债务的实存数和账存数是否相符的一种会计核算方法。通过财产清查，可以保证会计核算资料的真实性和完整性，加强物资管理，充分挖掘财产物资的潜力和促进企业建立健全规章制度。不同类型的清查对象应按照对象的不同性质选择合适的清查方法。

财产清查重要的不只是查，对于原因的查明和结果的处理也是清查的目的。财产清查应按照一定程序进行，通过设置和运用"待处理财产损溢"账户，根据清查结果调整账面记录，并根据批准后的结果进行正确的账务处理。

思考与练习

一、思考题

1. 什么是财产清查？财产清查的作用是什么？

2. 财产清查的种类和方法有哪些？

3. 如何对银行存款进行清查？

4. 如何对原材料进行清查？清查的结果应如何处理？

二、单项选择题

1. 财产清查的目的是（   ）。

A. 账账相符   B. 账证相符   C. 账表相符   D. 账实相符

2. 一般而言，单位在撤销、合并时，要进行（   ）。

A. 实地清查   B. 局部清查   C. 全面清查   D. 定期清查

3. 采用实地盘存制，平时对财产物资（   ）。

A. 只登记收入数，不登记发出数   B. 只登记发出数，不登记收入数

C. 先登记收入数，后登记发出数   D. 先登记发出数，后登记收入数

4. 对现金清查采用的方法是（   ）。

A. 实地盘点法   B. 估算法   C. 函询法   D. 抽样盘点法

5. 在记账无误的情况下，造成银行对账单和企业银行存款日记账不一致的原因是（   ）。

A. 应收账款   B. 应付账款   C. 外埠存款   D. 未达账项

6. 盘盈是指（   ）。

A. 账存数大于实存数   B. 实存数大于账存数

C. 账存数小于实存数   D. 以上都不是

7. "待处理财产损溢"账户未转销的贷方余额表示（   ）。

A. 尚待批准未处理的财产损失   B. 已批准处理的财产盘盈

C. 批准处理的财产盘盈和损失   D. 尚待批准未处理的财产的盘盈

8. 核销存货的盘盈时，应贷记的会计科目是（   ）。

A. 管理费用   B. 营业外收入

C. 待处理财产损溢   D. 其他业务收入

9. 存货因自然灾害或意外事故等原因造成损失的，在收回部分残料价格和赔偿款后，净损失经批准后计入（   ）账户。

A. 管理费用   B. 财务费用

C. 营业外支出   D. 其他业务支出

10. 企业对无法支付的应付账款应做的会计处理是（   ）。

A. 冲减财务费用   B. 计入营业外收入

C. 通过待处理财产损溢核算   D. 冲减管理费用

三、多项选择题

1. 进行财产清查的作用有（　　　）。

A. 保证各项财产物资的安全、完整

B. 提高会计资料的质量，保证其真实可靠

C. 有利于改善企业经营管理

D. 挖掘财产物资潜力

2. 不定期清查一般在（　　　）时进行。

A. 财产保管员变动　　　　　　　　B. 年终结算

C. 部分财产霉变　　　　　　　　　D. 单位主要负责人调离工作岗位前

3. 采用实物盘点法的清查对象有（　　　）。

A. 固定资产　　　　B. 原材料　　　　C. 银行存款　　　　D. 库存现金

4. 以下关于永续盘存制的说法中，正确的是（　　　）。

A. 无须逐日轧记结存数，核算简单

B. 数量不稳定的鲜活存货可以采用

C. 连续记录财产物资收、发、存数量的全部情况

D. 在保护存货安全和完整方面有明显的优越性

5. 导致企业银行存款账面余额大于银行对账单余额的未达账项是（　　　）。

A. 企业已收款入账，银行尚未入账　　　B. 企业已付款入账，银行尚未入账

C. 银行已收款入账，企业尚未入账　　　D. 银行已付款入账，企业尚未入账

6. 财产清查结果的处理步骤包括（　　　）。

A. 核准数字，查明原因　　　　　　　B. 调整账簿，做到账实相符

C. 进行批准后的账务处理　　　　　　D. 销毁账簿资料

7. 下列可作为原始凭证调整账簿记录的有（　　　）。

A. 实存账存对比表　　　　　　　　　B. 盘存单

C. 现金盘点报告表　　　　　　　　　D. 银行存款余额调节表

8. 存货盘亏上报相关部门，得到批准后的审查意见，做出财产清查结果的账务处理，可能涉及的借方账户有（　　　）。

A. 管理费用　　　　　　　　　　　　B. 营业外支出

C. 待处理财产损溢　　　　　　　　　D. 其他应收款

9. 财产清查结果经批准后，账务处理中可能涉及“管理费用”账户的有（　　　）。

A. 现金短款　　　　B. 存货盘盈　　　　C. 存货盘亏　　　　D. 固定资产盘亏

10. 财产清查结果经批准后，账务处理中可能涉及“营业外支出”账户的有（　　　）。

A. 现金短款　　　　B. 现金长款　　　　C. 存货盘亏　　　　D. 固定资产盘亏

四、判断题

1. 会计部门要在财产清查之前将所有的经济业务登记入账并结出余额，做到账账相符、账证相符，为财产清查提供可靠的依据。（　　　）

2. 从财产清查的对象和范围来看，年终决算前对企业财产物资所进行的清查一般属于全面清查。（　　　）

3. 清查大量堆放的化肥、饲料等散装材料时，适合采用抽样盘存法。（　　　）

4. 永续盘存制和实地盘存制是确定存货的账面结存数的两种具体方式。（   ）

5. 对存放在不同地点的库存现金，为达到良好的清查效果，清查时可结合各处情况，错时分开安排实地盘点。（   ）

6. 对于各种未达账项，会计人员应根据银行存款余额调节表登记账簿。（   ）

7. 企业存货盘亏，一般情况下，都应经规定程序批准后，转入"营业外支出"账户进行核算。（   ）

8. 盘盈的固定资产报经批准后转入"营业外收入"账户，借记"待处理财产损溢"账户，贷记"营业外收入"账户。（   ）

9. 企业盘亏固定资产应先计入"待处理财产损溢"账户，经批准后，将盘亏的固定资产净值计入"营业外支出"账户。（   ）

10. 企业应收、应付往来款项的清查，其结果处理可以直接转账冲销，不需通过"待处理财产损溢"账户进行核算。（   ）

五、业务题

1. 某企业 2017 年 11 月 30 日的银行存款日记账账面余额为 93 940 元，开户银行转来的银行对账单上的余额为 96 000 元，经过逐笔核对，发现有以下未达账项。

（1）11 月 5 日，企业开出 6 000 元转账支票支付运费，取得支票的运输公司尚未到银行办理转账手续，银行尚未登记入账。

（2）11 月 18 日，企业存入从购货单位收到的转账支票一张计 12 000 元，银行尚未入账。

（3）11 月 20 日，委托银行代收的外埠货款 9 800 元，银行已收款入账，企业未接到银行的收款通知，尚未登记入账。

（4）11 月 30 日，银行代企业支付水电费共 2 000 元，企业尚未接到银行的付款通知，尚未登记入账。

（5）11 月 30 日，银行计算企业的存款利息 260 元，已经计入企业存款账户，但企业尚未入账。

要求：根据上述资料，编制银行存款余额调节表。

2. 某公司 2017 年 9 月有关甲材料的收入、发出和结存情况（假设甲材料单价为 20 元/千克）如下：月初结存 2 000 千克，8 日购进入库 3 000 千克，10 日购进入库 1 000 千克，12 日生产领用 1 500 千克，20 日生产领用 2 000 千克。月末实地盘点实存 2 000 千克。

要求：（1）分别按永续盘存制和实地盘存制填列乙材料的明细账。

（2）若该公司实际采用永续盘存制核算甲材料，核对材料明细账和月末实地盘存数发现该材料盘亏 500 千克。后调查查明，上述盘亏材料中，属于定额范围中的自然损耗 50 千克，因火灾造成毁损 450 千克，由保险公司赔偿 8 000 元，其余部分由企业承担。根据上述资料编制相关会计分录。（增值税税率为 17%）

3. 某企业在年中财产清查中发现以下情况：

（1）发现库存现金短款 80 元，经调查，短款无法查明原因。

（2）盘盈乙材料 3 000 元，经查，材料盘盈系因计量器具不准确造成。

（3）盘亏机器设备一台，账面原值为 90 000 元，已提折旧 50 000 元，经审批同意，该盘亏设备作为营业外支出处理。

要求：根据上述资料，编制相关会计分录。

10 模块十 财务会计报告

学习目标

1. 了解会计报表的作用;
2. 了解所有者权益变动表的内容和结构;
3. 熟悉现金流量表的内容和结构;
4. 掌握资产负债表和利润表的内容、结构及编制方法。

情景导入

王强和张也都是大学在校生,王强的父亲是当地一家国有企业负责人,张也的父亲是一家私企老板。一次,在老师组织的"关于财务会计报告和会计信息披露问题"的小组讨论中,小组 4 位同学各抒己见。A 同学说:"对一个企业经营好坏的评价主要依据企业财务状况和资产质量,所以财务报表中最重要的是资产负债表。"而王强说:"现在企业干什么都要看绩效,对于国有企业负责人的评价标准就是看企业的盈利状况,所以,财务报表中利润表是最主要的。"张也听后,立即反驳说:"现金为王,而且现金是企业变现能力最强的资产,所以现金流量表才是最重要的财务报表。"

思考: 如果你是小组第四位同学,请就上述问题发表自己的看法和观点。

任务一 财务会计报告概述

一、财务会计报告的概念和意义

(一)财务会计报告的概念

财务会计报告是指企业对外提供的反映企业某一特定时期的财务状况和某一会计期间的经营成果、现金流量等会计信息文件。财务会计报告是会计主体会计核算工作的结果,是提供会计信息的一种重要手段。

（二）财务会计报告的意义

在日常的会计核算中，对账簿记录的会计信息通过财务会计报告加以分类调整、汇总、概括，可以为有关方面提供所需的会计信息。编制财务会计报告的主要意义如下。

▶ 1. 为企业投资者和债权人进行决策提供有用的信息

在市场经济环境下，在企业的外部形成了由投资者和债权人组成的与企业有着经济利益关系的集团，投资者和债权人一般不直接参与企业的生产经营活动，不能直接从中获得其所需要的信息，需要通过对财务会计报告的分析，全面、综合了解企业的经济运营状况，作为投资等决策的重要依据。

▶ 2. 为企业管理者改善经营管理提供重要信息

企业管理者为了考核和分析财务计划的完成情况，总结经济工作中的成绩和存在的问题，评价经济效益，需要借助财务会计报告进行分析，并采取相应措施提高经营管理水平，保证企业经营目标的实现。

▶ 3. 为国家经济管理部门进行宏观管理提供微观信息

国家宏观经济管理部门可以通过对企业财务会计报告提供的会计信息的汇总分析，为制定和修改宏观政策提供科学依据。财政、税务、工商行政管理等国家经济管理部门利用企业财务会计报告提供的会计信息，对企业实施管理，并对企业上缴税收和其他财政收入及对国家财经法纪的遵守等情况进行监督。

二、财务会计报告的内容

财务会计报告包括会计报表、会计报表附注和其他应当在财务会计报告中披露的相关信息和资料。企业对外报送的会计报表至少应当包括资产负债表、利润表、现金流量表和所有者权益（或股东权益）变动表。

会计报表是总括反映企业经济活动的书面文件，是财务会计报告的主要内容，由主表和附表两部分组成。主表主要包括资产负债表、利润表、现金流量表和所有者权益变动表。附表根据各行业的特点编制，例如，资产负债表的附表有资产减值明细表、应交增值税明细表等。

会计报表附注是为了便于理解会计报表内容而做的解释，以提高会计报表有关信息的可理解性，增强会计报表内有关内容的可比性。会计报表附注主要包括所采用的主要会计政策和会计估计、非经常性项目的说明、会计报表中主要项目的明细资料等。

其他应当在财务会计报告中披露的相关信息和资料是对会计报表进行分析、评价，对单位未来做出的估计和判断的书面文件，主要说明企业的基本生产经营情况、利润实现和利润分配情况，以及对企业的生产经营有重大影响的其他事项等。

三、会计报表的分类

（一）按照会计报表所反映的经济内容分类

按照会计报表所反映的经济内容，会计报表可分为财务状况报表和经营成果报表。财务状况报表一般包括资产负债表和现金流量表。资产负债表通过资产、负债、所有者权益项目，反映企业某一特定日期的财务状况；现金流量表通过企业在一定会计期间现金和现金等价物流入和流出的财务变动情况，反映企业理财的过程和结果。经营成果报表一般包括利润表和所有者权益变动表。利润表反映企业在一定期间的经营成果情况。

（二）按照编制时间分类

按照编制时间分类，会计报表可分为中期财务报表与年度财务报表。月度财务报表、季度财务报表、半年度财务报表统称为中期财务报表，包括资产负债表、利润表和现金流量表。半年度财务报表应于年度中期后 60 天内报送；季度财务报表应于季度终了后 15 天内对外提供；月度财务报表应于月度终了后 6 天内对外提供。年度财务报表也称为年报，企业每年年末编报的财务报表包括资产负债表、利润表、现金流量表和所有者权益变动表。年报应于年度终了后 4 个月内对外提供。

（三）按照报送单位分类

按照报送单位分类，会计报表可分为外部财务报表和内部财务报表。外部财务报表定期对外提供和发布，有统一的报表格式、指标体系和编制时间，如资产负债表、利润表、现金流量表、所有者权益变动表。内部财务报表是为了满足企业内部经营管理需要而定期报送企业内部管理者的，没有统一的格式和指标体系，如成本报表等。

（四）按照编报主体分类

按照编报主体分类，会计报表可分为个别财务报表和合并财务报表。个别财务报表是由独立核算的基层单位编制的财务报表，用以反映本单位财务状况、经营成果和现金流量的财务报表。合并财务报表是以企业集团为会计主体，由母公司汇总编制的综合反映企业集团财务状况、经营成果和现金流量的财务报表。

（五）按照会计报表所反映的资金运动状况分类

按照会计报表所反映的资金运动状况，会计报表可分为静态报表和动态报表。静态报表是反映企业在某一时点财务状况的报表，如资产负债表。动态报表是反映企业在一定时期内经营成果和现金流量的报表，如利润表和现金流量表。

四、财务会计报告的编制要求

为了使会计报表能够最大限度地满足各有关方面的需要，实现编制会计报表的基本目的，充分发挥会计报表的作用。企业编制的会计报表应当真实可靠、相关可比、全面完整、编报及时、便于理解，符合国家统一的会计制度的有关规定，其基本要求如下。

（一）真实性

会计报表各个项目的数字必须真实可靠，如实地反映企业的财务状况、经营成果和现金流量。因此，会计报表必须根据核实无误的账簿资料编制，不得以任何方式弄虚作假，否则，不仅不能发挥会计报表应有的作用，反而会由于错误的信息，导致报表使用者对企业财务状况做出相反的结论，使其决策失误。同时，为了保证会计报表的真实性，在编制报表之前，要核查报告期内所发生的经济业务是否都已登记入账；要核查账册，保证账簿与账簿之间的有关数字相等；要清查财产物资，如发现盈亏，要找出原因，按规定办法办理入账手续。在编制报表时，应使账账、账表、账实之间相符。

（二）可比性

企业报表所提供的资料前后各期应当可比。企业编制会计报表时，在会计计量和填报方法上，应当保持前后一致，不能随便变动。可比性并不意味着企业不能改变会计政策，当法律、行政法规或者国家统一的会计制度等要求变更，以及会计政策变更能够提供更可靠、更相关的会计信息时，企业就不应再沿用过去的核算方法，而应改变其会计政策。同时，可比性还要求向报表使用者报告这种变动及影响，以便会计报表使用者在会计政策变更的情况下仍能完成不同时期和不同企业的比较。

（三）完整性

会计报表的种类和内容应按规定填报完整。凡规定的月报、季报、年报的种类和数量，应填报齐全，不能遗漏，务必使会计报表全面、系统地反映出企业的财务状况、经营成果和现金流量。只有这样，才能满足各方面对会计信息资料的需要。

（四）及时性

会计信息的使用价值具有很大的时效性，因此，会计报表要按规定的报送日期报送，以供各方面了解企业的情况。

（五）明晰性

会计报表提供的信息应简明、易懂，简单明了地反映企业的财务状况和经营成果。这样有利于会计信息的使用者准确、完整地把握会计信息所要说明的内容，从而更好地加以利用。

任务二 资产负债表的编制

一、资产负债表的概念和意义

（一）资产负债表的概念

资产负债表是反映企业某一特定日期财务状况的报表，反映了企业在某一特定日期所拥有或控制的经济资源、所承担的现时义务，以及所有者对企业净资产的要求权。资产负债表是根据"资产＝负债＋所有者权益"这一基本会计等式，按照一定的分类标准和次序，把企业在某一特定日期（如年末、半年末、季末，以及月末）的资产、负债和所有者权益各项目予以适当排列，并对日常会计工作中形成的大量数据进行加工整理后编制而成的。由于资产负债表中的数据体现的是特定时刻的财务状况，因此资产负债表属于静态报表。

（二）资产负债表的意义

资产负债表作为主要会计报表之一，能够提供企业在某一特定日期资产、负债和所有者权益的全貌，资产负债表所列示的相关内容有助于分析、评价并预测企业的资本结构及偿债能力。此外，通过对资产负债表和利润表有关项目的结合分析，有助于评价、预测企业的获利能力和发展前景。

（1）通过资产负债表，可以反映企业资产的构成情况及其状况，分析企业某一特定日期所拥有的经济资源及其分布情况；可以反映企业某一特定日期的负债额及其结构，分析企业目前与未来需要支付的债务金额；可以反映企业所有者权益的情况，了解企业现有投资者在企业资产总额中所占的份额。

（2）通过资产负债表项目金额及其相关比率的分析，可以帮助报表使用者全面了解企业的资产状况，分析企业的债务偿还能力，从而为未来的经济决策提供参考信息。例如，通过资产负债表可以计算流动比率、速动比率，以了解企业的短期偿债能力；又如，通过资产负债表可以计算资产负债率，以了解企业偿付到期长期债务的能力。

二、资产负债表的结构

资产负债表一般按资产、负债和所有者权益三大项目分类列报。

（一）资产和负债按流动性列报

资产和负债应当按照流动性分别分为流动资产和非流动资产、流动负债和非流动负债列示。

（二）列报相关的合计、总计项目

资产负债表中的资产类至少应当列示流动资产和非流动资产的合计项目；负债类至少应当列示流动负债、非流动负债，以及负债的合计项目；所有者权益类应当列示所有者权益的合计项目。

资产负债表应当分别列示资产总计项目和负债与所有者权益之和的总计项目，并且这两者的金额应当相等。计算公式如下：

$$资产合计＝流动资产合计＋非流动资产合计$$
$$负债合计＝流动负债合计＋非流动负债合计$$
$$负债和所有者权益合计＝负债合计＋所有者权益合计$$

三、资产负债表的格式

资产负债表是披露企业财务信息的书面文件，其格式是其内容的表现形式，应该在充分披露所有相关的重要事实的基础上尽可能简练与明晰。目前，国际上通行的资产负债表的格式主要有报告式和账户式两种。

（一）报告式资产负债表

报告式资产负债表的结构分为上、下两部分，上方列示资产项目，下方列示负债及所有者权益项目，上、下两方的合计数相等。报告式资产负债表的格式如表 10-1 所示。

表 10-1　资产负债表（报告式）　　　　　　　　　　会企 01 表

编制单位：　　　　　　　　　　　年　月　日　　　　　　　　　　单位：元

资产	金额
流动资产 非流动资产 资产合计	
负债	
流动负债 非流动负债 负债合计	

续表

资产	金额
所有者权益	
实收资本 资本公积 盈余公积 未分配利润 所有者权益	
负债及所有者权益合计	

(二) 账户式资产负债表

账户式资产负债表的结构分为左、右两部分，左方列示资产类各项目数额，右方列示负债类和所有者权益类各项目数额。它根据"资产＝负债＋所有者权益"的会计等式的原理，站在便于债权人考察企业财务状况的角度而设计。使企业的财务状况一目了然，便于报表使用者分析企业财务状况。按照国家统一的会计制度规定，我国企业资产负债表采用账户式。根据《企业会计准则》，账户式资产负债表的具体格式如表 10-2 所示。

表 10-2 资产负债表(账户式)

会企 01 表

编制单位：　　　　　　　　　　　年　月　日　　　　　　　　　　单位：

资产	行次	期末余额	年初余额	负债和所有者权益	行次	期末余额	年初余额
流动资产：				流动负债：			
货币资金				短期借款			
交易性金融资产				交易性金融负债			
应收票据				应付票据			
应收账款				应付账款			
预付款项				预收款项			
应收利息				应付职工薪酬			
应收股利				应交税费			
其他应收款				应付利息			
存货				应付股利			
一年内到期的非流动资产				其他应付款			
其他流动资产				一年内到期的非流动负债			
流动资产合计				其他流动负债			
非流动资产：				流动负债合计			

资产	行次	期末余额	年初余额	负债和所有者权益	行次	期末余额	年初余额
可供出售金融资产				非流动负债:			
持有至到期投资				长期借款			
长期应收款				应付债券			
长期股权投资				长期应付款			
投资性房地产				专项应付款			
固定资产				预计负债			
在建工程				递延所得税负债			
工程物资				其他非流动负债			
固定资产清理				非流动负债合计			
生产性生物资产				负债合计:			
油气资产				所有者权益			
无形资产				实收资本			
开发支出				资本公积			
商誉				减: 库存股			
长期待摊费用				盈余公积			
递延所得税资产				未分配利润			
其他非流动资产				所有者权益(或股东权益)合计			
非流动资产合计							
资产总计				负债和所有者权益总计			

四、资产负债表的编制方法

资产负债表属于静态报表,在编制该表时,应根据有关账户的期末余额填列。资产负债表包括"年初余额"和"期末余额"两栏,应分别填列。

资产负债表各项目的"年初余额",应按上年各有关项目"年末余额"填列。各项目的期末数应根据相关账户的期末余额填列,具体方法如下。

(一) 根据总账账户期末余额直接填列

根据总账账户期末余额直接填列的报表项目有"应收票据""应收股利""应收利息""应付职工薪酬""其他应付款""长期借款""短期借款""应付票据""实收资本""资本公积",均根据总账账户期末余额直接填列。

(二) 根据若干总分类账户期末余额合计填列

例如,货币资金项目应根据"库存现金""银行存款"及"其他货币资金"三个总分类账户期末余额之和填列。

存货项目，应根据"在途物资""原材料""周转材料""库存商品""委托加工物资"等总账的期末余额的汇总之和减去"存货跌价准备"账户期末余额后的净额填列。

（三）根据总账账户期末余额减去其备抵项目后的净额填列

例如，无形资产项目应根据"无形资产"账户的期末余额减去"无形资产减值准备"与"累计摊销"总账期末余额后的净额填列。

固定资产项目根据"固定资产"账户的期末余额减去"累计折旧"与"固定资产减值准备"账户余额后的净值填列。

（四）根据有关明细账户的余额计算分析填列

应收账款项目应按照"应收账款"所属明细账户的借方余额与"预收账款"所属明细账户的借方余额之和减去所计提的"坏账准备"期末余额后的金额填列。

应付账款项目应按照"应付账款"所属明细账户的贷方余额与"预付账款"所属明细账户的贷方余额之和填列。

预付账款项目应按照"预付账款"所属明细账户的借方余额与"应付账款"所属明细账户的借方余额之和填列。

预收账款项目应按照"预收账款"所属明细账户的贷方余额与"应收账款"所属明细账户的贷方余额之和填列。

（五）根据总账账户和明细账户的期末余额计算填列

资产负债表的某些项目需要根据总账账户和明细账户的期末余额计算填列。例如"长期借款"项目应根据"长期借款"总账账户期末余额扣除"长期借款"所属明细账户中将于1年内到期且企业不能自主地将清偿义务展期的长期借款后的金额填列。

【例 10-1】江南公司 2017 年 12 月 31 日有关账户期末余额如表 10-3 所示。

表 10-3　江南公司账户余额表

2017 年 12 月 31 日　　　　　　　　　　　　　　　　单位：元

账　户	借方	贷方
库存现金	7 600	
银行存款	1 109 400	
应收账款	391 000	
应收票据	501 000	
坏账准备		10 350
其他应收款	2 000	
原材料	1 795 000	
在途物资	44 000	
生产成本	97 400	
库存商品	292 000	
固定资产	1 420 000	

账户	借方	贷方
累计折旧		230 400
无形资产	86 000	
短期借款		151 000
应付账款		555 000
应付票据		151 000
预收账款		236 000
应交税费		30 364
应付职工薪酬		45 386
应付利息		11 900
长期借款		1 000 000
实收资本		2 000 000
资本公积		87 000
盈余公积		600 000
利润分配		637 000
合计	5 745 400	5 745 400

注："坏账准备"10 350元假设均为应收账款计提的坏账准备。

根据各账户的期末余额，编制江南公司资产负债表如表10-4所示。

表10-4中，需要计算的会计科目如下：

货币资金＝7 600＋1 109 400＝1 117 000(元)

应收账款＝391 000－10 350＝380 650(元)

存货＝1 795 000＋44 000＋97 400＋292 000＝2 228 400(元)

固定资产＝1 420 000－230 400＝1 189 600(元)

表 10-4　资产负债表　　　　　　　　　　　　　　　　　**会企 01 表**

编制单位：江南公司　　　　　　2017 年 12 月 31 日　　　　　　单位：元

资产	行次	期末余额	年初余额	负债和所有者权益	行次	期末余额	年初余额
流动资产：	1			流动负债：	34		
货币资金	2	1 117 000		短期借款	35	151 000	
交易性金融资产	3			交易性金融负债	36		
应收票据	4	501 000		应付票据	37	151 000	
应收账款	5	380 650		应付账款	38	555 000	
预付款项	6			预收款项	39	236 000	
应收利息	7			应付职工薪酬	40	45 386	

续表

资产	行次	期末余额	年初余额	负债和所有者权益	行次	期末余额	年初余额
应收股利	8			应交税费	41	30 364	
其他应收款	9	2 000		应付利息	42	11 900	
存货	10	2 228 400		应付股利	43		
一年内到期的非流动资产	11			其他应付款	44		
其他流动资产	12			一年内到期的非流动负债	45		
流动资产合计	13	4 229 050		其他流动负债	46		
非流动资产：	14			流动负债合计	47	1 180 650	
可供出售金融资产	15			非流动负债：	48		
持有至到期投资	16			长期借款	49	1 000 000	
长期应收款	17			应付债券	50		
长期股权投资	18			长期应付款	51		
投资性房地产	19			专项应付款	52		
固定资产	20	1 189 600		预计负债	53		
在建工程	21			递延所得税负债	54		
工程物资	22			其他非流动负债	55		
固定资产清理	23			非流动负债合计	56		
生产性生物资产	24			负债合计：	57	2 180 650	
油气资产	25			所有者权益	58		
无形资产	26	86 000		实收资本	59	2 000 000	
开发支出	27			资本公积	60	87 000	
商誉	28			减：库存股	61		
长期待摊费用	29			盈余公积	62	600 000	
递延所得税资产	30			未分配利润	·63	637 000	
其他非流动资产	31			所有者权益（或股东权益）合计	64	3 324 000	
非流动资产合计	32	1 275 600			65		
资产总计		5 504 650		负债和所有者权益总计	66	5 504 650	

任务三 利润表的编制

一、利润表的概念和意义

利润表，又称收益表或损益表，是用以反映企业在一定期间（如年度、季度、月度）内经营成果的报表。从数量关系上来说，如果不考虑非常项目，则利润表应能符合下列会计恒等式：

$$收入-费用=净收益（净损失）$$

若企业在一定期间内的收入大于费用，即为净收益；反之，为净损失。由于它提供的是企业在该期间的收入、费用等及其相互关系的动态信息，因而，利润表是一种动态报表。

利润表作为反映一个企业在一定会计期间经营成果的报表，不仅为信息使用者报告了企业在这一会计期间所取得的收入，为取得这些收入而发生的费用，及其由此所配比计算的结果——盈或亏，同时还为信息使用者报告了影响这一会计期间所有损益的信息。借助于这些信息，即可作为企业经营成果分配的依据，又有助于信息使用者了解和分析企业的盈利能力，借以评估企业管理当局的经营绩效和预测企业未来的盈利能力，以便他们做出各种相关的决策。此外，利润表提供的信息，还是企业管理当局强化内部控制，进行有关经济决策，估计管理成功程度的重要依据。

二、利润表的格式

利润表由表头、表身和表尾等部分组成。表身部分为利润表的主体和核心。利润表的格式一般有两种：单步式和多步式。

（一）单步式利润表

单步式利润表是将当期所有的收入列在一起，然后将所有的费用列在一起，两者相减得出当期净损益。

（二）多步式利润表

多步式利润表是通过对当期的收入、费用、支出项目按性质加以归类，按利润形成的主要环节列示一些中间性利润指标，如营业利润、利润总额、净利润，分步计算当期净损益。

在我国，利润表一般采用多步式，多步式利润表的结构是将利润的计算分为若干步骤进行，其主要编制步骤和内容如下。

▶ 1. 计算营业利润

营业利润＝营业收入－营业成本－税金及附加－销售费用－管理费用－财务费用－资产减值损失±公允价值变动损益（损失）±投资收益（损失）

其中：

$$营业收入＝主营业务收入＋其他业务收入$$
$$营业成本＝主营业务成本＋其他业务成本$$

▶ 2. 计算利润总额

$$利润总额＝营业利润＋营业外收入－营业外支出$$

▶ 3. 计算净利润

净利润＝利润总额－所得税费用

多步式利润表反映了构成营业利润、利润总额、净利润的各项要素的情况，有助于使用者从不同利润类别中了解企业经营成果的不同来源。利润表的格式如表 10-5 所示。

表 10-5 利 润 表

编制单位： 年 月 日 单位：

项目	本期金额	上期金额
一、营业收入		
减：营业成本		
税金及附加		
销售费用		
管理费用		
财务费用		
资产减值损失		
加：公允价值变动收益（损失以"－"号填列）		
投资收益（损失以"－"号填列）		
其中：对联营企业和合营企业的投资收益		
资产处置收益（损失以"－"号填列）		
其他收益		
二、营业利润（亏损以"－"号填列）		
加：营业外收入		
减：营业外支出		
其中：非流动资产处置损失		
三、利润总额（亏损总额以"－"号填列）		
减：所得税费用		
四、净利润（净亏损以"－"号填列）		
（一）持续经营净利润（净亏损以"－"号填列）		
（二）终止经营净利润（净亏损以"－"号填列）		
五、每股收益：		
（一）基本每股收益		
（二）稀释每股收益		

三、利润表的编制方法

按照我国多步式利润表的格式，利润表采用对比方式填列，利润表各项目需要分为

"上期金额"和"本期金额"两栏分别填列,"上期金额"项目按照上年同期利润表"本期金额"栏内所列金额填列,各个月份依此类推。利润表中的"本期金额"反映各收入、成本类账户的本月实际发生数,根据收入、费用账户的本期发生额分析填列。具体方法如下。

(一)根据有关账户的发生额直接填列

利润表中的"销售费用""管理费用""财务费用""资产减值损失""公允价值变动损益"(或是损失,则以"-"号填列)、"投资收益"(或是损失,则以"-"号填列)、"营业外收入""营业外支出""所得税费用"等项目,应根据相关账户的发生额直接填列。

(二)根据有关账户的发生额分析填列

(1)"营业收入"项目,反映企业经营活动所取得的收入总额。本项目根据"主营业务收入"与"其他营业务收入"总账本期发生额之和填列。

(2)"营业成本"项目,反映企业经营活动所发生的实际成本,本项目根据"主营业务成本"与"其他营业务成本"总账本期发生额之和填列。

(3)"税金及附加"项目,反映企业经营主要业务负担的消费税、城市维护建设税、资源税、土地增值税和教育费附加。本项目应根据"税金及附加"账户的本期发生额分析填列。

(三)根据公式计算填列

营业利润=营业收入-营业成本-税金及附加-销售费用-管理费用-财务费用-资产减值损失±公允价值变动损益(损失)±投资收益(损失)

利润总额=营业利润+营业外收入-营业外支出

净利润=利润总额-所得税费用

【例 10-2】江南公司 2017 年 12 月份有关收入、费用账户的发生额资料如表 10-6 所示。

表 10-6　华夏公司收入、费用账户本期发生额

2016 年 12 月 31 日　　　　　　　　　　　　　　　　　单位:元

科目名称	借方发生额	贷方发生额	科目名称	借方发生额	贷方发生额
营业收入		8 620 000	资产减值损失	100 000	
营业成本	5 750 000		公允价值变动		300 000
销售费用	330 000		损益		
管理费用	810 000		投资收益		270 000
财务费用	510 000		营业外收入		500 000
税金及附加	130 000		营业外支出	200 000	
			所得税费用		597 500

根据以上账户记录,编制华夏公司 2017 年的多步式利润表,如表 10-7 所示。

表 10-7　利　润　表　　　　　　　　　　　　　　　　　**会企 02 表**

编制单位:华夏公司　　　　　　　2017 年 12 月 31 日　　　　　　　　　单位:元

项目	本期金额	上期金额
一、营业收入	8 620 000	
减:营业成本	5 750 000	

项目	本期金额	上期金额
税金及附加	130 000	
销售费用	330 000	
管理费用	81 000	
财务费用	510 000	
资产减值损失	100 000	
加：公允价值变动收益（损失以"－"号填列）	＋300 000	
投资收益（损失以"－"号填列）	＋270 000	
其中：对联营企业和合营企业的投资收益		
资产处置收益（损失以"－"号填列）		
其他收益		
二、营业利润（亏损以"－"号填列）	1 560 000	
加：营业外收入	500 000	
减：营业外支出	200 000	
其中：非流动资产处置损失		
三、利润总额（亏损总额以"－"号填列）	1 860 000	
减：所得税费用	597 500	
四、净利润（净亏损以"－"号填列）	1 262 500	
（一）持续经营净利润（净亏损以"－"号填列）		
（二）终止经营净利润（净亏损以"－"号填列）		
五、每股收益：		
（一）基本每股收益		
（二）稀释每股收益		

任务四　所有者权益变动表的编制

一、所有者权益变动的概念及作用

　　所有者权益变动表，是指反映构成所有者权益各组成部分当期增减变动情况的报表。

　　所有者权益变动表全面反映了企业所有者权益在年度内的变化情况，便于会计信息使用者深入分析企业所有者权益的增减变化情况，并进而对企业的资本保值增值情况做出正确的判断，从而提供对决策有用的信息。

二、所有者权益变动表的结构

　　在所有者权益变动表中，企业至少应当单独列示反映下列信息的项目：①净利润；②直接计入所有者权益的利得和损失项目及其总额；③会计政策变更和差错更正的累积影响金额；④所有者投入资本和向所有者分配利润等；⑤按照规定提取的盈余公积；⑥实收资本（或股本）、资本公积、盈余公积、未分配利润的期初和期末余额及其调节情况。

所有者变动表的格式如表10-8所示。

表 10-8　所有者权益变动表　　　　　　　　　**会企 04 表**

编制单位：　　　　　　　　　　　年　月　日　　　　　　　　　　　单位：

项目	本年金额						上年金额					
	实收资本	资本公积	减：库存股	盈余公积	未分配利润	所有者权益合计	实收资本	资本公积	减：库存股	盈余公积	未分配利润	所有者权益合计
一、上年年末余额												
加：会计政策变更												
前期差错更正												
二、本年度年初余额												
三、本年度增减变动												
金额（减少以"一"号填列）												
（一）净利润												
（二）其他综合收益												
上述（一）和（二）小计												
（三）所有者投入和减少资本												
1. 所有者投入资本												
2. 股份支付计入所有者权益的金额												
3. 其他												
（四）利润分配												
1. 提取盈余公积												
2. 对所有者的分配												
3. 其他												
（五）所有者权益内部转移												
1. 资本公积转增资本												
2. 盈余公积转增资本												
3. 盈余公积补亏												
4. 其他												
四、本年年末余额												

任 务 五　现金流量表的编制

一、现金流量表的概念及作用

现金流量表是指反映企业一定会计期间的现金和现金等价物流入和流出的会计报表。其中，现金流量是指企业的现金和现金等价物的流入和流出，包括某一期间内企业现金流入的数量和流出的数量两方面。现金是指企业的库存现金以及可以随时用于支付的存款，包括库存现金、银行存款和其他货币资金等。现金等价物是指企业持有期限短、价值变动风险小、流动性强、易于转换为已知金额现金的投资，所以视同现金。

通过现金流量表提供的信息，报表使用者可以了解和评价企业获得现金和现金等价物的能力，并据以预测企业未来现金流量，从而评价企业支付利润和偿还债务的能力，同时可以弥补权责发生制的不足，增强会计信息的真实性。

二、现金流量表的结构

现金流量表包括正表和补充资料两大部分。

(一) 正表

正表由六项内容组成，其中前三项为主要内容，每项都分为现金流入和现金流出两类，并以小计加总，现金流入小计减现金流出小计为产生的现金流量净额。

第一项，经营活动产生的现金流量，反映企业投资活动或筹资活动以外的所有交易和事项产生的现金流入和现金流出。

第二项，投资活动产生的现金流量，反映企业长期资产的构建和不包括在现金等价物的投资及其处置活动所产生的现金流入和现金流出。

第三项，筹资活动产生的现金流量，反映导致企业资本及债务规模和构成发生变化的活动所产生的现金流入和现金流出。

(二) 补充资料

现金流量表中的补充资料由三部分组成：第一部分为净利润调整所得的经营活动的现金流量，与正表的第一项形成对应关系；第二部分反映不涉及现金收支的重大投资和筹资活动；第三部分通过现金及现金等价物的期末与期初差额反映现金及现金等价物的净增加额，与正表的第五项相对应。现金流量表的一般格式及补充资料如表 10-9 所示。

表 10-9　现金流量表

纳税人编码：　　　　　　　　　　　　纳税人识别号：

所属时期：　　年　月至　　年　月　　　　填表日期：　　　　　　　　　　单位：元

项目	行次	本期金额	上期金额
一、经营活动产生的现金流量：	1		
销售商品、提供劳务收到的现金	2		

续表

项目	行次	本期金额	上期金额
收到的税费返还	3		
收到的其他与经营活动有关的资金	4		
经营活动现金流入小计	5		
购买商品、接受劳务支付的现金	6		
支付给职工以及为职工支付的现金	7		
支付的各项税费	8		
支付其他与经营活动有关的现金	9		
经营活动产生的现金流量净额	11		
二、投资活动产生的现金流量：	12		
收回投资收到的现金	13		
取得投资收益收到的现金	14		
处置固定资产、无形资产和其他长期资产收回的现金净额	15		
处置子公司及其他营业单位收到的现金净额	16		
收到其他与投资活动有关的现金	17		
投资活动现金流入小计	18		
购建固定资产、无形资产和其他长期资产所支付的现金	19		
投资支付的现金	20		
取得子公司及其他营业单位支付的现金净额	21		
支付其他与投资活动有关的现金	22		
投资活动现金流出小计	23		
投资活动产生的现金流量净额	24		
三、筹资活动所产生的现金流量：	25		
吸收投资收到的现金	26		
取得借款收到的现金	27		
收到其他与筹资活动有关的现金	28		
筹资活动现金流入小计	29		
偿还债务支付的现金	30		
分配股利、利润或偿付利息支付的现金	31		
支付其他与筹资活动有关的现金	32		
筹资活动现金流出小计	33		
筹资活动产生的现金流量净额	34		
四、汇率变动对现金及现金等价物的影响	35		

续表

项目	行次	本期金额	上期金额
五、现金及现金等价物净增加额	36		
加：期初现金及现金等价物余额	37		
六、期末现金及现金等价物余额	38		
补充资料	行次		
1. 将净利润调节为经营活动现金流量：	39		
净利润	40		
加：资产减值准备	41		
固定资产折旧、油气资产折耗、生产性生物资产折旧	42		
无形资产摊销	43		
长期待摊费用摊销	44		
处置固定资产、无形资产和其他长期资产的损失（收益以"－"号填列）	45		
固定资产报废损失（收益以"－"号填列）	46		
公允价值变动损失（收益以"－"号填列）	47		
财务费用（收益以"－"号填列）	48		
投资损失（收益以"－"号填列）	49		
递延所得税资产减少（增加以"－"号填列）	50		
递延所得税负债增加（减少以"－"号填列）	51		
存货的减少（增加以"－"号填列）	52		
经营性应收项目的减少（增加以"－"号填列）	53		
经营性应付项目的增加（减少以"－"号填列）	54		
其他	55		
经营活动产生的现金流量净额	56		
2. 不涉及现金收支的重大投资和筹资活动：	57		
债务转为资本	58		
一年内到期的可转换公司债券	59		
融资租入固定资产	60		
3. 现金及现金等价物净变动情况：	61		
现金的期末余额	62		
减：现金的期初余额	63		
加：现金等价物的期末余额	64		
减：现金等价物的期初余额	65		
现金及现金等价物净增加额	66		

任 务 六　会计报表附注的编写

一、报表附注的概念

报表附注是对财务报表中列示项目的文字描述或明细资料,以及对未能在这些报表中列示项目的说明等。报表附注是为了便于财务报表使用者理解报表内容而对财务报表的编制基础、编制依据、编制原则和方法,以及主要项目等所做的解释和进一步说明。编制和提供报表附注,有利于财务报表使用者全面、正确地理解财务报表。

二、报表附注的内容及格式

企业的年度会计报表附注应披露以下内容(法律法规另有规定的,从其规定)。

(一) 企业的基本情况

(1) 企业注册地、组织形式和总部地址。

(2) 企业的业务性质和主要经营活动。

(3) 母公司以及集团最终母公司的名称。

(4) 财务报告的批准报出者和财务报告批准报出日,或者以签字人及其签字日期为准。

(5) 有营业期限的企业,还应当披露有关其营业期限的信息。

(二) 财务报表编制基础

企业是否以持续经营为基础、根据实际发生的交易和事项、按照《企业会计准则》的规定确认和计量,在此基础上编制财务报表。如果违背了基本会计假设(会计主体、持续经营、会计分期、货币计量),必须予以披露,并说明原因。例如,本企业由于经营不善、连年亏损,目前已资不抵债,濒临破产边缘,因此在会计报表的编制上,不采用持续经营假设,而根据清算会计的原则编制。

(三) 遵循《企业会计准则》的声明

企业应当明确说明编制的财务报表符合《企业会计准则》体系的需要,真实、公允地反映企业的财务状况、经营成果和现金流量。

(四) 重要会计政策和会计估计

企业应当披露采用的重要会计政策和会计估计,不重要的会计政策和会计估计可以不披露。重要会计政策说明,包括财务报表项目的计量基础和在运用会计政策过程中所做的重要判断等。重要会计估计的说明,包括可能导致下一个会计期间内资产、负债账面价值重大调整的会计估计的确定依据等。在披露重要会计政策和会计估计时,应当披露重要会计政策的确定依据和财务报表项目的计量基础,以及会计估计中所采用的关键假设和不确定因素。

(五) 会计政策和会计估计变更以及差错更正说明

企业应当按照《企业会计准则第 28 号——会计政策、会计估计变更和差错更正》的规定，披露会计政策和会计估计变更，以及差错更正的有关情况。

▶ 1. 企业应当在附注中披露与会计政策变更有关的信息

（1）会计政策变更的性质、内容和原因。

（2）当期和各个列报前期财务报表中受影响的项目名称和调整金额。

（3）无法进行追溯调整的，说明该事实和原因，以及开始应用变更后的会计政策的时点、具体应用情况。

▶ 2. 企业应当在附注中披露与会计估计变更有关的信息

（1）会计估计变更的内容和原因。

（2）会计估计变更对当期和未来期间的影响数。

（3）会计估计变更的影响数不能确定的，披露这一事实和原因。

▶ 3. 企业应当在附注中披露与前期差错更正有关的信息

（1）前期差错的性质。

（2）各个列报前期财务报表中受影响的项目名称和更正金额；

（3）无法进行追溯重述的，说明该事实和原因以及对前期差错开始进行更正的时点、具体更正情况。

（六）报表重要项目的说明

企业对报表重要项目的说明，应按资产负债表、利润表、现金流量表、所有者权益变动表及其项目列示的顺序，采用文字和数字描述相结合的方式进行披露。除须对应收账款、存货、对外投资、固定资产、无形资产、长期待摊费用等做出明细说明外，对少见的报表项目或报表项目的名称反映不出相关业务性质或报表项目金额异常的需要说明其原因（例如，当企业资产、负债项目出现负数时），以及会计报表中无法表述的重要项目做详细说明（例如，关联方如为企业时，不论它们之间有无交易都要在会计报表附注中予以说明）。

（七）关于重要事项的揭示

对于承诺或担保事项（如对债务单位提供担保）、或有事项（如未决诉讼、已贴现商业汇票）、资产负债表日后非调整事项（例如，已确定获得或支付的赔款）、重大资产转让或出售以及重大融资和投资活动等，均需在会计报表附注中予以说明。

任务七 会计报表的分析利用

一、会计报表分析的意义

会计报表所提供的历史信息本身不能直接用于决策，报表使用者要做出正确的经济决策，必须对会计报表所提供的历史数据进一步加工，进行分析、比较、评价和解释。

会计报表分析可以揭示报表中数字与数字之间的关系，并指出它们的变动趋势与金额，从而提高报表信息的决策相关性。

二、会计报表分析的方法

会计报表分析的方法可归为比较分析法和因素分析法两类。不同的会计报表使用者，由于使用目的有别，而采用各自需要的分析方法。本书主要采用比较分析法。

比较是认识事物的最基本方法，没有比较，分析就无法开始。会计报表分析的比较法，是对两个或两个以上有关的可比数据进行对比，从而揭示存在的差异或矛盾。

比较分析法可以按比较对象和比较内容进行分类。

(一) 按比较对象划分

▶ 1. 趋势分析法

与本企业历史比较，即不同时期指标相比，也称趋势分析法。趋势分析法是以基期的数据为100%，分别将以后各期的数据换算为基期的百分比。运用趋势分析法进行比较分析时，首先选择基期(年)并给予基期会计报表中的每一个项目100%的权数，然后将以后各期会计报表的每一个项目换算为基期相同项目的百分比。

▶ 2. 横向比较法

与同类企业比，即与行业平均数或竞争对手比较，称为横向比较法。

▶ 3. 预算差异分析法

与计划预算比，即实际执行结果与计划指标比较，称为预算差异分析法。

(二) 按比较内容划分

▶ 1. 总量比较法

总量是指报表项目的总金额，如总资产、净资产、净利润等。总量比较法主要用于时间序列分析，如研究利润的逐年变化趋势，看其增长潜力。

▶ 2. 结构百分比法

结构百分比法是指把资产负债表、利润表、现金流量表转换成结构百分比报表，例如，以收入为100%，分析利润表各项目的比重。结构百分比法用于发现有显著问题的项目，揭示进一步分析的方向。

▶ 3. 财务比率比较法

财务比率是各会计要素之间的数量关系，反映它们的内在联系。财务比率是相对数，排除了规模的影响，具有较好的可比性，是最重要的分析比较内容。财务比率的计算相对简单，而对它加以说明和解释却比较复杂和困难。

三、会计报表分析

财务比率也称为财务指标，是通过会计报表数据的相对关系来揭示企业经营管理的各个方面问题，是最主要的财务分析方法。基本的会计报表分析内容包括偿债能力分析、营运能力分析、盈利能力分析、发展能力分析和现金流量能力分析五个方面，下面分别加以介绍。

(一) 偿债能力分析

▶ 1. 短期偿债能力

可以从以下几个方面对短期偿债能力进行分析。

(1) 流动比率。流动比率是一个被广泛用于表示流动资产与流动负债之间关系的比率，其计算公式如下：

$$流动比率 = \frac{流动资产}{流动负债}$$

一般认为，企业的流动比率等于或稍大于 2 比较合适。

【例 10-3】根据表 10-4 的资料，计算江南公司 2017 年年末的流动比率（计算结果保留小数点后两位，下同）。

$$流动比率 = 4\ 229\ 050 \div 1\ 180\ 650 \times 100\% = 358.20\%$$

（2）速动比率。速动比率是用速动资产除以流动负债，其中速动资产是具有高度变现性的流动资产，包括货币资金、短期投资及应收款项等，其计算公式如下：

$$速动比率 = \frac{速动资产}{流动负债}$$

其中，速动资产 = 货币资产 + 交易性金融资产 + 应收账款 + 应收票据。

一般认为，企业的速动比率等于或稍大于 1 比较合适。

【例 10-4】根据表 10-4 的资料，计算江南公司 2017 年年末的速动比率。

$$速动比率 = 1\ 998\ 650 \div 1\ 180\ 650 \times 100\% = 169.28\%$$

（3）营运资金。营运资金是流动资产超过流动负债的数额。在评价企业的短期偿债能力时，不但要考虑营运资金的总金额，而且要分析营运资金的质量。影响营运资金质量的主要因素有两个：一是组成营运资金的流动资产性质；二是这些流动资产转换为现金所需的时间长短。

【例 10-5】根据表 10-4 的资料，计算江南公司 2017 年年末的营运资金。

$$营运资金 = 流动资产 - 流动负债 = 4\ 229\ 050 - 1\ 180\ 650 = 3\ 048\ 400（元）$$

▶ 2. 长期偿债能力

可以从以下几个方面对长期偿债能力进行分析。

（1）资产负债率。资产负债率是指负债总额与资产总额的比率，其计算公式如下：

$$资产负债率 = \frac{负债总额}{资产总额（或负债与所有者权益总额）}$$

从债权人的角度来看，负债比率越低越好。因为负债比率越低，意味着企业所有者提供的资金越多，企业按期还本付息就越有保障。

【例 10-6】根据表 10-4 的资料，计算江南公司 2017 年年末的资产负债率。

$$资产负债率 = 2\ 180\ 650 \div 5\ 504\ 650 \times 100\% = 39.61\%$$

（2）产权比率。产权比率是负债总额与所有者权益之比，其计算公式如下：

$$产权比率 = \frac{负债总额}{所有者权益}$$

产权比率反映了由债务人提供的资本与所有者提供的资本的相对关系，即企业财务结构是否稳定，而且反映了债权人资本受股东权益保障的程度，或者是企业清算时对债权人利益的保障程度。

【例 10-7】根据表 10-4 的资料，计算江南公司 2017 年年末的产权比率。

$$产权比率 = 2\ 180\ 650 \div 3\ 324\ 000 \times 100\% = 65.60\%$$

（3）权益乘数。权益乘数是总资产与股东权益的比值，其计算公式如下：

$$权益乘数 = \frac{总资产}{股东权益}$$

权益乘数表明股东每投入1元钱可实际拥有和控制的金额。

【例10-8】根据表10-4的资料，计算江南公司2017年年末的权益乘数。

$$权益乘数＝5\ 504\ 650÷3\ 324\ 000×100\％＝165.60\％$$

（4）已获利息倍数。已获利息倍数的计算公式如下：

$$已获利息倍数＝\frac{税前利润＋利息费用}{利息费用}$$

已获利息倍数这个指标只是从一个侧面来分析企业支付利息费用的程度。

【例10-9】根据表10-5的资料，计算江南公司2017年年末的已获利息倍数。

$$已获利息倍数＝(510\ 000＋1\ 860\ 000)÷510\ 000＝4.65$$

（二）营运能力分析

▶ 1. 应收账款周转率

应收账款周转率是用来分析应收账款余额的合理性与收账效率的指标，其计算公式如下：

$$应收账款周转率（次数）＝\frac{营业收入净额}{平均应收账款}$$

$$营业收入净额＝营业收入－销售折扣与折让$$

$$应收账款平均周转期间＝\frac{365}{应收账款周转率}$$

（1）应收账款周转次数越多，应收账款变现能力越强，企业的管理水平越高；反之，亦然。

（2）进行应收账款分析时，要注意企业由于过度提高应收账款周转次数而没有充分利用赊销来扩大销售规模，提高盈利能力。

【例10-10】根据表10-4和表10-5的资料，计算江南公司2017年年末的应收账款周转率（次数）。

$$应收账款周转率（次数）＝8\ 620\ 000÷380\ 650＝22.65$$

$$应收账款平均周转期间＝365÷22.65＝16.11$$

▶ 2. 存货周转率

存货周转率是指在一定期间（一般为1年）内存货周转的次数。商品流通企业的商品存货和工业企业的产成品存货的周转率（周转次数）计算公式如下：

$$存货周转率（周转次数）＝\frac{销售成本}{平均存货额}$$

$$存货周转天数＝\frac{365}{存货周转次数}$$

（1）存货周转次数越多，存货周转快，企业实现的利润会相应增加，存货管理水平越高；

（2）存货周转次数越少，企业占用在存货上的资金越多，存货管理水平越低。

（3）分析时需考虑企业生产对存货的实际需要量，防止企业为了粉饰存货管理工作而故意减少存货。

【例10-11】根据表10-4和表10-5的资料，计算江南公司2017年年末的存货周转率（次数）。

$$存货周转率＝5\ 750\ 000÷2\ 228\ 400＝2.58$$

$$存货周转天数＝365÷2.58＝141.47$$

▶ 3. 总资产周转率

总资产周转率是销售收入净额与企业资产平均总额的比率，其计算公式如下：

$$总资产周转率=\frac{销售（营业）收入净额}{平均资产总额}$$

$$平均资产总额=\frac{期初总资产＋期末总资产}{2}$$

这一比率用来衡量企业资产整体的使用效率，总资产周转率的驱动因素是各项资产。

【例 10-12】根据表 10-4 和表 10-5 的资料，计算江南公司 2017 年年末的总资产周转率。

$$总资产周转率＝8\ 620\ 000÷5\ 504\ 650＝1.57$$

（三）盈利能力分析

▶ 1. 销售（营业）净利润率

销售净利润率反映每 1 元销售收入最终挣取了多少利润，用于反映产品最终的盈利能力，其计算公式如下：

$$销售（营业）净利润率=\frac{净利润}{销售（营业）收入净额}×100\%$$

这个指标越高，说明企业从销售（营业）收入中获取净利润的能力越强；反之，亦然。

【例 10-13】根据表 10-5 的资料，计算江南公司 2017 年年末的销售（营业）净利润率。

$$销售（营业）净利润率＝1\ 262\ 500÷8\ 620\ 000×100\%＝14.65\%$$

▶ 2. 总资产报酬率

总资产报酬率指标用来评价企业管理者运用各种来源的资金赚取报酬的能力，其计算公式如下：

$$全部资产报酬率=\frac{净利润}{平均资产总额}$$

总资产报酬率越高，说明企业利用全部资产的获利能力越强；反之，亦然。

【例 10-14】根据表 10-4 和表 10-5 的资料，计算江南公司 2017 年年末的总资产报酬率。

$$总资产报酬率＝1\ 262\ 500÷5\ 504\ 650×100\%＝22.94\%$$

▶ 3. 净资产报酬率

净资产报酬率指标可用以评价企业所有者权益的获利水平及其变动趋势，其计算公式如下：

$$净资产报酬率=\frac{净利润}{平均净资产}$$

（1）影响因素：有企业的获利水平、所有者权益和企业负债规模。

（2）一般来说，负债增加会导致净资产利润率的上升。

（3）在我国，净资产利润率是决定上市公司能否实施配股等再融资的重要依据。

【例 10-15】根据表 10-4 和表 10-5 的资料，计算江南公司 2017 年年末的净资产报酬率。

$$净资产报酬率＝1\ 262\ 500÷3\ 324\ 000×100\%＝37.98\%$$

（四）发展能力分析

▶ 1. 销售收入增长率

销售收入增长率反映的是相对化的销售收入增长情况，是衡量企业经营状况和市场占有能力、预测企业经营业务拓展趋势的重要指标，其计算公式如下：

$$销售收入增长率=\frac{本年销售收入增长额}{上年销售收入}\times100\%$$

其中：

$$本年销售收入增长额=本年销售收入-上年销售收入$$

本年销售收入增长额是衡量企业经营状况和市场占有能力、预测企业经营业务拓展趋势的重要指标。该指标值越高，表明企业销售收入的增长速度越快，企业市场前景越好。

▶ 2. 总资产增长率

总资产增长率是企业本年资产增长额同年初资产总额的比率，反映企业本期资产规模的增长情况，其计算公式如下：

$$总资产增长率=\frac{本年资产增长额}{年初资产总额}\times100\%$$

其中：

$$本年资产增长额=年末资产总额-年初资产总额$$

总资产增长率越高，表明企业一定时期内资产经营规模扩张的速度越快。需要关注资产规模扩张的质和量的关系，以及企业的后续发展能力。

▶ 3. 营业利润增长率

营业利润增长率是企业本年营业利润增长额与上年营业利润总额的比率，反映企业营业利率的增减变动情况，其计算公式如下：

$$营业利润增长率=\frac{本年营业利润增长额}{上年营业利润总额}\times100\%$$

其中：

$$本年营业利润增长额=本年营业利润-上年营业利润$$

(五) 现金流量能力分析

▶ 1. 销售现金比率

销售现金比率是指企业经营活动现金流量净额与企业销售额的比值，其计算公式如下：

$$销售现金比率=\frac{经营活动现金流量净额}{销售收入}$$

销售现金比率反映每元销售收入得到的现金流量净额，其数值越大越好。

▶ 2. 每股营业现金净流量

每股营业现金净流量是通过企业经营活动现金流量净额与普通股股数之比来反映的，其计算公式如下：

$$每股营业现金净流量=\frac{经营活动现金流量净额}{普通股股数}$$

每股营业现金净流量反映企业最大的分派股利能力，超过此限度，可能就要借款分红。

▶ 3. 全部资产现金回收率

全部资产现金回收率是通过企业经营活动现金流量净额与企业平均总资产之比来反映的，它说明企业全部资产产生现金的能力，其计算公式如下：

$$全部资产现金回收率=\frac{经营活动现金流量净额}{平均总资产}\times100\%$$

全部资产现金回收率说明企业全部资产产生现金的能力。

任务八　财务会计报告的报送与汇总

企业财务会计报告编制完成后,在报送之前,需对报表进行复核,并经有关人员签名盖章后才能报出,而且还要了解会计报表报送的部门,遵守报送的相关法律规定。

一、财务会计报告的复核

复核是保证财务会计报告质量的一项重要措施。企业财务会计报告编制完成后,在报送之前,必须由单位会计主管人员和单位负责人进行复核。财务会计报告复核的主要内容如下。

(1)报告所列金额与账簿记录是否一致。

(2)报告的项目是否填列齐全。

(3)报告的各项数字计算是否正确。

(4)内容是否完整,相关报表之间的有关数字的钩稽关系是否正确与衔接一致。

(5)会计报表的附注是否符合有关规定。

二、财务会计报告报送的准备工作

经复核审查无误后,企业向外各有关部门提供的财务会计报告应依次编订页数、加具封面、装订成册、加盖公章。封面应注明企业的名称、地址、主管部门、开业年份、报表所属年度和月份、报送日期等,并由单位负责人和主管会计工作负责人、会计机构负责人签名并盖章。设有总会计师的单位,还须有总会计师签名并盖章才能报出。单位负责人对财务会计报告的合法性、真实性负法律责任。

三、财务会计报告报送的部门

应向哪些单位报送财务会计报告,这与各单位的隶属关系、经济管理和经济监督的需要有关。一般企业要向当地税务机关、开户银行和企业主管部门报送财务会计报告,同时应向投资者、债权人,以及其他与企业有关的报告使用者提供财务会计报告。国有企业的年度财务会计报告应同时报送同级国家资产管理部门。股份有限公司还应向证券交易和证券监督管理机构提供财务会计报告。根据法律和国家有关规定,对财务会计报告必须进行审计的单位应先委托会计师事务所进行审计,并将注册会计师出具的审计报告,随同财务会计报告按照规定期限报送有关部门。

四、财务会计报告报送的相关规定

▶ **1. 依据《会计法》有关规定,会计核算以人民币为记账本位币**

业务收支以人民币以外的货币为主的单位,可以选定其中一种货币作为记账本位币,但是编报的财务会计报告应当折算为人民币。会计凭证、会计账簿、财务会计报告和其他会计资料,必须符合国家统一的会计制度的规定。任何单位和个人不得伪造、变造会计凭证、会计账簿和其他会计资料，不得提供虚假的财务会计报告。

▶ 2．相关法律法规对编制依据、编制要求、提供对象、提供期限等问题的规定

《会计法》《企业财务会计报告条例》和《企业会计准则第 30 号——财务报表列报》对包括编制依据、编制要求、提供对象、提供期限等问题做出了明确规定。会计报表必须根据经过审核的会计账簿记录和有关资料编制，各单位的财务会计报告应当按照规定的对象，向本单位、本单位的有关财务关系人（如投资者、债权人等），以及政府有关管理部门（如财政部、税务部门）等提供，以便有关的财务关系人及政府部门及时了解公司的经营和业务活动情况，并据此做出相关决策。向不同的会计资料使用者提供的财务会计报告，其编制依据应当一致。《企业财务会计报告条例》规定，财务会计报告分为年报、半年报、季报和月报财务会计报告。《企业会计准则》规定，企业至少应当按年编制财务报表。财务会计报告的报送期限，由国家统一加以规定。月报应于月度终了后 6 天内（节假日顺延，下同）对外提供；季报应于季度终了后 15 天内对外提供；半年度报应于年度中期结束后 60 天内对外提供；年报应于年度终了后 4 个月内对外提供。

▶ 3．《会计基础工作规范》的有关规定

各单位应当按照法律、行政法规和国家统一的会计制度规定的期限提供财务会计报告。对外提供的财务会计报告应当依次编订页码、加具封面、装订成册、加盖公章。封面上应当注明：单位名称、单位统一代码、组织形式、地址、报表所属年度或季度或月份、报出日期，并由单位负责人和主管会计工作的负责人、会计机构负责人（会计主管人员）签名并盖章；设置总会计师的单位，还须由总会计师签名并盖章。单位负责人是单位对外提供的财务会计报告的责任主体，必须保证对外提供的财务会计报告的真实、完整。财务会计报告须经注册会计师审计的，注册会计师及其所在的会计师事务所出具的审计报告应当随同财务会计报告一并提供，由注册会计师对财务会计报告进行审计。

五、财务会计报告的汇总

企业单位编制的各种财务会计报告，按《企业财务通则》的要求，应当定期向投资者、债权人等有关政府部门，以及其他财务会计报告使用者陈报。各级主管部门对于所属单位上报的财务会计报告应当逐级汇总，编报汇总会计报告。

┤ 模块小结 ├

　　会计报表是企业对反映在各种账簿中的会计事项的资料进行汇总、整理而成的一个完整的报告体系，用于反映其资产、负债和所有者权益情况及一定期间的经营成果和现金流动情况。会计报表主要包括资产负债表、利润表、现金流量表和所有者权益变动表。

　　资产负债表是反映企业某一特定日期全部资产、负债和所有者权益及其构成情况的报表，它是一张静态的报表。资产负债表主要有报告式和账户式两种，使用较多的是账户式资产负债表，其基本结构是左方反映资产情况，右方反映负债及所有者权益情况。资产负债表根据总分类账户的期末余额填列，有的可以直接填列，有的需要整理、汇总、计算后填列。

利润表是反映企业在某一段时期内经营活动成果的报表，它是一张动态的报表。利润表的格式一般采用多步式，其基本结构分为四段。利润表根据收入、费用类账户的净发生额和其他有关资料填列。

现金流量表是反映企业在某一会计年度内现金流入与流出情况的报表，它也是一张动态报表。现金流量表的基本内容分为三个部分：经营活动的现金流量、投资活动的现金流量和筹资活动的现金流量。现金流量表根据资产负债表、利润表及其他有关账簿资料分析、汇总填制。

所有者权益变动表应当反映构成所有者权益的各个组成部分当期的增减变动情况。当期损益、直接计入所有者权益的利得和损失，以及与所有者的资本交易导致的所有者权益的变动，应当分别列示。

思考与练习

一、思考题

1. 简述资产负债表的编制方法及其作用。

2. 简述利润表的作用，以及企业利润表的编制方法。

3. 简述现金流量表的重要性，分析现金流量表的主要优点。

4. 什么是现金及现金等价物？

5. 不影响现金流量的投资活动与筹资活动应如何披露？

6. 有时企业经营发生亏损，经营活动的现金流量却为正数；有时企业经营获利，经营活动的现金流量却为负数，为什么？试举例说明。

二、单项选择题

1. 下列报表中，属于静态报表的是（　　　）。

A. 资产负债表　　　　　　　　　　B. 利润表

C. 财务情况说明书　　　　　　　　D. 现金流量表

2. 利润表中，与计算"营业利润"有关的项目是（　　　）

A. 主营业务利润　　B. 投资收益　　C. 营业外收　　　D. 营业外支出

3. 长期资产的购建和处置活动，应在现金流量表的（　　　）中反映。

A. 经营活动　　　　　　　　　　　B. 投资活动

C. 筹资活动　　　　　　　　　　　D. 融资活动

4. 资产负债表的理论依据是（　　　）。

A. 资产＝负债＋所有者权益　　　　B. 收入－费用＝利润

C. 借方余额＝贷方余额　　　　　　D. 借贷记账法

5. 编制利润表的主要依据是（　　　）。

A. 资产、负债及所有者权益账户的本期发生额

B. 各损益类账户的本期发生额

C. 资产、负债及所有者权益账户的期末余额

D. 各损益类账户的期末余额

6.（　　）是企业对外披露会计信息最重要的手段。

A. 会计报表　　　　　　　　　　B. 会计账簿

C. 财务情况说明书　　　　　　　D. 财务会计报告

7.“预收账款”科目所属明细科目期末有借方余额，应在资产负债表（　　）项目内填列。

A. 预付账款　　　B. 应付账款　　　C. 应收账款　　　D. 预收账款

8.“应收账款”科目所属明细科目如有贷方余额，应在资产负债表（　　）项目中反映。

A. 预付账款　　　B. 预收账款　　　C. 应收账款　　　D. 应付账款

9. 编制会计报表时，以“收入－费用＝利润”这一会计等式作为编制依据的会计报表是（　　）。

A. 资产负债表　　　　　　　　　B. 所有者权益变动表

C. 利润表　　　　　　　　　　　D. 现金流量表

10. 某企业“应付账款”明细账期末余额情况如下：W 企业贷方余额为 200 000 元，Y 企业借方余额为 120 000 元，Z 企业贷方余额为 300 000 元。假如该企业“预付账款”明细账均为借方余额，则根据以上数据计算的反映在资产负债表上应付账款项目的数额为（　　）元。

A. 620 000　　　B. 380 000　　　C. 500 000　　　D. 800 000

11. 填列资产负债表“期末余额”栏各个项目时，下列说法正确的是（　　）。

A. 主要根据有关账户的期末余额记录填列

B. 主要根据有关账户的本期发生额记录填列

C. 大多数项目根据有关账户的期末余额记录填列，少数项目则根据有关账户的本期发生额记录填列

D. 少数项目根据有关账户的期末余额记录填列，大多数项目则根据有关账户的本期发生额记录填列

12. 资产负债表的下列项目中，需要根据几个总账科目的期末余额进行汇总填列的是（　　）。

A. 应付职工薪酬　　B. 短期借款　　C. 货币资金　　D. 资本公积

三、多项选择题

1. 通过利润表可以反映（　　）。

A. 企业的收入情况　　　　　　　B. 企业的费用情况

C. 企业的偿债能力　　　　　　　D. 企业的获利能力

2. 现金流量表的内容主要包括（　　）。

A. 经营活动现金流量　　　　　　B. 管理活动现金流量

C. 投资活动现金流量　　　　　　D. 筹资活动现金流量

3. 下列报表中，属于动态报表的是（　　）。

A. 资产负债表　　　　　　　　　B. 利润表

C. 财务情况说明书　　　　　　　D. 现金流量表

4. 下列各项中，属于会计报表的编制要求的是（　　）。

A. 数字真实　　　B. 内容完整　　　C. 计算准确　　　D. 编报及时

5. 现金等价物是指（　　）的投资。

A. 期限短 　　　　　　　　　　　　B. 价值较小

C. 流动性强 　　　　　　　　　　　D. 易于转换为已知金额的现金

6. 会计报表按反映内容的不同，可分为（　　）。

A. 资产负债表 　　　　　　　　　　B. 利润表

C. 现金流量表 　　　　　　　　　　D. 年报表

7. 会计报表按编报时间的不同，可分为（　　）。

A. 月报 　　　　B. 季报 　　　　C. 半年报 　　　　D. 年报

8. 在资产负债表的编制过程中，属于直接填列的项目是（　　）。

A. 货币资金 　　　　　　　　　　　B. 应收账款

C. 短期借款 　　　　　　　　　　　D. 实收资本

9. 在利润表中，应列入"税金及附加"项目中的税金有（　　）。

A. 增值税 　　　　　　　　　　　　B. 消费税

C. 城市维护建设税 　　　　　　　　D. 资源税

10. 下列各项中，影响营业利润金额的项目是（　　）。

A. 主营业务收入 　　　　　　　　　B. 营业外收入

C. 管理费用 　　　　　　　　　　　D. 税金及附加

11. 下列各项中，需要在利润表中列示的是（　　）。

A. 财务费用 　　　　　　　　　　　B. 营业外收入

C. 制造费用 　　　　　　　　　　　D. 管理费用

12. 资产负债表的下列项目中，需要根据其明细科目余额计算填列的有（　　）。

A. 应收账款 　　　　　　　　　　　B. 应收票据

C. 应付账款 　　　　　　　　　　　D. 货币资金

四、判断题

1. 利润表反映了企业在一定时期内发生的全部收入和费用情况。（　　）

2. 根据我国《企业会计准则》规定，利润表采用多步式结构。（　　）

3. 资产负债表中的项目既可能来自总账的期末余额，也可能来自明细账的期末余额。（　　）

4. 资产负债表中资产是按照项目重要性的顺序排列的。（　　）

5. 资产负债表、利润表和现金流量表属于向企业外部提供会计信息的报表。（　　）

6. 由于财务会计报告是对外报告，所以其提供的信息对企业管理者和职工没用。（　　）

7. 企业的利润总额即是企业一定时期所实现的净利润。（　　）

8. 资产负债表中，"固定资产"项目应根据"固定资产"账户余额减去"累计折旧""固定资产减值准备"等账户的期末余额后的金额填列。（　　）

9. 我国资产负债表采用账户式结构，利润表采用多步式结构。（　　）

10. 资产负债表是反映企业一定期间财务状况的报表。（　　）

11. 资产负债表中，"应收账款"项目应根据"应收账款"账户所属各明细账户的期末借方余额合计填列。如"预付账款"账户所属有关明细账户有借方余额的，也应包括在本项目内；如"应收账款"账户所属明细账户有贷方余额的，应在"预付账款"项目内填列。（　　）

五、业务题

1. 华茂公司 2017 年 12 月损益类账户本期发生额资料如表 10-10 所示。

表 10-10　损益类账户本期发生额资料

2017 年 12 月 31 日　　　　　　　　　　　单位：元

科目名称	借方发生额	贷方发生额	科目名称	借方发生额	贷方发生额
营业收入		186 200	资产减值损失	12 000	
营业成本	127 500		公允价值变动		36 000
销售费用	13 300		损益		
管理费用	20 000		投资收益		20 000
财务费用	15 000		营业外收入		50 000
税金及附加	18 300		营业外支出	32 000	
			所得税费用	25 969	

要求：根据上述材料编制华茂公司 2017 年 12 月利润表（见表 10-11）。

表 10-11　利　润　表

编制单位：　　　　　　　　　　　　年　月　日　　　　　　　　　　单位：元

项目	本期金额	上期金额
一、营业收入		
减：营业成本		
税金及附加		
销售费用		
管理费用		
财务费用		
资产减值损失		
加：公允价值变动收益（损失以"－"号填列）		
投资收益（损失以"－"号填列）		
其中：对联营企业和合营企业的投资收益		
资产处置收益（损失以"－"号填列）		
其他收益		
二、营业利润（亏损以"－"号填列）		
加：营业外收入		
减：营业外支出		
其中：非流动资产处置损失		
三、利润总额（亏损总额以"－"号填列）		
减：所得税费用		
四、净利润（净亏损以"－"号填列）		
（一）持续经营净利润（净亏损以"－"号填列）		

续表

项目	本期金额	上期金额
(二)终止经营净利润(净亏损以"－"号填列)		
五、每股收益:		
(一)基本每股收益		
(二)稀释每股收益		

2. 大海有限责任公司 2017 年 12 月 31 日有关账户余额如表 10-12 所示。

表 10-12　2017 年 12 月 31 日科目余额表　　　　　单位：元

账户名称	借方金额	账户名称	贷方金额
库存现金	1 450	坏账准备	2 500
银行存款	62 200	累计折旧	5 000
应收账款	24 500	应付账款	23 000
库存商品	51 000	预收账款	6 000
原材料	32 000	短期借款	26 000
生产成本	18 000	长期借款	100 000
固定资产	479 000	实收资本	450 000
		利润分配	50 000
		盈余公积	5 650
	668 150		668 150

其中：期末长期借款中将于一年内到期归还的长期借款数为 60 000 元；"应收账款"有关明细账期末余额情况为："应收账款——A 公司"贷方余额 5 500 元，"应收账款——B 公司"借方余额 30 000 元；"应付账款"有关明细账期末余额情况为："应付账款——E 公司"借方余额 6 500 元，"应付账款——D 公司"贷方余额 29 500 元；"预收账款"有关明细账期末余额情况为："预收账款——E 公司"贷方余额 9 000 元，"预收账款——C 公司"借方余额 3 000 元。

要求：请根据上述资料编制大海有限责任公司 2017 年 12 月 31 日的资产负债表(见表 10-13)。

表 10-13　资产负债表　　　　　会企 01 表

编制单位：　　　　　　　　　　年　月　日　　　　　　　　　　单位：元

资产	行次	期末余额	年初余额	负债和所有者权益	行次	期末余额	年初余额
流动资产：				流动负债：			
货币资金				短期借款			
交易性金融资产				交易性金融负债			
应收票据				应付票据			

资产	行次	期末余额	年初余额	负债和所有者权益	行次	期末余额	年初余额
应收账款				应付账款			
预付款项				预收款项			
应收利息				应付职工薪酬			
应收股利				应交税费			
其他应收款				应付利息			
存货				应付股利			
一年内到期的非流动资产				其他应付款			
其他流动资产				一年内到期的非流动负债			
流动资产合计				其他流动负债			
非流动资产:				流动负债合计			
可供出售金融资产				非流动负债:			
持有至到期投资				长期借款			
长期应收款				应付债券			
长期股权投资				长期应付款			
投资性房地产				专项应付款			
固定资产				预计负债			
在建工程				递延所得税负债			
工程物资				其他非流动负债			
固定资产清理				非流动负债合计			
生产性生物资产				负债合计:			
油气资产				所有者权益			
无形资产				实收资本			
开发支出				资本公积			
商誉				减:库存股			
长期待摊费用				盈余公积			
递延所得税资产				未分配利润			
其他非流动资产				所有者权益合计			
非流动资产合计							
资产总计				负债和所有者权益总计			

参 考 文 献

[1] 李家华. 基础会计[M]. 北京：北京邮电大学出版社，2014.

[2] 颜剩勇，廖文军. 基础会计学[M]. 大连：东北财经大学出版社，2016.

[3] 李娜. 基础会计[M]. 北京：中国人民大学出版社，2017.

[4] 李正华. 会计基础应试指导[M]. 上海：立信会计出版社，2012.

[5] 孙铮. 基础会计[M]. 上海：上海财经大学出版社，2016.

[6] 吴水澎，叶少琴. 会计学原理[M]. 北京：经济科学出版社，2015.